edition suhrkamp

Redaktion: Günther Busch

Hans Mayer, geboren am 19. März 1907 in Köln, studierte Jura, Geschichte und Philosophie, emigrierte von 1935 bis 1945 nach Frankreich und in die Schweiz und lehrte von 1948 bis 1963 Literaturgeschichte in Leipzig. Von 1965 bis 1973 war er Professor für deutsche Literatur und Sprache an der Technischen Universität Hannover. Wichtigste Veröffentlichungen: *Georg Büchner und seine Zeit; Thomas Mann; Von Lessing bis Thomas Mann; Richard Wagner; Zur deutschen Klassik und Romantik; Konstellationen der Literatur; Brecht in der Geschichte; Außenseiter.* – Inge Jens, geboren am 11. Februar 1927 in Hamburg, promovierte mit einer Arbeit über die expressionistische Novelle; sie hat die Briefe Thomas Manns an Ernst Bertram und die Werke Max Kommerells herausgegeben; 1971 ist ihr Buch *Dichter zwischen rechts und links. Die Geschichte der Sektion für Dichtkunst der Preußischen Akademie der Künste dargestellt nach den Dokumenten* erschienen.
Dieser Band erscheint zu Hans Mayers 70. Geburtstag am 19. März 1977. Er sucht das Werk dieses bedeutenden Wissenschaftlers und dessen Wirkungen zu würdigen und zu bestimmen. Die Rezeption der Arbeiten Mayers erweist sich dabei als ebenso vielfältig, lebendig, herausfordernd wie diese Arbeiten selbst. Sie spiegelt den Einfluß Mayers auf wichtige Entwicklungen der neueren Literaturkritik und Literaturwissenschaft, die seinen Fragen und Analysen entscheidende Impulse verdanken. –
Unser Sammelband enthält Beiträge zu einzelnen Werken Mayers, Auseinandersetzungen mit seinen Positionen sowie eine Bibliographie seiner Veröffentlichungen.

Über Hans Mayer
Herausgegeben von Inge Jens

Suhrkamp Verlag

edition suhrkamp 887
Erste Auflage 1977

Satz, in Linotype Garamond, Druck und Bindung bei Georg Wagner, Nördlingen. Gesamtausstattung Willy Fleckhaus.

Inhalt

Zu diesem Buch

Mit der vorliegenden Auswahl von Essays, kritischen (auch polemischen) Betrachtungen und rezensierenden Studien über Hans Mayer wird das Ziel verfolgt, Leben und Werk eines Mannes zu dokumentieren, der in vielfacher und exemplarischer Weise eine Figur der Zeitgeschichte ist – und dies in aller Widersprüchlichkeit: Ein Sohn des jüdischen Großbürgertums, der im Namen eines Karl Marx die Bourgeoisie, vor allem die Besitz- und Bildungs-Fronde, attackiert; ein Jurist aus der Schule Hans Kelsens, der nicht nur auf dem Feld der *belles lettres,* sondern vor allem, als Theoretiker so gut wie als ausübender Künstler, auf dem Gebiet der Musikwissenschaften brilliert; ein Mitarbeiter des Instituts für Sozialforschung, der in dem legendären Sammelband *Autorität und Familie* das Generalthema unter dem Aspekt des Anarchismus analysiert. Ein Anwalt der republikanischen Linken, der, im Schweizer Exil, im Umkreis eines konservativen Patriziers, Carl Jacob Burckhardts, die Arbeit an seiner Monographie über Georg Büchner beginnt. Ein Journalist, der, nach der Befreiung vom Faschismus, am Frankfurter Sender Konrad Adenauer interviewt und einige Jahre darauf an der Leipziger Universität, Seite an Seite mit Ernst Bloch und Werner Krauss, vor Studenten aus Halle und Moskau, aus Peking und Budapest Kollegs über europäische Geistesgeschichte hält. Ein Wissenschaftler, der, mitten im Stalinismus, die verpönten Dekadenten vom Schlage der Kafka, Proust und Joyce verteidigt. Ein Immigrant von West nach Ost, ein Remigrant von Ost nach West, der nie zum Konvertiten wird, sondern, in Leipzig so gut wie in Hannover, in Chicago und in Tübingen, Literatur nur unter einem einzigen Gesichtspunkt befragt: ob sie geeignet sei, die Humanität zu befördern. Hans Mayer, ein Wissenschaftler und Schriftsteller zwischen den Fronten, dessen wichtigste Werke nicht zufällig den Unbotmäßigen, den offenen und geheimen Aufrührern gelten: den Außenseitern und den Rebellen. Dem Jakobiner Büchner, dem Revolutionär und Utopisten Richard Wagner, aber auch dem ›anderen‹ Goethe und dem ›anderen‹ Thomas Mann.

Von Köln und Hans Kelsen nach Paris zu Horkheimer, weiter nach Genf zu Carl Jacob Burckhardt, dann über Frankfurt nach Leipzig – nicht weit von Adorno, in der Nähe Lukács' und Blochs –, schließlich nach Hannover und Tübingen (dazwischen Amerika, Vorträge in aller Welt): Da wird Geographie zur Geschichte: in welcher Weise, das soll dieser Band dokumentieren. Das ›Davor‹ (Studienzeit, Emigration, Heimkehr nach Frankfurt) konnte leider, in Ermangelung von Zeugnissen, nur andeutungsweise und retrospektiv, das ›Danach‹, die Kontinuität im scheinbaren Wechsel, dafür um so ausführlicher belegt werden: nicht zuletzt dank der Zeugnisse aus dem Kreis der Freunde und der engeren oder weiteren Mayerschen ›Schule‹, die, wie der Beitrag Uwe Johnsons, andeuten sollen, daß es neben dem Gelehrten, dem Essayisten und Publizisten noch einen vierten gibt (und dessen Wirkung, indirekt aber mächtig, mag sogar die größte sein): Hans Mayer, den Lehrer.

Inge Jens

Postskriptum

Der vorliegende Band ist schmaler geworden, als ursprünglich geplant war. Schmaler und, wenn man so will, weniger politisch. Der Grund: Das für Fragen der Lizenzerteilung zuständige Urheberrechte-Büro der DDR hat den Nachdruck jener Texte verweigert, die sich, zwischen 1956 und 1957 im *Sonntag* und im *Neuen Deutschland* publiziert, auf Thesen Hans Mayers beziehen, die er 1956 auf einer literaturwissenschaftlichen Tagung vertreten und anschließend in einem vom *Sonntag* veröffentlichten Rundfunk-Vortrag *Zur Gegenwartslage unserer Literatur* (abgedruckt in diesem Band auf Seite 65 ff.) dargelegt hatte. Es handelt sich um folgende Beiträge:

1. Den resümierenden Bericht von Georg Piltz, *Die Fenster sind aufgestoßen,* in dem Mayers Referat, die Antworten der Diskussionsredner (Klaus Gysi, Günther Karl, Johannes R. Becher, Wolfgang Harich, Alexander Abusch, Alfred Kurella) und das Mayersche Schlußwort knapp berichtet wurden: sachlich und engagiert zugleich. (»Dann ergriff Johannes R. Becher das Wort. Er beschäftigte sich vor allem mit dem Problem der Unterhaltungsliteratur und warf Hans Mayer vor, nach meiner Meinung übrigens mit Recht, er rede zwar einer Unterhaltungsliteratur das Wort, aber diese solle, wenn möglich, das Niveau des *Zauberbergs* haben. In die gleiche Richtung zielte ein Zwischenruf Wolfgang Harichs: ›Sie sind nur liberal in Sachen, die Niveau haben.‹ [. . .] Es war schade, daß der prononcierteste Gegner der Mayer'schen Thesen [Alfred Kurella] seine Ansichten recht ungeschickt vertrat, so daß die Diskussion einen Augenblick lang in Gefahr schwebte, in einer Auseinandersetzung über nebensächliche Dinge zu versanden. Kurella nannte Mayers Referat ein Aneinanderreihen von zum Teil unbewiesenen Ansichten. [. . .] Die Theorie, daß der Held eines literarischen Werks desto vielschichtiger und widerspruchsvoller sein müsse, je feiner organisiert sein Schöpfer sei, müsse ebenfalls noch gründlich untersucht werden, bevor man sie als allgemeingültig bezeichnen könne; die ›Gebrochenheit‹ der Helden, von der Mayer rühmend gesprochen habe, sei jedenfalls Kennzeichen eines sozialen Maras-

mus. [...] In seinem Schlußwort stellte Hans Mayer als positivstes Ergebnis der Konferenz fest, daß auf dem Boden des Marxismus verschiedenartige Meinungen möglich seien: Als Hauptaufgabe der Wissenschaftler bezeichnete er die Bereinigung des Bodensatzes aus der Vergangenheit. Zwar sei die literarische Wertskala in der Vergangenheit oft nicht in Ordnung gewesen, das bedeute aber nicht, daß keine gültigen literarischen Leistungen entstanden seien; er verweise in diesem Zusammenhang auf Fühmanns Novelle *Kameraden* und auf Hermlins *Kommandeuse*. Gysi habe recht, wenn er eine Kritik aus historischer Sicht fordere, aber man dürfe über dem Historischen nicht die Frage nach dem Normativen vergessen; eine Tendenz dazu sei zweifellos vorhanden gewesen. Als eine der wichtigsten Fragen der Zukunft, deren Lösung über den Bereich der Literaturwissenschaft hinausweise, nannte Mayer die Ablösung des ethischen Relativismus durch gültige ethische Normen. Nur so könnte der latenten Gefahr einer doppelten politischen und moralischen Buchführung begegnet werden; nur so könnten auch wieder echte ästhetische Wertmaßstäbe gesetzt werden.«)

2. Den Aufsatz Hans Kaufmanns, *Anfänge einer literarischen Form*, in dessen Zentrum die Auseinandersetzung mit der Mayerschen These steht, unvollkommene literarische Werke seien keineswegs geeignet, späteren Meisterstücken den Boden zu ebnen; die Vorstellung, daß eine schlechte Literatur Nutzen bringen könne, sei absurd. Mit fortschrittlich gemeinten, aber künstlerisch drittrangigen Werken sei weder dem Publikum noch der Literatur gedient.

(»Den Vorwurf des ›Aristokratismus‹ quittierte Prof. Mayer damit, daß er der Masse der ›Literatur‹ die ›Dichtung‹ im hohen, Maßstäbe setzenden Sinne entgegensetzte, die immer selten und in diesem Verstand durchaus ›aristokratisch‹ sei. Mehrere Redner [Joh. R. Becher, Klaus Gysi, A. Kurella, Günther Karl und andere] hielten dem entgegen, daß auch die Meisterwerke der Vergangenheit nicht wie Säulen aus einem Sumpf hervorragten, sondern wie der Gipfel einer Pyramide auf einer breiten Basis ruhten. Die Schriftsteller, die sich mit der Gegenwart befassen, hätten literarisches Neuland zu entdecken und könnten die Traditionen nicht einfach fortsetzen. Diese Debatte krankte daran, daß man sie so gut wie völlig losgelöst vom literarischen Material führte, so daß der allzu summarischen These eine ebensolche Antithese gegenüberstand. Denn die junge sozialistische Literatur ist keine einheitliche Masse, und man kann durchaus den Weg zum Beispiel Strittmatters für fruchtbar, zugleich aber den sagen wir Reinowskis für fehlerhaft halten. Insgesamt dürfte hierin jedoch – weniger der Formulierung als dem Wesen der Sache nach – Kurella recht behalten, wenn er gegenüber der ›aristokratischen‹ die ›plebejische‹ Haltung als die einzig angemessene hinstellte.«)

3. Den Traktat von Wolfgang Joho, *Die ›literarische Opulenz‹ von damals und wir Schriftsteller von heute,* dessen Haupt-These auf der Behauptung beruht, die von Mayer emphatisch verteidigte große Literatur eines Joyce und Musil sei gesellschaftlich irrelevant. Hilfreich beim Aufbau des Sozialismus seien nicht die Versuche der Formkünstler, sondern die inhaltlich wegweisenden Schriften der sozialistischen Autoren: »Wenn ich mich nicht nur als die Literatur kritisch betrachtender Mensch, sondern vor allem als Schriftsteller heute frage, wie weit die genannten Werke – und außer ihnen noch eine Menge anderer, so der vielerwähnte *Ulysses* von James Joyce oder Musils *Mann ohne Eigenschaften* – das epische Schaffen unserer Zeit befruchtet haben, so lautet die Antwort sehr klar und ehrlich, freilich auch sehr subjektiv: Sie haben mich davon überzeugt, daß sie den Roman in eine Sackgasse führten; sie erscheinen mir aus heutiger kritischer Sicht als Produkte einer Spätzeit und nicht als Richtungsweiser einer Erneuerung der Literatur, bestenfalls als mehr oder weniger problematische Versuche, ihrer Zeit die gemäße Ausdrucksform zu geben. [. . .] Von welchen Werken konnten wir zehren, welche bewahrten wir, welche machten uns stark und widerstandsfähig gegen die Barbarei und gaben uns die Hoffnung darauf, daß wir am Ende die Stärkeren sein würden? So subjektiv die Antwort auf diese Frage ausfallen muß, glaube ich doch sagen zu können, daß es weder die von Joyce, Dos Passos, Musil, Benn oder Döblin waren, sondern – in gänzlich unvollständiger Nennung – die von Anna Seghers, von Arnold Zweig, Ludwig Renn, von Leonhard Frank, Erich Weinert und nicht zuletzt auch die – so gar nicht ›interessanten‹ – von Marchwitza, Grünberg und Turek. Und was waren das für

Bücher? Es waren – sehr bezeichnend und aufschlußreich – in der Mehrzahl nicht die der kühnen Experimentatoren, Avantgardisten und scheinbaren Befruchter unserer Literatur, sondern – nicht weniger bezeichnend – die, bei denen eine klare humanistische Perspektive am deutlichsten zum Audruck kam. [. . .] Man verstehe nicht falsch: Dies ist kein Bildersturm gegen Döblin, Joyce und ein Dutzend andere, bedeutet keine Verkennung ihres Schaffens, gar ein Verdikt gegen sie. Es ist nur ein Versuch, die Bedeutung jener gepriesenen Weimarer Jahre auf das richtige Maß zurückzuführen, zu differenzieren und eine Antwort auf Mayers Frage zu geben: ›Will man immer noch so tun, [. . .] als sei der *Ulysses* von James Joyce nie geschrieben worden?‹ Nein, man will keineswegs so tun. Nur glaube ich nicht, daß man aus der Beschäftigung mit ihm Maßstäbe gewinnen könne und daß die fehlende Auseinandersetzung mit diesem und manchem anderen Werke der ›opulenten‹ Epoche eine der Hauptursachen für die von Mayer behauptete Stagnation unserer Literatur sei. Ich bin vielmehr der Meinung, daß das, was unseren Schriftstellern wohl nützen und was für unsere neue Literatur fruchtbar sein kann, die intensive Beschäftigung mit Zweig, Frank, Seghers und – in internationalem Maßstab – immer wieder und wieder mit Gorki und auch mit Scholochow ist. Und ich bin weiter der Meinung, daß es für einen Schriftsteller von heute immer noch hundertmal nützlicher sei, sich mit *Krieg und Frieden* oder mit der *Comédie humaine* intensiv zu befassen, als Joyce und Kafka zu studieren.«

4. Die Aufsätze von Alfred Kurella *Wer bagatellisiert?* und *Ästhetische Restauration?*, in deren erstem es, in einer Auseinandersetzung mit den Mayerschen Attacken gegen die reaktionäre sowjetische Literaturpolitik während der Shdanow-Ära um die Frage geht, ob der literarische Verfall der sowjetischen Literatur sich allein auf den Personenkult und bestimmte Deformationserscheinungen der Stalin-Zeit zurückführen ließe. Beschränkt sich der erste Artikel vorwiegend auf eine Illustration des literarischen Lebens in der Sowjetunion, des Sektierertums und der Isolation der Autoren, so ist die zweite Studie komparatistisch gehalten. Ausgehend von Schriftstellern wie Aragon, Becher, Eluard, Majakowski, Nezval und Hikmet sucht Kurella zu beweisen, daß

Mayer unrecht habe, wenn er, mit dem Blick auf die DDR-Literatur, das avantgardistische Frühwerk dieser Autoren gegen ihr realistisches Spätwerk ausspiele. Der Mayersche Imperativ, die DDR-Schriftsteller sollten die Formexperimente der Wegbereiter nicht länger mißachten, sei, unter dem Aspekt, den Primat im Raum der Literatur habe der Gehalt, Lehrmeister sei nicht die Kunstform, sondern das Leben, entschieden zurückweisen.

(»Die meisten unserer Schriftsteller [. . .] müssen sich noch einmal den alten Vorwurf schematischer Darstellung anhören, die ›geschwätzig von wissenschaftlichem Sozialismus und werktätigem Menschen spricht, vom Volk und angeblicher Volkstümlichkeit‹. Und was hätten ›die meisten unserer Schriftsteller‹ statt dessen tun sollen? Nun, sie hätten sich eben an die Frühphase unserer modernen Literatur halten, hätten von Georg Trakl und Georg Heym [. . .] lernen müssen, daß sich ›in der modernen Vorstellung vom Gedicht einiges geändert hat‹, hätten zur Kenntnis nehmen sollen, daß Franz Kafka gelebt und James Joyce einen *Ulysses* geschrieben und Bert Brecht ernstgemeintes episches Theater gemacht haben.

›Das ist es also‹, um mit Hans Mayer zu reden. Die verselbständigte Frühphase unserer modernen Dichtung wird hier ganz unmißverständlich gleichgesetzt mit jenen ›neuen Formen und Methoden der Umsetzung von Erkenntnissen in neue künstlerische Wirklichkeit‹, deren unsere jungen Schriftsteller angeblich vor allem bedürfen. Studiert die futuristischen, surrealistischen ›neuen Formen und Methoden der Umsetzung von Erkenntnissen in neue künstlerische Wirklichkeit‹, und ihr bekommt den Schlüssel zu der ach so schwer gewordenen Wiedergabe der ach so komplizierten heutigen Welt! [. . .] So selbstverständlich es ist, daß unsere jungen Dichter diese Periode unserer Literatur kennen und sich mit ihr auseinandersetzen müssen, ebenso selbstverständlich scheint es mir, daß der Hauptweg unserer literarischen Bemühungen über die Weiterführung der Entwicklung geht, die unsere großen Prosaiker und Dichter von verschiedenen Ausgangspositionen aus zu dem neuen Realismus unserer sozialistischen Epoche gebracht hat. Der Hauptlehrmeister unserer jungen Literatur ist dabei aber auch das neue Leben. Moderne sozialistische Literatur ist sehr wohl denkbar ohne Kenntnis der ›modernen‹ bürgerlichen Literatur.[. . .] Aber sie ist unmöglich ohne Kenntnis des modernen Menschen, des Menschen der werdenden sozialistischen Gesellschaft. Auf diese Aufgabe sollten Kritik und Literaturwissenschaft die jungen Autoren vor allem lenken. Die Geschichte aller Literaturen enthält in dieser Hinsicht viele lehrreiche Parallelen und Beispiele.«)

5. Die Rede Kurt Hagers, gehalten auf dem 32. Plenum des Zentralkomitees der Sozialistischen Einheitspartei Deutschlands, in deren Verlauf der Redner vor allem die mangelhafte, von bürgerlichen Einflüssen geprägte und deshalb nicht selten von Vertretern der »Harich-Gruppe« bestimmte ideologische Auseinandersetzung über Probleme der Literaturwissenschaft anprangert.

(»Nehmen wir ein Beispiel. Im *Sonntag* vom 2. Dezember 1956 veröffentlichte Professor Hans Mayer, Leipzig, seinen bekannten Aufsatz *Zur Gegenwartslage unserer Literatur*. In diesem Aufsatz wird die Literatur in Ost und West in einen Topf geworfen und festgestellt, daß es um die deutsche Gegenwartsliteratur nicht zum besten steht, daß ein Krisenzustand besteht, daß der Tisch unserer Literatur kärglich gedeckt ist, daß wir magere Jahre durchleben, daß auch in der Sowjetunion nichts von literarischer Opulenz zu finden ist. Diesem angeblichen Niedergang werden die reicheren und literarisch ergiebigeren zwanziger Jahre der Weimarer Republik gegenübergestellt.

Man hätte nun annehmen müssen, daß sich um diese ›Literaturtheorie‹ Mayers eine rege Auseinandersetzung entwickeln würde. Es ist richtig: Kurella, Abusch und einige andere Schriftsteller haben sich geäußert. Aber ich habe noch einmal die letzten sechs Nummern der Zeitschrift *Neue Deutsche Literatur*, des *Aufbau*, der Zeitschrift *Kunst und Literatur* durchgesehen und außer den Äußerungen des Genossen Abusch und des Genossen Kurella keinerlei Stellungnahmen und Diskussionen zur Mayerschen ›Literaturtheorie‹ gefunden. Das heißt mit anderen Worten: Unsere kulturpolitischen Zeitschriften haben sich der Diskussion um diese wesentliche Frage der Einschätzung, der Perspektiven und Tendenzen unserer Literatur entzogen. Darf man es aber im Interesse unserer sozialistischen Literatur hinnehmen, wenn das ehrliche Bemühen vieler neuer Talente um die Darstellung der neuen gesellschaftlichen, sozialistischen Verhältnisse nicht gefördert, sondern verächtlich gemacht wird, wenn die antifaschistische und sozialistische Literatur schlechtweg in einen Topf geworfen wird mit der Literatur eines James Joyce, Faulkner und anderen, die den Verfall und die Krise der bürgerlichen Gesellschaft verkörpert? Ist es nicht klar, daß unsere Literatur eine große aktive Rolle bei der Durchführung des sozialistischen Aufbaus, bei der Entwicklung neuer sozialistischer Beziehungen und der Umgestaltung des Bewußtseins zu spielen hat und es deshalb notwendig ist, sie zu pflegen, alles Neue, Keimende zu fördern und nicht durch bürgerlichen Snobismus zu ersticken?«)

6. Die Attacke Marianne Langes gegen Hans Mayers, bei Gelegenheit eines Aufsatzes über F. C. Weiskopf vorgetragene Verteidigung des »literarischen Mittlertums« und seine Angriffe gegen eine Kulturpolitik, die »geistige und künstlerische Parteinahme [. . .] mit ideologischen Dekreten und unbewiesenen Werturteilen verwechselt«.

(»Wenn Hans Mayer von der Verwechslung von Mittlertum und Parteilosigkeit spricht, wenn er davon spricht, daß Weiskopf ›echte Werte der spätbürgerlichen Welt‹ nicht einfach ›abschreibe‹, so dient ihm hier Weiskopf offensichtlich zur Rechtfertigung der eigenen Position aus dem Jahre 1956; damals empfahl er unserer Literatur, die sich nach seiner Meinung in einer tiefen Krise befindet, das Anknüpfen bei Joyce und Kafka. Und er zitiert Weiskopfs Kafka-Aufsatz als Beweis dafür, daß man fähig und entschlossen sein müsse, dort Größe zu sehen und anzuerkennen, wo man nicht zu lieben vermag. Ihm scheint sich aus dem Werk Weiskopfs gerade die eine Schlußfolgerung aufzudrängen, man könne den einfachen Geschmack auch dadurch zum verwöhnten steigern, »daß literarische Werke aus einer untergehenden Welt in ihrer Bedeutung erkannt und ›verwertbar‹ gemacht würden. [. . .] Weiskopf empfahl der proletarischen revolutionären Literatur das Anknüpfen an die besten Traditionen der bürgerlich-humanistischen Romanliteratur. Er wollte echte gute Traditionen vermitteln. Professor Mayer empfahl der heutigen – sich bereits auf viele eigene Erfahrungen und die Erfahrungen der Sowjetliteratur stützenden und die Traditionen der bürgerlich-humanistischen Literatur verwertenden

Literatur – das Vorbild der dekadenten Literatur, der dekadenten Auflösung der künstlerischen Formen. Die Literatur von Joyce und Kafka ist aber kein Anknüpfungspunkt für unsere sozialistische Literatur. Kann man hier von echtem Mittlertum sprechen?«)

Verlag und Herausgeberin bedauern, daß die Auseinandersetzung um Hans Mayers »Weite und Vielfalt« verlangenden Literatur-Thesen, wie sie 1956 und 1957 in der DDR geführt wurde, in diesem Band nicht in extenso abgedruckt werden kann. Verdient hätte sie es, diese Debatte, die – wie keine andere – Hans Mayers Position in der DDR exemplarisch vorführt. Und weil sie's verdient hat, seien dem interessierten Leser jedenfalls die Fundstellen angegeben:

1. Georg Piltz, *Die Fenster sind aufgestoßen,* in: *Sonntag,* Berlin, 17. 6. 1956;
2. Hans Kaufmann; *Anfänge einer literarischen Form,* in: *Neues Deutschland,* Berlin, 27. 6. 1956;
3. Wolfgang Joho, *Die ›literarische Opulenz‹ von damals und wir Schriftsteller von heute,* in: *Sonntag,* Berlin, 12. 1. 1957;
4. Alfred Kurella, *Wer bagatellisiert?* in: *Sonntag,* Berlin, 16. 12. 1956;
5. derselbe, *Ästhetische Restauration?* in: *Sonntag,* Berlin, 10. 2. 1957;
6. Kurt Hager, *Rede auf dem 32. Plenum des Zentralkomitees der Sozialistischen Einheitspartei Deutschlands,* in: *Sonntag,* Berlin, 11. 8. 1957;
7. Marianne Lange, *Von der Mitte und den Vermittlern,* in: *Neues Deutschland,* Berlin, 13. 10. 1957.

Tübingen, 1. 2. 1977 Inge Jens

Carl J. Burckhardt
Der junge Hans Mayer

Es ist einmal ein kleines geistreiches Buch erschienen; sein Verfasser, Stefan Porgès, war ein hochgebildeter ungarischer Bankier, der sich in den dreißiger Jahren in Genf niedergelassen hatte. Der Gegenstand seiner Aufzeichnungen war das ›Seminar‹, das wir zwischen 1933 und 1937 und dann, während des Zweiten Weltkriegs, in der Rhônestadt, im Universitätsinstitut für internationale Studien abgehalten haben. Ich sage ›wir‹, denn jene allwöchentliche Übung war, vor allem nach Kriegsbeginn, ein Kolloquium zwischen Männern von verschiedenstem Herkommen; Studenten waren in der Minorität, die Mehrzahl der Gesprächsteilnehmer waren erfahrene Persönlichkeiten, Vertriebene, die in oft hohen Stellungen der Magistratur, der Diplomatie, der Wirtschaft, in allen möglichen liberalen Berufen oder als Vertreter der Wissenschaft Ansehen genossen und Einfluß ausgeübt hatten; auch entthronte Potentaten waren unter ihnen. Nun befanden sie sich in der Schweiz, in Genf, und sie kamen in das schöne Haus am See, das die Tochter des englischen Staatsmannes Sir Robert Peel der Schweiz vermacht hatte und das später dem Universitätsinstitut zur Verfügung gestellt wurde. Man bedenke, wenige Kilometer von dem Ort unserer Zusammenkünfte entfernt, tauchten schon bald an der Grenze des winzigen Hoheitsgebiets der Calvinstadt Hitlers Truppen auf, die sich rings um die Gemarkung der Eidgenossenschaft, die so vielen verfolgten Menschen Asyl geboten hatte, wie ein eiserner Ring zusammenschlossen.

Die Seminarteilnehmer kamen jeweils von zwei bis vier Uhr im Seminar zusammen; unter ihnen befanden sich ausgezeichnete Geschichtskenner wie der rumänische Außenminister Grigore Gafencu, Spezialisten der neueren Geschichte, Soziologen und Nationalökonomen und vor allem Personen mit großer praktischer Erfahrung; daneben selbstverständlich auch sporadische ›Berichterstatter‹, Vertreter der so überaus dilettantisch aufgezogenen Nachrichtendienste des Zweiten Weltkriegs. Unter allen Teilnehmern trat der junge Hans

Mayer aus Köln in eindrucksvoller Weise hervor.

Sein an Hegels Antithesen, an der marxistischen Apologetik geschulter rascher, scharfer Verstand bewegte und überspannte die Diskussion jederzeit spielend, und immer wieder konnte man beobachten, wie einer der sorgenbelasteten, erfahrungsschweren, einstigen Großen seinen Blick erst langsam und erstaunt prüfend und dann resigniert verzichtend auf den so blendend begabten Jüngling richtete. Er hätte die Kandidatur für vieles übernehmen können.

Seit seiner Ankunft in der traditionellen Freistadt hatte er sich in der kühlen Höhenluft der *Reinen Rechtslehre* Hans Kelsens bewegt, und er hatte, ausgehend von einer hypothetischen Urnorm, den von allen psychologischen und politischen Erscheinungen abstrahierten Staat überdacht, der mit der Rechtsnorm gleichgesetzt wurde. Professor Mieses liberale Wirtschaftslehre hatte er wie einen Garten aus glücklichen Zeiten durchwandert, und jede Blume, jeder Strauch in diesem meteorologisch so begünstigten Ausschnitt aus einer wilden und feindlichen Natur war ihm vertraut. Bourquins kristallklare, diplomatische Geschichte, seine ebenmäßigen, symmetrischen Gebäude aus Kongressen, Friedensschlüssen und Verträgen waren ihm deutlich gegenwärtig. Er stand prüfend William Rappards Völkerbundsoptimismus gegenüber, und er verhielt sich, unorthodoxe Urteile formulierend, skeptisch vor den leidenschaftlichen, tief antifaschistisch engagierten Geschichtsgemälden des großen lateinischen Redners und Improvisators Guglielmo Ferrero, der damals die Einwohner Genfs hinriß zu einer Begeisterung, die bis auf den heutigen Tag an den Ufern des Genfersees noch weiterwirkt. Gestrebt aber hat Mayer nach festeren Prinzipien; er erklärte, ein überzeugter Kommunist zu sein, was die einen erschreckte, die anderen mit einem wonnevollen Bürgergruseln immer wieder anzog. Er hatte auch Gesinnungsgenossen; da gab es einen sehr kämpferischen Studenten, gebürtig aus Ostgalizien, der einmal einem betagten und würdigen Seminarteilnehmer, der auf den in Lausanne gewirkt habenden Pareto hinwies, schneidend zurief: »Die Faschismen sind nur die letzten Bocksprünge des Bürgertums!« Ja, es ging lebhaft zu um jenen langen Tisch in der Villa Barton. Auch war es äußerst lehrreich, wenn bei der Lektüre der zum großen Teil unveröffentlichten Dokumente zur Geschichte des k. u. k. Außenministers, Fürst Felix Schwarzenberg, ein ungarischer Hofrat mit Sachkenntnis eingriff, worauf ein rumänischer Botschafter sich zum Wort meldete und die mittlerweile vergangenen Probleme vom Standpunkt der Walachei aufrollte, worauf ein tschechischer Arzt, ein Emigrant wie die anderen, durch seinen Großvater übermittelte Erinnerungen an den Vormärz zum besten gab. Mayer pflegte dann die widersprechenden Feststellungen der verschiedenen Redner immer höflich, aber doch am Rande der Parodie, zusammenzufassen und dies in einer so witzigen Weise, daß die in ihre Geschichtskontroversen verstrickten Ehemaligen sich alsbald versöhnendem Lachen hingaben. Ein im logischen Denken ebenbürtiger Jüngling war der Grieche Papaliguras, der bald schon, als das bestaunte ›Kind von Athen‹ seinen glanzvollen Summa Doktor bestand, und in einer berühmt gebliebenen sogenannten ›soutenance de thèse‹ in der Aula der Universität vor Vertretern aus verschiedenen, trotz des Krieges auch ausländischen Hochschulen, seine Doktorarbeit über die ›Societas perfecta‹ verteidigte. Mayer und der blutjunge Hellene, der sehr bald schon in seinem Vaterland einen Ministersessel einnehmen sollte, wurden immer als Exponenten zweier zum folgerichtigen Denken erziehender antiker Schulen betrachtet, wobei das Maß, das selbstverständlich an sie angelegt wurde, die französisch-cartesianische *clarté* war und blieb.

Mayer hätte in jedem Fach, als Jurist, Nationalökonom, Soziologe oder Historiker einen hervorragenden Studienabschluß einschalten können. Ihm aber wurde die Wahl schwer.

Was ihn letzten Endes am tiefsten betraf, am meisten anzog, war Geistesgeschichte und Dichtung. Da lebten wir beide, jeder in seiner Art, fern von der Sprache unserer Heimat und Jugend, beide entbehrten wir etwas Entscheidendes, beide dachten wir an das ›andere Deutschland‹, wobei unser Freund, dieses *enfant terrible* des Instituts, es sich streng versagen mußte, davon zu sprechen, denn er war der Verfolgte, der Bedrohte, der Flüchtling; und seine Sicherheit mußte er dort suchen, wo die stärksten Gegenkräfte gegen all das vorhanden waren, was sich unmittelbar gegen ihn und seinesgleichen richtete. Dort, wo er hingehörte, war zur Zeit kein deutscher Geist zu finden; auch wußte er, und er hat es ausgesprochen, daß die ›Erneuerte Welt‹, auf die zu hoffen er sich gezwungen sah, vorerst nur auf Kosten eines unermeßlichen Kulturverlustes zu errichten war. Mit Bedauern nahm er davon Kenntnis, er betonte aber das Wort ›vorläufig‹. Daß dieser Verlust ihn schmerzte, ja quälte, bewies am deutlichsten sein Ingrimm, wenn er bürgerlicher Selbstaufgabe, Hinfälligkeit, intellektueller Originalitätssucht, paradoxen Snobismen begegnete. Wie erbost konnte er über die Verfallssymptome des Westens spotten, über den Jargon etwa einer gewissen Kunstkritik, über das gesuchte, leere Getue einer Jugend, die am Rande des grauenhaften Massenmords an ihren Altersgenossen, bereits damals, aus Langeweile, nur noch auf billigste Sensationen aus war. Bei Marx fand er sachlichen Ernst und Zucht. Große, tief in die Arkane denkerischer Leistungen des Orients und Okzidents eingedrungene Geister wie Walter Benjamin, sein Vorbild in vielem, waren einst, unter ähnlichen Voraussetzungen wie er, ähnliche Wege gegangen, undoktrinär, bei aller talmudisch geschulten Unbestechlichkeit der Urteilskraft – jedoch bei jedem geistigen Wert von äußerster Empfänglichkeit, hatten auch sie Heiterkeit bewahrt, ja sie waren übermütig, wie auch Marx selbst; hatte doch Benjamin, der so tief in Goethes *Wahlverwandtschaften* eingedrungen war, wie kaum ein anderer vor ihm, jungenhaft, als er an der Universität Bern studierte, mit Gerhard Scholem gemeinsam die nach einem Berner Vorort benannte ›Universität Muri‹ gegründet, die aus dem Rektor Benjamin und dem Pedell Scholem bestand und genau ausgearbeitete Statuten besaß. Zu derartigem war auch der junge Mayer fähig. Dazu aber war Freiheit nötig, ihren Entzug hat auch Benjamin nicht ertragen. In seinem Kampf um Leben und Sicherheit war Mayer fast bereit, diesen Verlust auf sich zu nehmen; er hat es versucht, die Konsequenzen aus dem, was er für seine Überzeugung hielt und wohl noch heute hält, zu ertragen. Daß ihm dies letzten Endes nicht ganz gelingen würde, habe ich immer vermutet, ich kannte seine Liebe zur geistigen Freiheit, die so besonders deutlich aus seiner Abneigung gegen diejenigen hervorging, die die Freiheit mißbrauchten und verschleuderten.

Wie dem sei, in jenen so fernen Genfer Zeiten, den dreißiger und frühen vierziger Jahren, wurden wir Freunde, und Mayer wurde zum Freund meiner Freunde. Er hat selbst eine schöne

Fahrt nach Savoyen geschildert, die wir noch kurz vor dem Beginn des Unheils, gemeinsam mit Max Rychner, unternommen hatten. Ich erinnere mich genau an das Gespräch, das damals entstanden war, weil Max Rychner mich mit dem Begriff von der Sinnlosigkeit des geschichtlichen Ablaufs zu beunruhigen versuchte, während ich meinte, die immer so rankenhaft zähen Verflechtungen des Hauses Savoyen mit anderen Dynastien und die unheimliche Verschachtelung der Erbrechte erklären zu können. Bei Rychner aber war bereits ein Anflug jenes tiefsinnigen Tädiums vorhanden, das in einem seiner letzten großen Vorträge *Moderne Dichter als Gegner der Geschichte* sich dann aussprechen sollte und das einsetzt wie eine Stimme eines Streichquartetts mit dem Vers Gottfried Benns: »Was haltet ihr vom Gewoge der Geschichte?«

Vor solchen Visionen verdorrte meine sicher lückenhafte Auskunft; Mayer aber half ihr unverdrossen wieder auf, indem er – niemand weiß, woher – wie ein Hofkanzlist aus der Zeit des Absolutismus genaue Auskunft erteilte. Nachher, in der Schlemmerschenke von Talloires, war zuerst von Johann Georg Hamann und dann von Bader die Rede, und gerade bei jenem Gespräch wurde mir deutlich, daß die geistesgeschichtliche Leidenschaft unseres rheinländischen Tischgenossen, des »feinen Mayerleins« – so wurde er von Rychner fortan genannt –, ihn für das literarhistorische Fach bestimmte. Ich habe ihn denn auch stets in jene Richtung zu weisen versucht. Ein ratgebender Nestor, wie er uns in Gestalt von akademischen Meistern in so vielen Biographien entgegentritt, bin ich allerdings nie gewesen; ich habe eher das Gefühl, von den jungen Leuten, denen ich begegnet bin, manches gelernt zu haben, von Hans Mayer sogar recht viel. Was uns die gegenseitige Beziehung leicht machte, trotz unserer so großen Verschiedenheit an Vorbedingungen und auch an Neigungen, was sie förderte, war unser gemeinsamer Hang zur möglichsten Unabhängigkeit des Urteils, wobei Mayer stets die tausendfältige Eigenart jedes einzelnen menschlichen Falles, völlig unbeeinflußt von Doktrinen, Richtungen und Zugehörigkeiten welcher Art immer, in Betracht zog. Da überwinterte beispielsweise in Genf ein baltischer Baron, ein einstiger Offizier im kaiserlich russischen Kavallerieregiment ›Chevaliersgarde‹.

Auch er erschien hin und wieder in unserem ›Seminar‹ benannten Klub, in dem einige erstaunte Lehramtskandidaten auftauchten und wieder verschwanden, während die von der Bühne abgetretenen Träger einstiger, vermeintlicher oder wirklicher Hauptrollen getreulich ausharrten, während man von der Grenze gelegentlich Schüsse hörte und täglich mit unheilvollen Nachrichten und Gerüchten überschüttet wurde. Wie in einem gültigen Weltparlament fuhren die ›Klubmitglieder‹ fort, ihre bisweilen veralteten Standpunkte zu vertreten. Der baltische Baron belustigte Mayer: durch sein entspanntes Wesen, das seine Sache auf Nichts gestellt hatte, durch seine von vielhundertjähriger Tradition geprägte Manier, seine lexikonartige Kenntnis der europäischen Gesellschaft zwischen 1900 und 1918, seine Gewohnheit, ausgedehnte Reisen zu unternehmen, seine geographischen, landwirtschaftlichen und ethnischen Kenntnisse des Zarenreiches. Mayer vermochte in ihm und seinen zahllosen Anekdoten zu blättern wie in einer Taschenbuchausgabe der russischen Epik, in der dieser ansprechende ›Künder von damals‹ in sehr sicherer und lebensvoller Weise zu Hause war. Noch vieles wäre zu berichten über die Beziehungen und die hochgespannten Späße des heutigen Professors und Jubilars.

Er hat im Laufe seines späteren Lebens Konsequenzen der als endgültig von ihm gewählten Richtung auf sich genommen; auch innerhalb dieser Konsequenzen hat er sich bewährt. Nur eines, wie wir es erwartet hatten, wurde ihm zuletzt unerträglich: der Verlust der Möglichkeit, bei aller Treue zur gewählten Doktrin, aufzubrechen, wohin er wollte, im Geist und auch nach erreichbaren Ländern und Meeren. Heute, an seinem Geburtstag, wünschen wir ihm frohe Reise und weiterhin vielfältige Begegnung, wie sie einst an jenem Tisch stattfand, an dem die Verbannten saßen.

Aus: *Hans Mayer zum 60. Geburtstag*, Hamburg 1967.

François Bondy
Askese eines Empfindsamen

Als ich Hans Mayer im August 1940 in Genf kennenlernte, gehörten wir beide zum Freundeskreis des exilierten italienischen Historikers Guglielmo Ferrero und seiner Frau Gina Lombroso, der Tochter des einst berühmten Kriminologen und Psychologen. Ferrero war nicht nur ein nobler Charakter, sondern auch ein historischer Denker, dessen Bedeutung heute ein wenig verkannt wird, vielleicht weil er über Geschichte zu literarisch vollendet und zu spannend schrieb, was vielen Historikern suspekt erscheint. Ich schrieb damals für einige Freunde, und namentlich für Hans Mayer, einen Bericht über die Verhältnisse im Lager Vernet, aus dem ich eben entlassen worden war, und den ich dann nicht veröffentlichte, weil er gar zu sehr antifranzösisch wirken konnte. Hans Mayer war von diesem Bericht bis zu Tränen erschüttert – wie harmlos erscheint mir jetzt diese Erfahrung im Vergleich zu allem Späteren! –, und wenn ich in den Jahren danach an den möglichen und von ihm selber wohl in Kauf genommenen Konsequenzen seiner damaligen politischen Konzeptionen Anstoß nahm, so habe ich immer wieder an jene ersten Begegnungen zurückgedacht, in denen ich den sensiblen und rücksichtsvollen Menschen erfahren hatte.

Das nächste waren Leseerfahrungen mit einem in Schweizer Zeitschriften viel veröffentlichten Autor namens Martin Seiler, dessen Essays die beiden besten Schweizer Kenner dieses Genres, Max Rychner und Walther Meier, so gerne druckten. Es war mir nicht sofort klargeworden, daß es sich hier um eben jenen Hans Mayer handelte, von dem ich damals nur ein Buch über Georg Büchner kannte. Emigranten war damals verboten, in der Schweiz durch Mitarbeit an Publikationen Geld zu verdienen, und der bisher nicht bekannte Autor Martin Seiler wurde daher als Deckname für mich identifizierbar. Es war immerhin schön, daß Schweizer Schriftsteller und Verleger diesem Autor halfen, sich gegen die fremdenpolizeilichen Edikte zu vergehen.

In Schweizer Arbeitslagern interniert, wurde Hans Mayer,

so schien es mir wenigstens, zu einer treibenden Kraft in der kulturellen Arbeit, und namentlich den Vortragsdiensten. Obwohl unsere Meinungen über die europäische Zukunft auseinandergingen, war er es, der mich zu Vorträgen mit nachfolgender Diskussion einlud, und besonders ein Gespräch zwischen dem Lager und dem kleinen Bahnhof, wo wir in hohem Schnee einherstapften, ist mir in starker Erinnerung.

Eine spätere Begegnung führte uns in Breslau zusammen, bei einer Tagung, zu der viele westliche Intellektuelle geladen waren und deren Einhelligkeit getrübt wurde vom scharfen Ton des russischen Schriftstellers Fadejew, der Sartre und Eliot »Hyänen an Schreibmaschinen« nannte. Hans Mayer war über den scharfmacherischen Ton so unglücklich wie wir und mochte sich schon damals als ein ›Rechtsabweichler‹ vorkommen. Doch waren das Jahre zunehmender Verhärtung und aufgerissener Kluft. Daher war es mir zwar nicht überraschend, aber besonders erfreulich, als ich Hans Mayer 1955 beim Wiener Treffen des Internationalen PEN-Clubs wiedersah und im Gespräch sofort spürte, daß die verschiedenen politischen Optionen dem Freundschaftsverhältnis nichts angehabt hatten. Später blieben wir zwischen Paris und Leipzig in Korrespondenz, die unter anderem mit Detaildiskussionen über seine meisterhafte Übersetzung der Romane Aragons zu tun hatte.

Von Hans Mayers Veröffentlichungen beeindruckte mich in dieser Zeit am meisten sein *Richard Wagner*, wo sich historisches Wissen und musikalische Sensibilität durchdringen. Eine Parallele zwischen dem *Ring* und dem *Kommunistischen Manifest* als zwei Visionen vom Untergang der Welt des Goldes, blieb mir unvergeßlich. Dazu kamen Aufsätze, die dann im Band *Ansichten* gesammelt wurden. Hier war es wiederum die Gabe, verschiedenste Gestalten in Beziehung zu setzen und verschiedenste Bereiche zusammen zu sehen, die mich beeindruckte, ob es um die großen Einzelnen wie Stefan George und Karl Kraus ging oder um die neuen Originalgenies wie Ionesco und Gombrowicz. Über den polnischen Schriftsteller hat Hans Mayer, so glaube ich, den ersten eindringenden Essay geschrieben, der ihm außerhalb Polens gewidmet worden ist. Ein Beispiel für diese ebenso überraschenden wie überzeugenden Assoziationen ist der Vergleich zwischen *Dr.*

Schiwago und der Beschreibung eines verlorengegangenen Bildes von Chagall, *Die Revolution*, der sich mir als blitzartige Erhellung eingeprägt hat. Ein anderes Beispiel ist die Verbindung der künstlichen Paradiese Baudelaires mit dem Venusberg des *Tannhäuser* – hier allerdings nicht eine Parallele, sondern eine geistesgeschichtlich wohlbegründete Verwandtschaft und Berührung.

Es war für mich ein Zeichen von Vertrauen, das ich nicht vergesse, daß Hans Mayer nach einer Übersiedlung in die Bundesrepublik das erste Dokument seiner Leipziger Erfahrung in einem Gespräch mit mir festlegte; Ernst Schnabel produzierte es im NDR, und später wurde es in den Zeitschriften *Der Monat*, *Preuves* und *Encounter* veröffentlicht. Zeugnis über sich selbst war dieses Gespräch allerdings indirekt; denn Hans Mayer ging nicht so sehr auf sein eigenes Schicksal ein als auf dasjenige der Werke Franz Kafkas im Osten und die Unterschiede in der kulturellen Liberalität zwischen Pankow einerseits, Prag, Budapest und sogar Moskau andererseits.

Von späteren Begegnungen mit Hans Mayer, die mir mit gutem Grunde in Erinnerung bleiben, würde ich nicht so sehr unsere Tätigkeit als Juroren des ›Internationalen Verlegerpreises‹ in Salzburg und Valescure nennen als die Tage in Paris und in Wien. Von Claude David eingeführt, hatte Hans Mayer an der Sorbonne, genauer im ›Institut d'Études Germaniques‹, wo ich einst bei Richard Alewyn meine fragmentarischen Studien begonnen hatte, über Brecht und Dürrenmatt gesprochen. Er kam danach zu uns, wo Celan, Joseph Breitbach und einige andere warteten – auch Nathalie Sarraute. Ich hatte ganz fälschlich angenommen, daß ihre Art der Literatur Hans Mayer nicht ohne weiteres zusagen würde; doch verstand er sich gerade mit ihr sichtbar am besten, und eine spätere Studie über ihr Werk bewies, daß meine Meinung irrig gewesen war.

Hier möchte ich einfügen, daß es wenige Germanisten geben dürfte, bei denen der weltliterarische Horizont so selbstverständlich gegenwärtig ist. Zu Begegnungen auf Distanz mit Hans Mayer rechnete ich in diesem Sinn sein *Lesertagebuch* in der *Zeit*. Eine Gabe Hans Mayers, die mir erst später bewußt wurde, ist die der fördernden Aufmerksamkeit. Sie erfuhr ich in einem Wiener Ost-West-Gespräch über den Roman, das die ›Österreichische Gesellschaft für Literatur‹ organisiert hatte. Die Voten gingen in die verschiedensten Richtungen, alles schien zu zerfließen; aber am Ende jeder der vier Sitzungen gab Hans Mayer, an Stelle eines eigenen Votums, die Quintessenz dessen, was jeder der anderen zu sagen versucht hatte, und zwar in einer Weise, daß wir uns alle viel klüger vorkamen. Er hatte gespürt, daß ohne eine solche fortlaufende Interpretation das Gespräch wirkungslos geblieben wäre. Es haben mir später noch manche Teilnehmer gesagt, wieviel sie damals dieser konsequenten Mühe um einen Zusammenhang gedankt haben. Im Vergleich zur eigenen Tätigkeit des Gelehrten und Essayisten mag ein solcher Dienst des Mittelns als etwas Geringeres erscheinen; aber ich gestehe, daß ich diese pädagogische Gabe des Zuhörens bei Hans Mayer nicht in diesem Maße vermutet hatte. Wie im Fall Nathalie Sarraute war das mein Irrtum. Jedenfalls habe ich nach dieser Tagung in Wien für Hans Mayer ein noch lebhafteres Gefühl von Kameradschaft empfunden als zuvor.

Was die Begegnung mit seinen Werken betrifft, so hatte ich bei den Schriften, die sich meinem Urteil nicht entziehen, nicht immer ein Gefühl von Zustimmung, aber bei allen das viel wichtigere Gefühl, daß sie mich angingen. Das lag an der klaren Formulierung komplexer Verhältnisse, wobei die historische Kultur und der musische Instinkt gemeinsam zur Vergegenwärtigung eines besonderen Werkes führen. Diese zweifache Begabung hatte ich schon vor sechsundzwanzig Jahren in Genf wahrgenommen, und es kam mir damals so vor, als sei in seiner Dialektik auch die Askese eines Empfindsamen, der es nicht ganz sein wollte. Nach manchen, zum Teil sehr verschiedenartigen Erwägungen über die Jahre hinaus, bin ich eben davon heute noch viel mehr überzeugt als damals.

Aus: *Hans Mayer zum 60. Geburtstag*, Hamburg 1967.

Peter Härtling
Hermlins und Mayers ›Ansichten‹

Selten ist die Literatur der Väter so heftig studiert und interpretiert, mit solcher Leidenschaft wiederentdeckt worden wie in den Jahren nach 1945. Zwar beklagte man die leeren Schubladen der Jüngeren, doch die Werke der Älteren – meist unter den Strapazen und der Bitternis der Emigration geschrieben – harrten der Lektüre. Sie wurden eilig gedruckt, auf miserablem Papier und in schludrigem Satz, und sie wurden gelesen. Viele Kritiker, ebenfalls heimgekehrt oder aus dem Schweigen aufgetaucht, widmeten sich hingebungsvoll der Erläuterung, sie warben um das noch vor kurzem Verfemte; in der jüngeren Poesie gewahrten sie Anzeichen erneuter Aufbrüche, sie schrieben auf den Linien der Zuversicht, wenngleich nicht ohne Mißtrauen und eingestreute Warnung vor der gemeinen Vergangenheit.

Und es gab in der Tat unendlich vieles zu vermitteln: Wer erinnerte sich nicht an das jähe Erscheinen Franz Kafkas, das wie eine Antwort auf die quälende, maßlose Epoche war. Die wenigen Bücher Kafkas riefen unzählige Echos hervor: es war, als habe seine Stimme die andern aus dem schaurigen Bann erlöst. Man fand bei ihm wieder, woran man gelitten hatte, woran man schier zugrunde gegangen war. Das literarische Leben reicherte sich an: es trug, zu Recht, pädagogische Züge.

Sollte man solche Äußerungen heute, nach mehr als zehn Jahren, denn überprüfen? Das hat sich längst üppig verzweigt. Die Jüngeren genießen ihren eigenen Ruhm. Ob sie des Anstands der ausgewanderten Väter nicht mehr bedürfen? Tut Vergessen der Literatur nicht immer wohl, auf daß sie sich unbefangen erneuere und entwickle? Dennoch: Geschichte hat selbst wieder Geschichte, auch die poetische Geschichtsschreibung, und die Schichten lagern sich hurtiger und erbarmungsloser ab, als es sich die Schreiber wünschen.

Ein Beispiel dafür bietet das 1947 im Limes Verlag und hernach, erweitert, im Ost-Berliner Verlag Volk und Welt erschienene Bändchen, das Stephan Hermlin und Hans Mayer gemeinsam verfaßt haben: *Ansichten über einige Bücher und*

Schriftsteller.

An dieser Broschüre lassen sich, nicht ohne Gram und Zorn, zeitgenössische und zeitgemäße Entwicklungen aufzeigen. Da arbeiteten zwei sich zum Marxismus, zur Schule Mehrings und Lukács' bekennende Kritiker am Radio Frankfurt am Main, beide zurückgekommen aus der Emigration, beide, schon aus diesem Grunde, mit der neueren europäischen Literatur wohlvertraut. Sie machten es sich zur Aufgabe, vorzustellen, zu porträtieren, Mit großem Ernst bauten sie ihre schöne Schaubude auf. Rieten sie allzu parteiisch, allzu vernagelt? Im Gegenteil: überaus offenherzig und hellsichtig nahmen sie sich auch der Bücher an, die zu schätzen sie nach ihrer politischen Haltung nicht unbedingt Grund gehabt hätten. Sie schrieben nicht (oder noch nicht) mit gespaltener Zunge, sie liehen all ihre gebildete Empfindsamkeit dem Mittlergeschäft. Sie präsentierten klug und mit Geschick das Neue wie das Alte.

»Erinnerung ist die Welt des Kritikers«, beginnt Hans Mayer einen Aufsatz über Georg Kaiser, der inzwischen wiederum und wohl endgültig vergessen worden ist. Das ist ein Programm, dem Mayer, wie die Themen es ergaben, treu geblieben ist. Denn auch die ganz auf den gegenwärtigen Satz versessene Reflexion kommt, will sie nicht verdorren, ohne Erinnerung nicht aus.

Hermlin wie Mayer gaben unablässig literarischen Reminiszenzen nach, so bereicherten sie die Gegenwart, so belehrten sie die noch vor kurzem von der Welt Abgeschnittenen unmittelbar und ohne Hochmut: Diese Rücksicht erweist sich auch beim wiederholten Nachlesen nicht als abstoßende Belehrung, sondern als gelehrte Dienstbarkeit, die dem Leser Wissenswertes *en passant* schenkt. Gewiß werden die Autoren inzwischen manche ihrer *Ansichten* widerrufen wollen, werden versichern, das habe sich längst überholt.

An dieser Stelle lasse ich mich von der Politik beiseite drängen. Es muß, zusammengefaßt, gesagt werden, worüber Hans Mayer und Stephan Hermlin geschrieben haben, und allein die Titel, geschweige denn die ganzen Aufsätze, setzen sich jetzt konträr gegen einen ihrer Verfasser: ich meine Hermlin. Er war ein vorzüglicher Rezensent. Nie rettete er sich ins nichtssagende Pathos, das Funktionären gefällt. Er rechtete gelassen: Karl Kraus und Franz Kafka zog er mit fast ergreifender Jugendlichkeit auf seine Seite, an Friedrich Georg Jüngers Buch *Perfektion der Technik* versuchte er jene Elemente, seien sie noch so unscheinbar, zu exemplifizieren, die Keime des Totalitären sind.

Kein Redakteur des *Sonntag* oder der *neuen deutschen literatur* in Ost-Berlin würde es in diesen Tagen wagen, Hermlins Kafka-Aufsatz nachzudrucken. Über Kafka redet man dort – entgegen aller Bemühungen des Prager Professors Goldstücker, des Wiener Kommunisten Fischer und polnischer Kafka-Exegeten – in anderen Worten, nicht in denen, die Hermlin, bewegt von der brüderlich-verlorenen Existenz Kafkas, fürs Frankfurter Radio aufschrieb: »In der Dämmerung des großen Zuchthauses Welt lauschte der Gefangene Franz Kafka auf die Klopfzeichen, die durch die Wände zu ihm drangen. Er lauschte auf ihre verwirrende Fülle. Aber da war schon die Nacht.«

Das Duo Mayer-Hermlin hatte die Vorzüge kontrastierender Stimmlagen: Mayer geht ungleich gelassener, aber auch schärfer mit seinen Themen um (daß er, in einem Exkurs über den Widerstand Ernst Wiecherts gegen das Dritte Reich, zu wenig differenziert, daß er literarische Schwäche und entlarvende Verkrampfungen im Eifer übersieht, kann man heute allerdings kaum mehr begreifen), er neigt der Politik mehr zu. Seine beiden Artikel über Thomas Mann sind eine entscheidende Weitergabe der humanitären Leitsätze des Dichters. Er vermittelt mit pädagogischem Bedacht. Er liest den *Fabian* Kästners für jene wieder, die ihn nie gelesen haben, und ruft, mit ein paar Sätzen, die Jahre um 1930 heraus, eine historische Lehrstunde im Angesicht einer literarischen Gestalt, der eine andere Generation gegenübertritt. Lesenswert blieb auch seine Eloge an den *Glücklichen Dichter Jean Giraudoux.* Hermlin hingegen wirkt, in Angriff wie Lob, betulicher; er pflegt die lyrische Attitüde.

Aber sollte man dieses Buch, so wie es ist, neu auflegen? Ich habe mich seiner nicht deshalb erinnert. Zudem sind manche »Ansichten« Mayers in seine späteren Bücher eingegangen. Es ging mir vielmehr um die Mitteilung von ein paar Entwicklungen, die damals, als man sich anschickte, Literatur »aufzuarbeiten«, kaum sichtbar waren und nur von einigen klugen

Leuten notiert wurden. Wie die Jahre dann den Leuten und der Literatur mitspielten, erklärt nicht den idealischen Ausgangspunkt, der Hoffnungen bereithielt, die häufig selbst von den Hoffenden ausgeschlagen wurden.

Hermlin und Mayer verließen, nicht lang, nachdem sie diese Aufsätze ins Mikrophon gesprochen hatten, Westdeutschland. Mayer wurde Professor in Leipzig, bewundert und umstritten im Osten wie im Westen, geschätzt von seinen Studenten; Hermlin wurde ein angesehener Dichter, obzwar er, nach seinen weitatmigen, pathosversunkenen Poemen nichts mehr von solcher Bedeutung publizierte – bis er junge, ungebärdige Lyriker aufs Podium holte, die der Partei nicht genehm waren: danach wurde auch er in den Hintergrund gedrängt. Mayer kehrte zurück; Hermlin blieb.

Die Erinnerung an ihrer beider kritische Entdeckungsreise vor der Währungsreform wird sich einigen Hörern und Lesern bewahrt haben. Eine Handvoll Sätze, die weiterführten. Namen, die verschollen waren; Reichtum, den man böswillig verscherzt hatte und der einem nun, ohne Hohn, zurückgegeben wurde. Auch das sollte zur Erinnerung zählen, von der Hans Mayer sprach: man vergißt allmählich, daß beleidigt wurde, was man nun in wohlgemuter Freiheit liebt.

Aus: *Welt der Literatur*, 14. 5. 1964.

Erich Lissner
Wie stehen wir zur modernen Literatur?

Notizen zu einem abgehörten Gespräch

Merkwürdig ist das doch: überall, wo heute auf Kongressen, in Zirkeln oder Konventikeln über Literatur geredet (manchmal oder oft auch nur geschwätzt) wird, gerät man auf den Gegensatz von Zeitnähe und Zeitferne, der sich dann – hochgestochen ausgedrückt – in die schier endlose Debatte um die ›reine‹ oder die ›engagierte‹ Dichtung verliert. Wir möchten nicht meinen, daß dabei bislang viel herausgesprungen sei.

Aber darauf scheint es wohl gar nicht anzukommen. Solche Unterredungen zeigen nur an, daß hier eine ungelöste Spannung vorliegt. Die Disputanten sind, jeder auf seiner Seite, am Rande einer Gletscherspalte angekommen, der Abgrund gähnt; weiter geht's nicht. Das entscheidende Gespräch muß vorerst in der eigenen Brust geführt werden, und wer etwa einen Schriftstellerkongreß aufsucht, wähnend, dort etwas Fertiges serviert zu bekommen, das ihn der eigenen Entscheidung enthebt – der ist verlorenzugeben. Wir waren soeben zu mitternächtlicher Stunde Zeugen eines Gespräches über die Frage: Wie stehen wir zur modernen Literatur? Wir hörten die Stimme von Elisabeth Langgässer, von Eugen Kogon und Hans Mayer – nur die Stimme von den dreien, denn wir saßen am Lautsprecher, und das Gespräch kam aus dem *Mitternachtsstudio* von Radio Frankfurt. Wir haben gebannt zugehört, obgleich wir im vorhinein als Auguren wußten, daß wir am Ende auch nicht mehr wissen würden als am Anfang.

Wie ging es zu? Es wurden ›Positionen‹ bezogen, wenn man auch im Vordergrund bemüht war, fast auf Diplomatenweise Gemeinsamkeiten zu suchen, Kompromißformeln anzubieten. Die Konzilianz, mit der gesprochen wurde, konnte nicht darüber hinwegtäuschen, daß eine Brücke nicht zu schlagen war.

Aber verstehen wir uns bitte nicht falsch. Wir wollen damit keineswegs sagen, daß ein solches Gespräch müßig war. Im Gegenteil, es erscheint uns, je länger wir noch über das

Gehörte nachdenken, von hohem Wert. Denn es darf ja nicht der Zweck eines solchen Gesprächs sein, daß die Teilnehmer am Ende *einer* Meinung sind. Was nämlich darauf hinausliefe, daß man mit feineren Methoden *das* erreichen möchte, was andere mit Ochsenziemer und Stahlrute bewerkstelligten. Der Sinn eines solchen Gesprächs ist es ja, daß man hören lernt, sich fremden Meinungen aufschließt, daß man lernt, mit ihnen zu leben. So nur wird Toleranz vorexerziert.

Schließlich haben wir auch in dieser Nacht eben nicht irgend jemanden gehört, sondern – *sit venia verbo* – ›Prominente‹: eine katholische Dichterin von gutem Namen und hohem Rang; den Verfasser des *SS-Staates* und Herausgeber der *Frankfurter Hefte*, der sich selbst einen Publizisten aus christlicher Verantwortung nennt, und einen exakten scharfen Kritiker und hervorragenden Kenner der europäischen Literatur, zugleich Professor der Soziologie.

Eine Hauptstation des weitverästelten Gesprächs war die Gegenüberstellung von Franz Kafka und Thomas Mann. Wer von beiden ist der ›Moderne‹? Nicht nach Alter, sondern nach Wesen und Wirkung. Elisabeth Langgässer meinte, die »psychologisierende Methode« des sogenannten bürgerlichen Romans sei mit Thomas Mann in ihren Zenit getreten, damit aber auch zu Ende. Unserem Herzen ist heute dafür Kafka ganz nahe – sagte sie etwa –, bei ihm *steht* alles im ersten Moment, er schreibt aus einer festen »Wertwelt« heraus – bei Thomas Mann dagegen ist der Zerfall offenbar. Auf die Gefahr, daß die Verwirrung vollständig wird, möchten wir unseren Leser immerhin aus der Kulisse darauf aufmerksam machen, daß sich sehr wohl eine Umkehrung denken ließe, dergestalt, daß Thomas Mann dann als der Positive, der Optimist, der Zukunftsgläubige erscheint, der, bei manchen Vorbehalten, schließlich doch an das Gute im Menschen glaubt, während es bei Kafka weder Lösung noch Erlösung gibt und der Mensch von Anfang an verdammt, seine Natur im theologischen Sinne korrumpiert ist – Kafkas Welt ist die Hölle. Wer von beiden ist nun ›modern‹? Eine Frage, auf die es keine Antwort gibt, eine Frage, die falsch gestellt ist. Hier bricht der fundamentale Zwiespalt auf. War das ganze Gespräch etwa eine Folge von Variationen über die Unvereinbarkeit zweier Standpunkte, hie Langgässer–Kogon, da Hans

Mayer? Warten wir ab.

Ein Beispiel: Wenn etwa Kogon sagt, daß der christliche Schriftsteller dem Leben Sinn gibt und daß von seinem Werk die Kraft ausgeht, die Schwierigkeiten der Zeit zu verstehen und durchzustehen, so meinte er damit, daß *nur* der christliche Schriftsteller das kann. Dagegen konnte Hans Mayer die Frage stellen, was denn derjenige, der nicht den »Zugang« zum Glauben hat, etwa mit dem *Unauslöschlichen Siegel,* dem letzten Roman Elisabeth Langgässers, anfangen könne. Die »Langgässerin«, wie sie gelegentlich süddeutsch-kollegial apostrophiert wurde, meinte darauf: Auf das Widmungsblatt ihres Buches habe sie das Wort gesetzt: COMMYSTIS COMMITTO, das heißt zu deutsch: ich übergebe es den Eingeweihten. »Also: es gilt nur für die, die diese Existenz mitvollziehen. Nur sie sind imstande, auch das Kunstwerk zu vollziehen.« (Wohlgemerkt: das sollte mehr heißen als nur ein Erfassen mit dem Verstande!) Dagegen meinte Kogon: »Echte christliche Literatur – die nicht spezifisch christliche Themen zu behandeln braucht – trifft immer die gemeinsame Existenzgrundlage des heutigen Menschen.« Während also seine Partnerin unumwunden auf den Nichteingeweihten verzichtet, also im Grunde Mayers Dichotomie anerkennt, will Kogon *auch* den Uneingeweihten einbezogen wissen. Zwei durchaus verschiedene Auffassungen im Christlichen. Aha, die Fronten sind also nicht eingefroren.

Neue Variation: Schon auf dem Schriftstellerkongreß in Berlin im vorigen Herbst hatte der Begriff des »Elfenbeinernen Turms« die Köpfe erhitzt. Was soll man darunter verstehen? Die Flucht in die Vereinzelung, ins Ästhetische, Idyllische, kurz in die Unverbindlichkeit? Gerade Elisabeth Langgässer hatte in Berlin dieses Bild in diesem Sinne gebraucht. Jetzt aber wollte sie genauer unterscheiden. Sie zog die *turris eburnea* der *Lauretanischen Litanei* heran, an der sie erweisen wollte, daß der Elfenbeinturm *auch* – sie sagte es nicht gerade so, aber wir meinten es heraushören zu können – eine Art *Leuchtturm* sei. Ebenso mochte Kogon die »reine Dichtung« des Elfenbeinernen Turms nicht missen. Er erzählte, wie er in Buchenwald Stendhal gelesen habe und wie ihm dabei der Gedanke gekommen sei: Wenn du hier einmal herauskommst und ein Buch schreibst, das im Jahre 2045 von *den* Leuten gelesen wird, die *dann* im KZ sind, und wenn diese in ihm einen Trost finden, *dann* hast du wirklich eine Funktion als Schriftsteller gehabt. Kogon, selbst Publizist, erkannte, daß die *rein* publizistische Funktion, die Schreiberei für den Tag, die schwächste Produktionsform ist, und daß die Konzentration des Schriftstellers auf sein entstehendes Buch allemal »der längste Hebelarm« sei.

Rainer Maria Rilke? Ist er modern? Doch nicht schon darum, weil sich wieder einmal eine Nachkriegsjugend an ihm berauscht, und es in Myriaden jüngster Gedichte ›rilkelt‹. Elisabeth Langgässer sprach sehr deutlich von der »Realitätsentleerung«, der Säkularisierung christlicher Inhalte in den *Duineser Elegien,* und Eugen Kogon ging so weit, darin ein Opiat zu sehen. Er bezeichnete das Christliche bei Rilke, wie im Österreichertum überhaupt, als eine »Trockensubstanz«, die erst in Wasser aufgelöst werden müsse. Die christlichen Zeiten und Figuren seien bei Rilke nur noch Requisiten, die der »Schönheit« dienen, und Hans Mayer stimmte durchaus zu mit dem Bemerken, wenn er Gedichte von jungen Lyrikern zugeschickt bekomme, mit dem »obligaten Engel«, so könne er nicht weiterlesen.

Sind nun etwa die Russen ›modern‹ zu nennen? Hier sprach Hans Mayer des längeren aus frischer Kenntnis über die jüngste Produktion drüben. Er führte etwa aus: Der Roman sei an sich eine typisch bürgerliche Kunstform des 19. Jahrhunderts, und zwar entweder Entwicklungsroman (von *Wilhelm Meister* bis zum *Glasperlenspiel*) oder Inventaraufnahme einer Gesellschaft (von Balzac bis Jules Romain und Theodore Dreyser) oder der typisch europäische Roman, in dem das Erzählende immer mehr zugunsten des Essays ausgeschaltet wird (wie bei Marcel Proust, Thomas Mann). Der sowjetische Roman habe dagegen eine ganz neue Funktion. Vieles in ihm (sagte Hans Mayer) wirkt auf uns seltsam, scheinbar oberflächlich, naiv, weil es nicht so neurotisch, nicht so zersetzt ist, wie unsere Welt. Es erscheint uns als platter Optimismus, weil wir ein Menschentum nicht mehr verstehen, das nicht neurotisch ist. Kogon entgegnete, der Sowjetschriftsteller nehme eben aus der Wirklichkeit das heraus, was nicht neurotisch sei, denn er darf ja sein Thema nicht frei wählen, sondern nur das, was der sowjetrussischen Entwicklung förderlich ist. Neurosen gäbe es gewiß hüben wie drüben. Es sei allerdings bezeichnend, daß den westlichen Schriftsteller gerade die Neurose besonders anzieht. »Es gibt auch eine Neurose der Gesundheit«, warf Elisabeth Langgässer schlagfertig ein.

Das Schielen nach »Modernität« läßt einen leicht in den Graben fallen. Kogon zeigte die Gefahren der »Modernität« am Beispiel Hanns Johsts, des ehemaligen Präsidenten der Reichsschrifttumskammer, den er in der Haft sprechen konnte. Er fragte ihn, wie er seine nationalsozialistische Überzeugung mit seiner Dichtung in Einklang bringe. Aber Johst begriff gar nicht, worauf Kogon hinauswollte. Er sah durchaus keinen Widerspruch in seinem Treiben, Dichtung war für ihn keine gesellschaftliche Funktion, sondern ein rein ästhetisches Spiel, außerhalb der Wirklichkeit, etwas rein Formales, das sich beliebig für jedes Regime oder System umschalten ließe. Eugen Kogon neigt wohl dazu, das Formale für sekundär zu halten. Daher hat er aus dem Gespräch mit Johst die Konsequenz gezogen, daß der Dichter die gegebene Wirklichkeit gestalten und in die Zukunft weisen müsse. Auf den Inhalt kommt's für Kogon an. Er schlug geradezu vor, einmal das Schicksal der Südtiroler oder der Wolgadeutschen ruhig in der traditionellen Form des Romans oder des fünfaktigen Dramas, darzustellen. Was Elisabeth Langgässer temperamentvoll mit der Bemerkung parierte, daß der neue Stoff auch die neue Form erzwingen werde.

Zwischen Tür und Angel: Wie stehen wir also zur modernen Literatur? Oder vielmehr, wie standen eigentlich die Disputanten zu ihr? War die Frage glücklich? Was heißt: ›stehen‹ hier? Natürlich, jeder Vergleich hinkt, so auch der mit der Gletscherspalte, den wir oben gebrauchten. Schon drei Personen auf die zwei Seiten zu verteilen geht nicht ohne Gewaltsamkeit. Wir dürfen annehmen, daß die drei Disputanten schon aus technischen Gründen in Tuchfühlung um das Mikrophon geschart waren. Auf einer mittleren Linie konnten sie sich zwar nicht treffen – jeder verharrte in seiner Ausgangsstellung. Aber es gibt ja auch sozusagen eine mittlere Geneigtheit, aus der jenes unendliche Gespräch entsteht, das unter Menschen guten Willens nicht ganz unfruchtbar bleiben kann.

Wir müssen die Feder hinlegen. Das Dreiergespräch aus dem

Frankfurter *Mitternachtsstudio* hat uns, auch nachdem längst die Absage gekommen war, noch Stunden munter gehalten. Und nun – wie in alten Zeiten – graut der Morgen nach einer durchwachten Nacht.

Aus: *Frankfurter Rundschau*, 17. 7. 1948.

Hans Heinz Holz
Hans Mayers Beitrag zur Ideologietheorie

Vorbemerkung

Hans Mayer begegnete ich zum ersten Male 1945. Damals war er, gerade aus dem Exil zurückgekehrt, für kurze Zeit Chefredakteur des US-amerikanischen Senders für die deutsche Bevölkerung, Radio Frankfurt; er wurde bald das erste Opfer des nach dem Tode Präsident Roosevelts unter dem Nachfolger Truman aufkommenden Antikommunismus. Der beginnende »Kalte Krieg« schickte seine ersten Frostnächte voraus; in einer von ihnen wurde Hans Mayers Schreibtisch von dem amerikanischen Kontrolloffizier geräumt, ihm selbst am Morgen seine Entlassung verkündet. Mayer leitete dann als Erster Vorsitzender die VVN Hessen, und ich redigierte unter seiner Verantwortung die monatlich erscheinenden *Mitteilungen*. In dieser Zeit habe ich in häufigen, langen und beiläufigen, Gesprächen viel von ihm gelernt: von seiner ideologiekritischen Methode, seinem literaturkritischen und politischen Scharfsinn, seiner rhetorischen Prägnanz. Die unter seinem Vorsitz stattfindende Interzonale Juristenkonferenz der VVN im März 1948 in Kronberg im Taunus war eine der letzten großen politischen Veranstaltungen von gesamtdeutschem Charakter und gesamtdeutsch demokratischer, antifaschistischer Intention; der hessische Ministerpräsident Prof. Karl Geiler, der Frankfurter Oberbürgermeister Walter Kolb und die spätere Justizministerin der DDR, Hilde Benjamin, Direktor in der Justizverwaltung der Sowjetischen Besatzungszone, wirkten da noch einträchtig zusammen.

Dann wurde Hans Mayer nach Leipzig berufen, die Kontakte wurden spärlicher, aber die Lektüre seiner Veröffentlichungen blieb stets Anregung und Genuß. Als nun Günther Busch mich fragte, ob er für den vorliegenden Band meinen 1948 geschriebenen, 1950 in der *Zeitschrift für philosophische Forschung* (IV, Seite 308 ff.) gedruckten Aufsatz über Hans Mayers Buch *Karl Marx und das Elend des Geistes* aufnehmen dürfe, war klar, daß diese kleine Arbeit aus meiner Studentenzeit nicht ausreichte, um Hans Mayer zum 70. Geburtstag den Gruß zukommen zu lassen und den Dank abzustatten, die fällig waren. Ich knüpfe im folgenden Beitrag an die damalige Studie und ihre Intention an, nun aber mit reicherem Instrumentarium, und versuche so den Bogen über drei Jahrzehnte hinweg zu schlagen.

1.

Der Ideologiebegriff ist in der Erkenntnistheorie und Sozialphilosophie der Gegenwart zu einem zentralen Problem geworden. Im Zeichen der Koexistenz der Systeme mit unterschiedlicher Gesellschaftsordnung, die militärische Konfrontationen ausschalten soll, kommt der ideologischen Auseinandersetzung steigende Bedeutung zu. Die Erfolge der marxistischen Arbeiterparteien in einer Reihe kapitalistischer Länder haben hier den ideologischen Klassenkampf auch zu einem wesentlichen Moment der Innenpolitik werden lassen. Diese Entwicklungen haben zur Folge, daß die seit jeher von der marxistischen Philosophie mit Nachdruck betriebene Ideologiekritik nun auch die bürgerliche Philosophie und Soziologie herausgefordert hat, sich dem Ideologieproblem zu stellen und es aus ihrer systematischen und politischen Sicht zu reformulieren.[1]

Die neueren ideologietheoretischen Ansätze der bürgerlichen Wissenschaft greifen jedoch, ausdrücklich oder nicht, auf große Vorbilder zurück: ihrer aller Ahnherr ist Max Weber, dessen Untersuchung über den Zusammenhang von Kapitalismus und Protestantismus ein frühes Zeugnis wissenssoziologischer Verfahrensweise darstellt. Weber wie auch die an ihn anknüpfenden Wissenssoziologen der zwanziger Jahre haben dabei »insgeheim mehr als einen Grundbegriff der marxistischen Geschichtsauffassung übernommen«.[2] Allerdings war diese Übernahme mit einer relativistischen (bzw. pluralistischen) Verkehrung der Marxschen Lehren verknüpft[3] und legte so bereits damals den Grund für eine gegen den Marxismus gerichtete Umdeutung der Ideologietheorie, wie sie dann nach dem Zweiten Weltkrieg zum Beispiel für Topitsch charakteristisch ist.[4]

Die Positionen der bürgerlichen Ideologietheorie frühzeitig in ihrer weltanschaulichen Bedeutung erkannt und aus marxistischer Sicht kritisiert zu haben, ist das Verdienst der 1937 erstmals erschienenen Abhandlung Hans Mayers *Der bürgerliche und der marxistische Ideologiebegriff*, 1948 wieder als ein Kernstück in sein Buch *Karl Marx und das Elend des Geistes* aufgenommen.[5] Gegen den soziologischen »Perspektivismus« des »allgemeinen und totalen Ideologiebegriffs«, den Mannheim postulierte[6], hat Mayer die philosophische Wahrheitsfrage in den Mittelpunkt gerückt: »Im Grunde mündet das Ideologieproblem stets ein in das Wahrheitsproblem. Ein absoluter Wahrheitsbegriff führt zu Axiomatik und Dogmatik. Negativ gewendet, als ein enttäuschtes, desillusioniertes Postulat absoluter Wahrheit, zur totalen Skepsis, zu einem Relativismus, der den totalen Ideologieverdacht ausspricht. Die Wahrheit aber ist das Ganze des geschichtlich-gesellschaftlichen Prozesses.«[7]

2.

Der Schlußsatz der Abhandlung signalisiert die hegelianische Position des Verfassers. Diese ist in seiner Leipziger Antrittsvorlesung vom 20. 7. 1949 deutlich akzentuiert: »Es gibt keine moderne Philosophie, die es sich leisten dürfte, Hegel wie einen ›toten Hund‹ zu behandeln, um ein bitteres Wort von Marx über die unwissenden Hegelgegner zu zitieren. Gerade Marxens, später Lenins tiefe und angelegentliche Beschäftigung mit Hegels Werk kann hier die Richtung angeben.«[8] In Hegels *Phänomenologie des Geistes* fand Mayer das Modell einer Ideologietheorie vorgebildet, die den historisch und gesellschaftlich relativen Charakter von Theorien mit ihrer Beziehung zur Wahrheit systematisch verband. Die Ideen einer Epoche werden als Momente im geschichtlichen Prozeß der Entfaltung des Wissens begriffen und verlieren im Fortschritt der Wissenschaft ihren selbständigen Erkenntniswert; sie bleiben aber als Gliedstücke im Werden des Wissens erhalten und gewinnen als solche den Sinn typischer Konstellationen der Beziehung des Wissens auf den Gegenstand – wie Mayer am Beispiel von Stoizismus, Skeptzismus und unglücklichem Bewußtsein, den drei Stadien des Selbstbewußtseins, gezeigt hat.[9] Die phylogenetischen Stufen des Aufstiegs zur Wahrheit werden zugleich ontogenetisch als Stadien der philosophischen Bildung und typologisch als »Stellungen des

Gedankens zur Objektivität«[10] aufgefaßt.

Für Hegel, der im *System der Wissenschaft* (wie der Obertitel der als I. Teil gedachten *Phänomenologie des Geistes* lautete) die Konstruktion der Wahrheit darstellen und im Absoluten abschließen wollte, war »die Bewegung des Sichselbstsetzens oder die Vermittlung des Sichanderswerdens«[11], also die Darstellung der Stufen des Wissens als Momente eines Ganzen, nur idealistisch möglich, weil die Positivität des Ganzen eben nicht in der schlechten Unendlichkeit einer Menge disparater, kontingenter Seiender, sondern nur in der Idee zu erhalten ist. Darauf richtete sich schon die Kritik Feuerbachs, der erkannte, daß die Aufhebung der Ideologien in der Totalität der Wahrheit nur ihre eine Seite, nämlich ihre Beziehung zur Wahrheit, nicht aber die andere Seite, nämlich ihre Selbständigkeit als »falsches Bewußtsein«, betreffen konnte: »Wohl ist die letzte Entwicklungsstufe immer die *Totalität*, welche die anderen Stufen in sich aufnimmt; aber da sie selbst eine *bestimmte Zeit*existenz ist und daher den Charakter der Besonderheit an sich trägt, so kann sie die anderen Existenzen nicht in sich aufnehmen, ohne ihnen das Mark des selbständigen Lebens auszusaugen, und damit *die* Bedeutung zu nehmen, die sie nur in ihrer vollkommenen Freiheit haben.«[12] Der Ideologiekritiker Feuerbach, der sich im *Wesen des Christentums* bewährt, nimmt von der Hegel-Kritik seinen Ausgang.

Im Sinne dieser Feuerbachschen und weiter der Marxschen Hegel-Kritik hält Hans Mayer fest: »In Hegels System erreicht die Relativierung der Ideen einer Epoche zu ›Momenten‹ eines über sie hinwegschreitenden Geschichtsprozesses ihren Höhepunkt. ›Das Wahre ist das Ganze‹, das Denken der einzelnen Epoche ist nur ein Moment der Wahrheit, nicht Wahrheit selbst; es ist nur relativ wahr, da jede Etappe des menschlichen Denkens und Philosophierens ein Moment darstellt in jenem großen Prozeß des ›Zu-sich-selbst-Kommens‹ des Geistes, seinen Weg zum ›Selbstbewußtsein‹. [. . .] Die Ideen, die bis zu Hegel aufgetreten waren, sind relative Momente einer ganzen Wahrheit, das macht ihren Wert und ihre Ehre aus. Das Wahrheits- und damit das Ideologieproblem ist gestellt, aber im Rahmen einer idealistischen Konstruktion, [. . .] es ist gestellt im Rahmen eines Systems, das ›geschlossen‹, aber auch am Ende ist.«[13] Sogleich über Feuerbach hinausgehend, verknüpft also Mayer die Ideologiefrage mit dem von Lenin scharf herausgearbeiteten Unterschied von relativer und absoluter Erkenntnis. Doch das Verhältnis von relativer und absoluter Wahrheit ist keineswegs auf ihre Stellung in einem und zu einem geschlossenen System beschränkt. Vielmehr: Gerade wenn die Geschichte als ein prinzipiell nach vorn unabgeschlossener (und unabschließbarer) Prozeß betrachtet wird, also nicht eschatologisch auf einen Endzustand hingeordnet, wird absolute Wahrheit als das zu definieren sein, was nur als Grenzwert gegen das Unendliche seinen infinitesimal zu konstruierenden Gehalt hat, während jeder historisch erreichte Stand seine Wahrheit als geschichtlich relative, aber als gegenwärtig absolute behaupten kann. Dann ist, wie Hegel sagte, Philosophie ihre Zeit in Gedanken gefaßt und dergestalt eben ein »objektiv-experimentelles Realmodell jenes wahren Totum, das erst im Schwange steht«[14], erst recht, wenn Philosophie nicht abgehoben von der gesellschaftlichen Wirklichkeit als bloße Theorie, sondern gemäß den Marxschen Feuerbachthesen als Theorie–Praxis-Einheit, als »gegenständliche Wahrheit« verstanden und betrieben wird.[15]

Ideologien können in jedem Falle relative Wahrheit für sich in Anspruch nehmen: sie drücken das Selbstbewußtsein einer Epoche unter den Voraussetzungen der Hegemonie einer Klasse aus.[16] Der Schein, der sie als diese Widerspiegelung oder Reflexion ihrer Zeit sind, ist nicht »bloßer Schein« (wie Mayer richtig bemerkt[17]), sondern *realer Schein*[18] (dessen Struktur im Fetischismus-Kapitel des *Kapital* analysiert wird). Ideologiekritik beschränkt sich folglich nicht darauf, »falsches Bewußtsein« als solches zu entlarven, sondern hat die Bedingungen und die Weise einer Produktion freizulegen und darin seinen geschichtlichen (relativen) Wahrheitsgehalt als eine Art seiner Unwahrheit zu begreifen. Die dialektische Verfassung von Ideologie wird daran erkennbar: die Figur des übergreifenden Allgemeinen hat statt. Das heißt: das Wahre (als das Ganze) ist Gattung seiner selbst und seines Gegenteils, des Unwahren (als der Ideologie, die ein Moment im historischen Prozeß des Herausarbeitens der Wahrheit ist); aber auch umgekehrt: das Unwahre (die Ideologie) ist Gattung seiner selbst und des Wahren, das am Unwahren (als unselbständiges

Moment, aber als Kriterium seiner) aufscheint.[19] Für beide symmetrisch entgegengesetzten Sätze gilt ein dialektisches Verständnis des Spinoza-Theorems: *verum est index sui et falsi.*

3.

Die Aufnahme des an Hegel gewonnenen, von Lenin bestimmten Wahrheitsbegriffs[20] ermöglicht es, den marxistischen Ideologiebegriff gegen den bürgerlichen abzugrenzen. Mit dieser Einsicht hält Hans Mayer in einer Zeit, in der in den vom Faschismus nicht okkupierten westlichen Ländern die »kritische Theorie« der Horkheimer, Adorno und Marcuse den Marxismus zu vertreten behauptete, eine korrekte dialektisch und historisch materialistische Position fest. Die Protagonisten der »kritischen Theorie« lesen nämlich aus Hegel nur den Mittelschritt der dialektischen Triade heraus, die Negation, gemäß der Rolle des Mephisto im Faust: »Ich bin der Geist, der stets verneint. Und das mit Recht, denn alles, was entsteht, ist wert, daß es zugrunde geht.« Deutlich wird dies schon in der Horkheimerschen Auslegung des Hegelschen Wahrheitsbegriffs, die sich dem »totalen Ideologieverdacht« der Mannheim und Kelsen geradezu als philosophische Legitimation anbieten muß: »Indem der konkrete Inhalt als bedingt und abhängig erkannt, indem jede ›endliche‹ Wahrheit ebenso entschieden ›negiert‹ wird wie bei Kant, soll sie nach Hegel nicht einfach beim Aussondern des reinen Wissens durch das Sieb fallen. In der Erkenntnis der Bedingtheit jeder isolierten Ansicht, in der Ablehnung ihres unbeschränkten Wahrheitsanspruchs wird dieses bedingte Wissen nicht überhaupt zerstört, sondern jeweils als bedingte, einseitige, isolierte Ansicht in das System der Wahrheit aufgenommen. Durch nichts anderes als dieses fortwährende kritische Beschränken und Korrigieren von Teilwahrheiten kommt dieses selbst als ihr konkreter Begriff, als Wissen von begrenzten Einsichten in ihren Grenzen und ihrem Zusammenhang zustande.«[21] Der letzte Satz bezeichnet den Umschlag von Hegels spekulativem System zur bloßen negativen Funktion der Philosophie in der »kritischen Theorie«; später hat dann Adorno in der *Negativen Dialektik* die Theorie zu diesem Wahrheitsbegriff geliefert.[22] Dem gegenüber hat Mayer auch in seiner Leipziger Antrittvorlesung darauf hingewiesen, daß für Hegel die bloße Negativität nur als ein unselbständiges Moment der Wahrheit galt. Auch Goethes Mephisto ist im Gesamtplan des *Faust* (gegen seine eigene Selbstcharakterisierung) eher ein Katalysator der positiven menschlichen Praxis als ein erfolgreicher Zerstörer und daher Goethes Geschichtsphilosophie keineswegs auf die der »Frankfurter Schule« reduzierbar.[23]

An Horkheimer anschließen kann Mayer allerdings, wo er sich gegen den Relativismus und Skeptizismus der Wissenssoziologie, vorab Mannheims, wendet und eine Denunziation von Ideologie als schlechthin »falsches Bewußtsein« zurückweist. Horkheimer hat in der Abhandlung zum Wahrheitsproblem zwar schon den Umschlag zur »negativen Dialektik« angelegt, aber immer noch genügend Hegelianismus bewahrt, um den Absturz in den »Perspektivismus« Mannheims vermeiden zu können. Auch die Negativität der »negativen Dialektik« führt nicht in die Relativität eines beliebigen Andersseins, sondern bezieht sich kraft der *Bestimmtheit der Negation* immer kontradiktorisch auf eine geschichtlich-gesellschaftliche Position[24], und keinesfalls wird von Horkheimer einem Pluralismus der Meinungen das Wort geredet, sondern der Systemcharakter der Wahrheit herausgestellt, insofern nämlich, als »jeder Begriff erst als Moment des theoretischen Ganzen reale Gültigkeit besitzt; er kommt zu seiner eigentlichen Bedeutung erst, wenn über seine Verflechtung mit anderen Begriffen zur theoretischen Einheit fortgeschritten und seine Rolle in ihr erkannt ist«.[25] Und ganz im Gegensatz zu dem harmonisierenden Gesellschaftsmodell Mannheims (das Adorno spater einer in vielem scharfsinnigen Kritik unterzogen hat[26]) betont Horkheimer in jenem Aufsatz noch die für den Geschichtsprozeß konstitutive Rolle des Klassenkampfs: »Um zum ›positiv Vernünftigen‹ zu gelangen, genügt nicht die Aufhebung der Gegensätze in Gedanken, sondern es bedarf des geschichtlichen Kampfes, dessen leitende Ideen und theoretische Voraussetzungen freilich im Bewußtsein der Kämpfenden gegeben sind. Das Ergebnis läßt sich jedoch rein theoretisch nicht vorwegnehmen; denn es wird durch keine festumrissene Einheit, etwa den ›Geschichtsverlauf‹, dessen Prinzipien einheitlich und ein für allemal festzulegen wären, sondern durch die unter sich selbst und mit der Natur sich auseinandersetzenden Menschen bestimmt, die in neue Verhältnisse und Strukturen eintreten und sich dabei verändern.«[27] So auch, noch härter formuliert Mayer: »Wirkliche und rücksichtslose Wissenschaft ist nun ein Kampfbegriff geworden.«[28]

Den von Horkheimer im Anschluß an Hegel herausgestellten systematischen Zusammenhang der in Begriffen und Theorien fixierten verallgemeinernden Verstandesleistungen führt Mayer gegen die Reduktion von Ideologie auf wahrheitsfremde Interessen ins Feld. Dabei konstatiert Mayer drei mögliche Aspekte von Ideologie:

1. Fehlinterpretationen der Wirklichkeit aus politischem oder gesellschaftlichem Interesse, so daß wesentliche Zusammenhänge nicht gesehen oder imaginäre Tatsachen behauptet werden;

2. Auffassung des gesellschaftlichen Verhältnisses von Menschen als ein außer ihnen existierendes gesellschaftliches Verhältnis von Gegenständen;

3. Anspruch auf absolute überzeitliche Geltung für historisch richtige Erkenntnisse.[29]

Keiner dieser Aspekte darf jedoch isoliert für sich genommen werden (so als ob es sich um Arten der Gattung Ideologie handele und diese wiederum als Titel für »falsches Bewußtsein« oder Unwahrheit stehe); vielmehr muß Ideologie im Zusammenhang des Erkenntnisprozesses, des wissenschaftlichen und des gesellschaftlichen Fortschritts betrachtet und bestimmt werden. »Eine dialektische Methode wird den Wahrheitsgehalt hinter der ideologischen Fülle aufzuspüren haben. ›Aufhebung‹ ideologischen Denkens bedeutet nicht schlechthin nur Zerstörung und Entlarvung; es bedeutet zugleich Bewahrung und Verwertung gereinigten Denkens auf höherer Erkenntnisstufe. Wäre es anders, so bliebe uns der Begriff des ›Erbes‹ gänzlich fremd, so hätten die großen geistigen Leistungen der Vergangenheit, die zeitgebunden, in dogmatischer oder verdinglichter Form ausgesprochen wurden, für uns jeden Wert verloren.«[30] Gerade hierin liegt der wesentliche Unterschied der marxistischen Ideologiekritik zur wissenssoziologischen; diese verliert, wie Adorno richtig gegen Mannheims Gesellschaftslehre insgesamt bemerkt, das

Ganze aus dem Blick und geht isolierend vor. »Die wissenssoziologischen Verzerrungen gründen in der Methode. Diese übersetzt die dialektischen Begriffe in klassisfikatorische. [. . .] Die Klassifikation nach Ordnungsbegriffen wäre aber ein zureichendes Verfahren der Erkenntnis nur, wenn die vermeintlich unmittelbar gegebenen Tatsachen abstraktiv so leicht von ihrem Grunde sich ablösen ließen, wie sie einem naiven ›ersten Zugriff‹ sich darbieten. Nicht aber wenn die gesellschaftliche Realität eine jeglichem theoretischem ›Zugriff‹ vorgeordnete und höchst ›artikulierte‹ Beschaffenheit hat, von der das scientifische Subjekt samt den Gegebenheiten seiner Erfahrung selber abhängt. Dialektische Begriffe sind nicht in formalsoziologische ›übersetzbar‹, ohne an ihrer Wahrheit Schaden zu nehmen.«[31]

4.

Mayers besonderes Interesse gilt nun der Anwendung des Ideologiebegriffs auf die Rechtswissenschaft. Den Schwerpunkt seiner Erörterungen bildet die Auseinandersetzung mit dem Vorwurf Hans Kelsens, in die Grundbegriffe der herrschenden Rechtslehre seien ideologische Verzerrungen der Strukturen des Rechts eingegangen. Dabei ist Kelsens Kritik am Naturrecht nur eine Seite seiner ideologiekritischen Destruktionen, die andere und praktisch bedeutungsvollere ist sein Nachweis, daß die Formkonstituentien der geltenden Rechtsordnung selbst ideologischen Charakter haben; er unterstellt, sie seien aus dem Interesse an der Legitimierung und Stabilisierung monarchischer Gewalt im frühbürgerlichen Zeitalter hervorgegangen.[32] Der Strukturkritik an der herrschenden Rechtslehre wird eine allgemeine Theorie des Ideologiecharakters jeglichen Rechts zugrundegelegt, die von einer Schichtung der konstitutiven Akte ausgeht: »Ein Unterbau sozialer Realität, bestehend aus physisch-psychischen Rechtsakten, in denen sich ein teils politisches, teils ökonomisches Herrschaftsverhältnis äußert; von diesen Akten getragen eine diese Akte in einem normativen Sinn bestimmende Rechtsordnung, durchaus ideologischen Charakters (im weiteren Sinn des Wortes); und darüber eine Theorie des Rechts, die nicht nur – selbst Ideologie im weiteren Sinne – das Recht als Ideologie zu einer Systemeinheit zu bringen versucht, sondern auch – als Ideologie im engeren Sinne – es zu legitimieren bemüht ist und gerade mit dieser ihrer Funktion auf die Gestaltung der mittleren Schichten zurückwirkt.«[33] Hier wird der Ideologiebegriff identisch gebraucht mit dem des Überbaus. Das Schichtenmodell trifft sicher die Wirklichkeit der gesellschaftlichen Prozesse nicht, kann indessen als Klassifikationsschema nützlich sein. Quer zu diesem Basis-Überbau-Schema, mit dem Kelsen sich der marxistischen Rechtsauffassung anzunähern meinte, steht jedoch ein Ideologieverständnis, das dem Sartreschen Begriff der »mauvaise foi« verwandt ist[34]: Rechtfertigung, Verklärung, Verhüllung. Und schließlich kennt Kelsen noch einen weiteren Ideologiebegriff, demgemäß schlechthin jeder Sinn ideologisch sei.

Gegen diese Fassung des Ideologiebegriffs erhebt Mayer Einwände, die den Begriff selbst zentral betreffen. Zunächst rügt er den Gebrauch der Sinn-Kategorie, die auf einer anderen theoretischen Ebene angesiedelt ist als jener, für die Gegensatzpaare wie Basis-Überbau oder Wahrheit-Ideologie konstitutiv sind. Sinn ist der Titel für eine bestimmte Art und Weise eines Strukturzusammenhangs. »Der ›Sinn‹, der bestimmten gesellschaftlichen Akten anhaftet, ist zunächst selbst durchaus gesellschaftliche Erscheinung. Er ist in gesellschaftlichen Akten ausgedrückt, drückt sich sogar selbst interpretierend in gesellschaftlich realer Weise aus und ist auch, indem man ihn zu einem Begriff des geistigen ›Seins‹ zusammenfaßt, damit das Produkt gesellschaftlicher Akte.«[35] So kann man vom Sinn einer Gesellschaftsordnung oder vom Sinn einer Rechtsordnung sprechen; erst die Hypostasierung dieses Sinns zu einem übergeschichtlichen Sollen oder die teleologische Interpretation des Sinns als Zweck (eine allerdings häufige Begriffsverschiebung) würde Ideologisierung bedeuten. Dem möchte die Reine Rechtslehre dadurch entgegenwirken, daß sie »sich ausschließlich auf das positiv geltende Recht in der wissenschaftlichen Bearbeitung des juristischen Materials beschränkt. Ohne Gehässigkeit und Voreingenommenheit soll der positiv gegebene Rechtsstoff analysiert, gruppiert und systematisch geordnet werden. In dieser ausdrücklich rechtspositivistischen Haltung erscheint die Reine Rechtslehre als eine einzige Absage an alle Arten von ›Wunschrecht‹, an irgendwelche Versuche, das positive Recht zu bewerten, zu legitimieren oder zu verurteilen.«[36] Kelsen geht positivistisch auf den vorliegenden Bestand an juridischem Material zurück. Die kodifizierten Rechtsnormen sollen ihrer ethischen, aus den Setzungen eines Rechtszwecks abgeleiteten Verklärung entkleidet und als solche wertfrei betrachtet werden. Die Idee der Gerechtigkeit wird relativiert gegenüber der Faktizität geltenden Kodices.[37]

Mayer weist auf die Inkonsequenz hin, die in dieser Anwendung des Ideologiebegriffs liegt. Die Reine Rechtslehre setzt immer schon geltendes Recht voraus und versteht dieses als ein System von Rechtssätzen, Rechtsnormen. Nun wird indessen ein System von seinen Systemgrenzen oder Randbedingungen her definiert, die bei endlichen, zeitlichen Systemen auch dessen Ursache oder Genesis einschließen. Eine nur strukturelle Betrachtung einer Rechtsordnung aus ihren »determinationes intrinsecae« kann zwar im besten Falle höchste innersystematische Stringenz erreichen und den Sinn einer Rechtsordnung von nachträglichen äußeren Einwirkungen freihalten; in sie gehen jedoch die systemexternen Entstehungsbedingungen ungeprüft mit ein und werden perpetuiert. Die systematisch-deskriptive Intention der Reinen Rechtslehre und der ideologiekritische Impetus Kelsens brechen an der Stelle auseinander, wo die Begründung der positiven Rechtsordnung aus »determinationes extrinsecae« geleistet werden müßte. Die Reine Rechtslehre kann darum auch über die Angemessenheit einer Rechtsordnung an die von ihr zu regelnden gesellschaftlichen Verhältnisse oder Beziehungen zwischen Menschen nichts mehr aussagen. Römer arbeitet diese Differenz scharf heraus: »Der Vorwurf der Bedeutungslosigkeit könnte der Reinen Rechtslehre deshalb zu Recht seitens einer Rechtstheorie gemacht werden, die das Recht nicht dogmatisch und normativ, sondern als soziales Phänomen soziologisch und politikwissenschaftlich auf seine Funktion in einer konkreten geschichtlichen Situation hin untersucht, ohne daß daraus für oder gegen die Richtigkeit der Reinen Rechtslehre irgend etwas hergeleitet werden könnte, denn diese prätendiert gar nicht, auf rechtssoziologische Fragestellungen eine Antwort geben zu können.«[38]

Mayer zieht diese Differenz einen Schritt weiter. Kelsen ist von seinem systemanalytischen Ansatz her in der Lage, die in einer Rechtsordnung auftauchenden Fremdbestimmungen aufzudecken und als ideologische zu erweisen. Insofern braucht die Reine Rechtslehre auch eine Ideologietheorie als Ergänzung, um die Aberrationen in positiven Rechtsordnungen erkären zu können. Ja, Kelsen kann noch am Ursprung einer Rechtsordnung die in sie eingehende Setzungsideologie enthüllen. Aber was nun? »Man wird nicht leugnen können, daß die antiideologische Tendenz der Reinen Rechtslehre und ihres Schöpfers konsequent vorgeht. Das Wesen dessen, was Kelsen und die Reine Rechtslehre als Ideologiekritik verstehen, wird klar. Es fragt sich jedoch, was dadurch von einer Rechtskonzeption oder Rechtskategorie ausgesagt wurde, daß man sie in ihrer Verbindung mit bestimmten politischen und gesellschaftlichen Bestrebungen und Interessen aufgezeigt hat.«[39] Römer gibt darauf eine Antwort: »Kelsens kritische Leistung besteht darin, daß er der überkommenen Lehre nachweist, daß sie, wenn sie wäre, was sie zu sein beansprucht, nämlich eine allgemeine Lehre des Rechts, zu anderen Ergebnissen kommen müßte. Seine formale, von jedem geschichtlichen gewordenen Inhalt abstrahierende Methode ermöglicht ihm den wissenschaftlich exakten Nachweis, daß die überkommene Lehre sich nicht freimachen konnte von der empirischen Erscheinungsform des Rechts der kapitalistischen Gesellschaft und diese Erscheinungsform zum Wesen des Rechts überhaupt hypostasierte.«[40] Von hier aus müßte – rechtswissenschaftlich – eine gesellschaftliche Begründung des Rechts ausgehen. Gerade davon aber schneidet sich die Reine Rechtslehre ab und wird selbst – Ideologie.

5.

In der reinlichen (und methodologisch sicher begrenzt sinnvollen und nützlichen) Scheidung der politischen von der juridischen Sphäre, in der Wilhelm Raimund Beyer 1947 noch ein Verdienst Kellens erblickte[41], wird der Schein einer »Entpolitisierung« oder »Entideologisierung« des Rechts erzeugt, so als sei in der Tat das Recht eine von seinen gesellschaftlichen Entstehungsbedingungen und historisch begründeten Zwecken unabhängig zu betrachtende ideale Entität. Wohl hätte Kelsen (wie auch der Neopositivismus) es entrüstet zurückgewiesen, er könne solch eine ontologische Hypostasierung im Sinn gehabt haben. Jedoch liegt in dem Reinheitspostulat und der ihm entsprechenden Annahme, Recht könne als ein für-sich-seiendes System der Geltung von Rechtssätzen behandelt werden, der verborgene Umschlag zu einem metaphysischen Idealismus. In der Form der Reinen Rechtslehre wird er zum iedologischen Korrelat der Resignation des deutschen Bürgertums gegenüber der politischen Macht.

Das hat Mayer in einer Analyse der deutschen Staatslehre von Bismarck bis Weimar aufgezeigt.[42] Er begründet den Verzicht des deutschen Bürgertums auf die politische Macht und den resignativen, konservativ-monarchischen und imperialistisch-großkapitalistischen Kreisen die Hegemonie überlassenden Kompromiß von republikanischem Bürgertum und Monarchie mit der Entwicklung nach 1848. Zwar kommt bei seinem historischen Überblick die Rolle der rasch erstarkenden Schwerindustrie und deren reale Interessenverbindung mit den konservativen Junkern zu kurz; gerade darin aber scheint mir die Abdrängung des bürgerlichen Mittelstandes von eigenen politischen Forderungen wesentlich mitbegründet.[43] Im Resultat jedoch bemerkt Mayer richtig: »Alle diese Gründe lösten in dem fortschrittlichen Bürgertum ein Bewußtsein politischer Resignation aus. Man erkannte die eigene Machtlosigkeit und die unerschütterliche Stabilität des konservativ-monarchischen Regimes. Die aktiveren Elemente standen abseits und im übrigen herrschte eine ›Atmosphäre eines allgemeinen politischen Quietismus‹; die Haltung der Massen des Bürgertums war unpolitisch, das heißt unpolitisch in innerpolitischer Beziehung.«[44]

Diese Lage drückt sich nun in der Staatsrechtstheorie aus. Der Staatsbegriff der herrschenden Lehre Labands war – darin Kelsen antizipierend – als reiner Rechtsbegriff, ohne Berücksichtigung der gesellschaftlichen Bedingungen, konzipiert und demgemäß stagnierend und konservativ. Die Organismustheorie Gierkes, die eine genossenschaftliche Struktur postulierte und an den Gedanken der Volkssouveränität anknüpfte, blieb auf längere Sicht ohne Einfluß. Ja, in der Autorität Jellineks trat der reine Herrschaftsgedanke, der aus der Zwecksetzung des Staates fast absolutistisch legitimiert wird, in den Vordergrund; eine solche quasi Hobbesianische Staatslehre dokumentiert die Abkehr des lebendigen Interesses des deutschen Bürgertums vom Staatlichen überhaupt. Es wurde bei Jellinek eine strenge Unterscheidung des soziologischen und juristischen Staatsbegriffs vollzogen (»Zwei-Seiten-Theorie«) und das Rechtsgebilde »Staat« gänzlich von den Trägern der gesellschaftlichen Akte und von den gesellschaftlichen Prozessen abgetrennt. Bei Max Weber verdichtete sich dieser Gedanke dann zum Konzept von der Bürokratie als dem Kennzeichen des modernen Staates schlechthin.

In der Abwendung von der soziologischen Funktion des Staates entwickelt sich der bürgerliche Liberalismus des Zweiten Reiches und der Weimarer Republik, gegen den dann Carl Schmitt polemisierte. Der destruktiven Tendenz dieser Art des deutschen Liberalismus sollte ein neuer integrierender Staatsgedanke entgegengesetzt werden, der weltanschaulich fundiert sein mußte, um in der Atmosphäre allgemeiner Entpolitisierung überhaupt noch Widerhall zu finden. Diese ideologische Absicherung knüpfte an die politische Ortlosigkeit des bürgerlichen Mittelstandes und dessen Ängste an und gab dem Heils- und Geborgenheitsbedürfnis einen Gegenstand. So wurde Moeller van den Bruck der Theoretiker der neuen faschistischen Ideologie, die in der »Volksgemeinschaft« die Integration der Staatselemente zu vollziehen behauptet – jedoch gerade nichtorganisch aus der Volkssouveränität gewachsene, sondern äußerlich von einer »großen Führergestalt« auferlegte Integration, also Diktatur, meint. So vollzieht sich der Abbau der bürgerlichen Aufklärung in der Staatslehre und die Repolitisierung des bürgerlichen Privatiers unter dem Vorzeichen einer Herrschafts- und »Führer«-Legitimation. Der Übergang vom sich selbst politisch beschränkenden Liberalismus zum Faschismus wird deutlich.

6.

Die Auseinandersetzung mit den auf dem Boden der Jurisprudenz entstandenen Ideologietheorien und Ideologien führt nicht zufällig ins Zentrum des Problems. Unter allen Überbau-Phänomenen stehen die Rechtsinstitutionen der ökonomischen Basis am nächsten[45], weil sie deren Verkehrsformen regeln und so aus den unmittelbaren Notwendigkeiten der Organisation von Produktion und Distribution abgeleitet sind; einerseits also drückt die Rechtsordnung den Typus der

Gesellschaftsordnung aus, der sie entsprungen ist, andererseits drückt sie ihn jedoch unter der Form ihres eigenen kollektiven Selbstverständnisses aus, enthält also die spezifischen ideologischen Verzerrungen, denen dieses Selbstverständnis unterworfen ist.[46] Der enge Zusammenhang zwischen Recht und Politik[47] macht die Auseinandersetzung mit dem ideologischen Gehalt ebensowohl des positiven geltenden Rechts als auch der Rechtstheorien zu einem Hauptgefecht im ideologischen Klassenkampf. Sowohl die kritische Sichtung des Kelsenschen rechtswissenschaftlichen Ideologiebegriffs als auch der deutschen Staatstheorie führt darum an Knotenpunkte der deutschen Politik und an den Kern der Selbstauflösung der politischen Weltanschauung des liberalen Bürgertums heran. Der »totale Ideologieverdacht« Kelsens mußte ebenso zu einer Lähmung der bürgerlichen humanistischen Traditionen führen, wie die »Zwei-Seiten-Theorie« Jellineks die Repolitisierung der Staatsrechtslehre unter nationalsozialistischer Perspektive herausforderte; beide Male gegen den Willen der Verfasser. »In der Staatslehre und der politischen Theorie waren Liberalismus und Demokratie scheinbar spießbürgerlich-philiströse Begriffe geworden. Die Staatslehre eines Carl Schmitt in Deutschland entleerte das demokratische Weltbild von allem ›Ballast‹ der Menschenrechte, der politischen Freiheit, der Garantien gegen Staatswillkür; übrig blieb eine ›Demokratie‹, die auf einen Hüter, einen Retter, endlich einen Führer zu warten hatte, um sich rein zu verwirklichen. Irrationalismus und Skepsis wirkten zusammen; das Jahr 1933 mit seiner Machtergreifung des Nationalsozialismus wurde zum Höhepunkt dieser Bewegung.«[48]

Hans Mayers Untersuchungen zum Ideologieproblem sind keine abstrakten, akademischen Erörterungen. Sie standen im Zusammenhang der Klärung der geistigen Situation unter den Erfahrungen des Faschismus und des antifaschistischen Widerstands. Die Studien über den Ideologiebegriff und über die deutsche Staatslehre sind Produkte der Exiljahre – sie sind ein Teilstück jener großen theoretischen und literarischen Anstrengung der deutschen Emigranten, ein demokratisches, antifaschistisches Gegenbild zu der Zerstörung des deutschen Geistes durch die Nazis zu schaffen und dabei die Wurzeln des Unheils, nicht nur seine gerade aktuelle Frucht, freizulegen.[49] Im Erscheinungsjahr dieser Studien fügten die Abhandlungen sich dem Ringen um die Wiedergewinnung einer demokratischen, humanistischen, antifaschistischen deutschen Kultur ein. Der Blick ist in diesen Studien geschärft – theoretisch im ursprünglichen Sinn des Wortes, das auf *theoros*, den Zuschauer im Theater, zurückgeht. Dieser Zuschauer ist kein bloß genießender oder kontemplativer Beobachter, sondern einer, der am Beobachteten seine eigene Reinigung erfährt – *katharsis* durch Furcht und Mitleid, die keineswegs zur Seelenruhe des Privatmanns, sondern zur politischen Gesinnung des Bürgers in Beziehung steht. So waren Mayers Analysen theoretisch-engagiert; nicht auf *ataraxia* durch Verstehen, sondern auf *paideia* durch Parteinahme gerichtet. Der theoretische Sinn dieser politischen Gesinnung bekundet sich in dem Bekenntnis, »daß alle Kultur ein Bewußtsein voraussetzt, ein Wissen und Erkennen«, und ihre praktische Intention formuliert der Satz: »Sieht man recht zu, so ist also politische Kultur nur in der Demokratie möglich.«[50]

Anmerkungen

1 Vgl. Richard Sorg, *Ideologietheorien*, Köln 1976; zu bürgerlichen Ideologietheorien von Weber bis Habermas bes. Kap. 5.

2 Hans Mayer, *Karl Marx und das Elend des Geistes*, Meisenheim am Glan 1948, Seite 77 (künftig zitiert als *Karl Marx . . .*).

3 Vgl. Georg Lukács, *Die Zerstörung der Vernunft, Werke* Band 9, Darmstadt und Neuwied 1974, Kap. 6.

4 Vgl. Joachim Kahl, *Darstellung, Analyse und Kritik der »Weltanschauungskritik« Ernst Topitschs.* Marburger Dissertation 1975, Köln 1976.

5 Hans Mayer, *Karl Marx . . .*, a.a.O., Seite 76-92. Zuvor in erweiterter Fassung in: *Internationale Zeitschrift für die Theorie des Rechts*, 1937.

6 Karl Mannheim, *Ideologie und Utopie*, Frankfurt am Main 1953³, vgl. bes. Seite 70.

7 *Karl Marx . . .*, a.a.O., Seite 92.

8 Hans Mayer, *Unendliche Kette*, Dresden 1949 (darin: *Hegel und Goethe*), Seite 44.

9 Hans Mayer, *Literatur der Übergangszeit*, Berlin 1949 (darin: *Hegel oder das Problem des unglücklichen Bewußtseins)*, Seite 7 ff.

10 Georg Wilhelm Friedrich Hegel, *Enzyklopädie der philosophischen Wissenschaften*, Theorie-Werkausgabe Band 8-10, Frankfurt am Main 1970; die Stellungen des Gedankens zur Objektivität, Band 8, Seite 67 ff. Hegels systematischer Entwurf wurde dann von Dilthey und in seiner Nachfolge von Rothacker auf eine »Typologie der Weltanschauungen« herabgebracht.

11 G. W. F. Hegel, *Phänomenologie des Geistes*, Theorie-Werkausgabe Band 3, Frankfurt am Main 1970, Seite 23.

12 Ludwig Feuerbach, *Zur Kritik der Hegelschen Philosophie* (1839), zitiert nach der Ausgabe von Wolfgang Harich, Berlin 1955, Seite 22.

13 *Karl Marx* . . ., a.a.O., Seite 80.

14 Ernst Bloch, *Tübinger Einleitung in die Philosophie*, Gesamtausgabe Band 13, Frankfurt am Main 1970, Seite 327.

15 Dieses Philosophieverständnis gemäß der zweiten *Feuerbach-These* schließt allerdings ein, daß die Tätigkeit des Philosophen gemäß der dritten *Feuerbach-These* die »revolutionäre Praxis« ist.

16 Dieses Ideologieverständnis hat Antonio Gramsci begründet. Vgl. dazu (gegenüber manchen Mißdeutungen Gramscis in der BRD) die korrekte Interpretation von Annegret Kramer, *Gramscis Interpretation des Marxismus*, in: *Gesellschaft. Beiträge zur Marxschen Theorie 4*, Frankfurt am Main 1975, Seite 65-119.

17 *Karl Marx* . . ., a.a.O., Seite 85.

18 Vgl. dazu die Marburger Dissertation von Anton Fischer, *Der reale Schein*, Marburg 1976. Die Realität des Scheins wird – wenn man vom Leibnizschen Begriff des »phaenomenon bene fundatum« absieht – in der neueren Philosophie betont durch Hegel, *Wissenschaft der Logik II*, Theorie-Werkausgabe Band 6, Frankfurt am Main 1969, Seite 17 ff.

19 Ich habe verschiedentlich darauf hingewiesen, daß die Spiegelstruktur dialektischer Sätze des übergreifenden Allgemeinen mir für deren logische Verfassung definitiv zu sein scheint. Was das ontologisch bedeutet, soll demnächst untersucht werden.

20 Vgl. Wladimir Iljitsch Lenin, *Aus dem philosophischen Nachlaß*, Berlin 1949, Seite 20: »Ich bin überhaupt bestrebt, Hegel materialistisch zu lesen. Hegel ist der auf den Kopf gestellte Materialismus (nach Engels).«

21 Max Horkheimer, *Kritische Theorie*, Frankfurt am Main 1968, Band 1, Seite 236.

22 Theodor W. Adorno, *Negative Dialektik*, Gesammelte Schriften, Band 6, Frankfurt am Main 1973. Vgl. Hans Heinz Holz, *Mephistophelisches Denken*, in: *Die neue Linke nach Adorno*, München 1969, Seite 176-192.

23 *Unendliche Kette*, a.a.O., Seite 57 f.

24 Vgl. dazu Horkheimers Charakterisierung der Dialektik, a.a.O., Seite 261 f.

25 Horkheimer, a.a.O., Seite 253.

26 Theodor W. Adorno, *Primen*, Frankfurt am Main 1955 (*Das Bewußtsein der Wissenssoziologie)*, Seite 32 ff.

27 Horkheimer, a.a.O., Seite 269. Daß in den hier zitierten Passagen sich schon eine versteckte Ambivalenz erkennen läßt, die auf Horkheimers spätere Wendung vorausweist, braucht uns hier nicht zu beschäftigen. Ich bin darauf ausführlicher in einem Vortrag in der Sendereihe *Minima philosophica* im Dritten Programm des Norddeutschen Rundfunks eingegangen.

28 *Karl Marx* . . ., a.a.O., Seite 82.

29 *Karl Marx* . . ., a.a.O., Seite 90. Vgl. dazu das Stichwort *Ideologie* im *Marxistisch-leninistischen Wörterbuch der Philosophie*, Reinbek bei Hamburg 1972, Band 2, Seite 504 ff. und im *Historischen Wörterbuch der Philosophie*, Band 4, Darmstadt und Basel 1976, Spalte 158 ff.

30 *Karl Marx* . . ., a.a.O., Seite 90.

31 Adorno, *Prismen*, a.a.O., Seite 39 f.

32 Peter Römer, *Die Reine Rechtslehre Hans Kelsens als Ideologie und Ideologie-*

kritik, in: Politische Vierteljahresschrift 12. Jg., 1971, Heft 4, Seite 579-598, hat Leistung und Grenzen des ideologiekritischen Vorgehens von Kelsen eindrucksvoll dargestellt und auf die rechtswissenschaftliche Situation der Gegenwart bezogen.

33 Hans Kelsen, *Allgemeine Rechtslehre im Licht materialistischer Geschichtsauffassung, in: Archiv für Sozialwissenschaft und Sozialpolitik*, 66. Bd., 1931, Seite 449 ff. Wiederabdruck in *Demokratie und Sozialismus. Ausgewählte Aufsätze*, 1967, Seite 69 ff.

34 Vgl. Hans Heinz Holz, *Jean-Paul Sartre. Darstellung und Kritik seiner Philosophie*, Meisenheim am Glan 1951, Seite 69 ff.

35 *Karl Marx* . . ., Seite 85.

36 *Karl Marx* . . ., Seite 83.

37 So auch Römer, a.a.O., Seite 580.

38 Römer, a.a.O., Seite 593 f.

39 *Karl Marx* . . ., a.a.O., Seite 87.

40 Römer, a.a.O., Seite 596.

41 Wilhelm R. Beyer, *Rechtsphilosophische Besinnung*, Karlsruhe 1947, Seite 14.

42 *Karl Marx* . . ., a.a.O., Seite 48-75.

43 Eine weiterentwickelte Klassenanalyse würde hier erst eine korrekte Bestimmung der von Mayer prinzipiell richtig eingeschätzten ideologischen Position der deutschen Staatstheorien erlauben. Vgl. dazu Reinhard Opitz, *Ideologie und Praxis des deutschen Sozialliberalismus*, Marburger Dissertation 1973, Köln 1973.

44 *Karl Marx* . . ., a.a.O., Seite 54.

45 Vgl. Nicolao Merker, *Galvano della Volpe als Theoretiker des Marxismus*, in: Galvano della Volpe, *Rousseau und Marx*, Darmstadt und Neuwied 1975, Seite 7-33; hier Seite 16.

46 Vgl. Wilhelm R. Beyer, *Recht und Rechtsordnung*, Meisenheim am Glan 1951. Ders., *Der Spiegelcharakter der Rechtsordnung*, Meisenheim am Glan 1951.

47 Peter Römer, *Rechtliche Grundlagen der Politik*, in: *Demokratie und Recht* 3/1973, Seite 232-238.

48 *Karl Marx* . . ., a.a.O., Seite 94 f.

49 Stefan Hermlin und Hans Mayer, *Ansichten*, Wiesbaden 1947, zur literarischen Bewahrung und Verarbeitung des demokratischen Erbes.

50 *Ansichten*, a.a.O., Seite 56 f.

Marcel Reich-Ranicki
Die Chance, ein Versäumnis nachzuholen

Am 6. Juni 1950 feiert Thomas Mann in Zürich seinen fünfundsiebzigsten Geburtstag. Zu den zahllosen Glückwünschen und Geschenken, die er aus diesem Anlaß erhält – »ich bin hilflos vor so viel Güte«, heißt es in der gedruckten Dankkarte, mit der sich die meisten Gratulanten begnügen müssen –, gehört eine nicht alltägliche Sendung aus der DDR: Hans Mayers umfangreiche, im Ost-Berliner Verlag Volk und Welt gerade rechtzeitig erschienene Untersuchung mit dem Titel *Thomas Mann – Werk und Entwicklung*.

Bereits am 23. Juni 1950 schreibt der Fünfundsiebzigjährige dem Verfasser der Monographie: »Ihr Buch – es ist ein Ereignis für mich und für die literarische Welt, eine großartige kritische Leistung! In vielen halben Stunden habe ich es vom ersten bis zum letzten Wort gelesen, manches zweimal, geehrt und bewegt von dem Erlebnis, mein Werk von so viel ausdrucksvoller Erkenntnis umleuchtet und durchdrungen zu sehen!« Am Ende des Briefes erklärt Thomas Mann: »Wie dankbar ich Ihnen bin für Ihre geistvolle Versenkung in mein Lebenswerk [. . .] muß und kann ich nicht sagen.«

Anders beurteilt er die Bemühungen seines Interpreten in einem nur wenig später, am 11. Juli 1950, geschriebenen Brief, der allerdings auch an einen anderen Adressaten (Theodor W. Adorno) gerichtet ist. Zwar sei in Mayers Buch – meint er jetzt – »viel dankenswert Kluges, aber auch viel Danebengehendes und Fehlendes«. Was Thomas Mann eben noch als »eine großartige kritische Leistung« gerühmt hatte, bezeichnete er hier als einen eher zweifelhaften Versuch: »Ist nun, frage ich mich, solch ein Buch hilfreich und fähig, den Bogen eines Lebens am geistigen Firmament zu befestigen? [. . .] Nun, man geht und wird nichts wissen. Es kann einem im Grunde einerlei sein. Überströmende Liebeskundgebungen und idiotische Schmähungen langweilen mich nachgerade gleicherweise.«

Wie ist das zu verstehen? Darf man die im Brief an Hans Mayer formulierte Einschätzung auf die bekannte Höflichkeit

Thomas Manns zurückführen und – um es noch deutlicher zu sagen – auf seine bewährte Taktik im Umgang mit den Kommentatoren des eigenen Werks? Und zeugt etwa die andere Äußerung von seiner wirklichen, seiner aufrichtigen Meinung in dieser Sache? Eine solche Deutung des offensichtlichen Widerspruchs mag sich in der Tat aufdrängen; nur daß sie mir ebenso bequem wie falsch zu sein scheint.

Zunächst einmal: Die im Brief an Adorno enthaltenen und durch Mayers Monographie ausgelösten allgemeinen Bemerkungen können schwerlich für bare Münze genommen werden. Es gibt genug Beweise dafür, daß sein Ruhm und sein Nachruhm dem Schriftsteller Thomas Mann bis ans Ende seines Lebens mitnichten einerlei waren. Für die seinem Werk erwiesenen »Liebeskundgebungen« zeigte er sich, mochten sie »überströmend« sein oder nicht, immer besonders dankbar. Auch der längst weltberühmte Autor war ein ungewöhnlich geduldiger Briefschreiber, der viel Zeit der Korrespondenz mit jenen widmete, die seine Bücher freundlich interpretiert hatten oder interpretieren wollten. Andererseits reagierte er gerade in der Zeit nach 1945 auf tatsächliche oder vermeintliche »idiotische Schmähungen« zu häufig, zu ausführlich und zu heftig, als daß sich glauben ließe, sie hätten ihn nur gelangweilt. Adorno notierte gelegentlich, »daß noch der plumpeste und törichteste Angriff ihn [Thomas Mann] zu erschüttern vermochte«.

So scheint es angebracht, die ziemlich unwillige und offenkundig gereizte Bemerkung mit einer akuten Verdrießlichkeit zu erklären. Diese freilich mußte etwas mit Mayers Buch zu tun haben. Dabei handelt es sich um eine außerordentlich respektvolle Untersuchung, die niemals einen Zweifel an der hohen Bewunderung des Verfassers für die Kunst Thomas Manns aufkommen läßt. Sein damals neuestes Werk, den Roman *Doktor Faustus*, hatte Mayer, beispielsweise, so enthusiastisch analysiert, daß er es später für nötig hielt – mit Recht, wie ich meine –, von seiner ursprünglichen Beurteilung dieses Buches entschieden abzurücken.

Indes wäre es gänzlich abwegig, annehmen zu wollen, Mayer habe Thomas Mann mit einer mehr oder weniger positiven Einschätzung seiner Leistung verletzt oder doch zumindest ernsthaft verstimmt. Womit also? Im Grunde geht es um ein einziges von den achtzehn Kapiteln der Monographie – um dasjenige mit dem (übrigens nicht sehr glücklichen) Titel: *Gerhart Hauptmann oder die Persönlichkeit.*

Als Ausgangspunkt dient eine aus dem Jahre 1946 stammende Notiz in der *Entstehung des Doktor Faustus.* Er glaube, bekannte damals Thomas Mann, er sei keine »Persönlichkeit«. So beiläufig diese Eintragung, so wichtig scheint sie Mayer zu sein. Er skizziert die eigentümliche Rolle, die Thomas Mann im öffentlichen Leben der Weimarer Republik gespielt hat, und vergleicht sie mit der Wirkung, die von der Figur eines Gerhart Hauptmann ausging: »Wenn Gerhart Hauptmann populär und Persönlichkeit war, so war es Thomas Mann in jenen Jahren bis zum Ende dieser deutschen Republik unter den Deutschen durchaus nicht im gleichen Maße. Er war nicht eigentlich populär – und er wurde erst recht nicht als ›Dichterpersönlichkeit‹ im gleichen Maße anerkannt.«

Die Belgier hätten, schreibt Mayer, ihren ersten König Leopold den »Ungeliebten« genannt. Er sei in seiner nüchternen und bürgerlichen Art vermutlich ein sehr guter Regent gewesen: »Gefühlswirkungen vermochte er jedoch nicht auszulösen. Ungeliebt in einem ähnlichen Sinne war auch Thomas Mann in seinem Mannesalter, jedenfalls in Deutschland. Die Jugend hatte sich in seinen frühen Novellen gern wiedererkannt, vor allem im *Tonio Kröger.* Im Zeitraum der Weimarer Republik dagegen hörte solche tiefere seelische Bindung für lange Zeit auf. Bis heute ist diese Fremdheit und Kühle bürgerlicher Schichten gegenüber Thomas Mann geblieben. [. . .] Hermann Hesse erlebte um jene Zeit mit dem *Demian* eine gewaltige und gefühlshafte Begegnung zwischen Leser und Schriftsteller; Thomas Mann wurde sie seit dem *Tonio Kröger* oder dem *Tod in Venedig* kaum mehr zuteil. Man spendete Bewunderung, nicht aber Ehrfurcht, gar Liebe.«

Diese Distanz korrespondierte – führt Mayer weiter aus – »mit der kühlen Haltung fast aller schreibenden Zeitgenossen Thomas Manns gegenüber dem Menschen und seinem Werk. Gerade die Eigentümlichsten unter ihnen schienen wenig eigene Antriebe aus Thomas Manns Wirksamkeit zu erhalten: sie standen ihm fern und fremd gegenüber.« – Mayer stützt seine These mit vielen Beispielen: Hofmannsthal, George, Rilke, Kafka, Musil, Brecht, Arnold Zweig. Er faßt dann zusammen: »Allenthalben war Fremdheit. Ihnen allen war Thomas Mann der Ungeliebte.« Und Mayer folgert, »daß Thomas Mann an solcher Fremdheit tief und heiß gelitten haben muß.«

Die Frage nach der »Persönlichkeit« und nach der »Problematik des Ungeliebten« erweist sich also als die zentrale Frage nach der Integrierung oder, richtiger gesagt, nach der auffallenden Nicht-Integrierung Thomas Manns im deutschen Volk. Mayer macht klar, wie wenig der Autor des *Zauberberg* der allgemeinen Vorstellung vom Dichter entsprach, die sich in Deutschland etwa seit dem Scheitern der Revolution von 1848 verbreitet hatte. »Dichter war vor allem« – lesen wir – »Gerhart Hauptmann, nämlich im öffentlichen Bewußtsein des deutschen Bürgers zwischen den Weltkriegen. Um so stärker, als Hauptmann ersichtlich kaum einen Satz, kaum einen Gedanken heraufbrachte, der zu den Ereignissen des Tages brauchbare Beziehung besessen hätte. Hauptmanns Reden und Bekenntnisse waren Klang, Gefühl, Geste und symbolhaft wirkende Haltung; Erkenntnis brachten sie nicht. Herr Peeperkorn war in den Augen Settembrinis nur ein dummer alter Mann. Aber seine Wirkung war unzweifelhaft. Thomas Manns Stärke war das alles nicht.« Im Gegenteil: Seine »literarische Herrschaft war eine solche der rationalen, der durch Leistung überzeugenden Art, keine Bindung im Sinne der ›Führerschaft‹ oder der ›Meisterschaft‹«.

Mayer glaubt, daß Thomas Mann sich dessen schon sehr bald bewußt wurde und daß er »nicht bloß die Art seines Wesens« erkannt habe, sondern auch und vor allem »Umfang und Grenze seiner Gestalt als Schriftsteller«. Denn unverkennbar sei »der Prozeß der geheimen Identifizierung« mit dem von ihm immer wieder, zumal im Frühwerk, gezeichneten »Typ des durch Kunstverstand, Ordnungswillen, Fleiß und seelische Ökonomie wirkenden Künstlers«. Zwischen der Problematik des »Ungeliebten« und diesem Typ sieht Mayer einen direkten Zusammenhang, eine unmittelbare Wechselbeziehung.

Im zitierten Brief vom 23. Juni 1950 verwahrt sich Thomas Mann gegen eine derartige Auslegung. Was er dem Monographen zu erwidern hat, läuft auf eine sowohl würdige als auch rührende Selbstverteidigung hinaus, die um so mehr aufschlußreich und symptomatisch zu sein scheint, als er letztlich stichhaltige Argumente gegen Mayers Interpretation nicht finden kann.

Gewiß, räumt Thomas Mann ein, sei er keine »Persönlichkeit« in jenem »etwas komischen Sinn«, den dieser Begriff für ihn habe: »So ein Genie-Kopf, dekorativ, magnetisch, bezwingend, gesellschaftlich überwältigend, bin ich nicht.« Doch käme »das Suggestiv-Persönlichkeitsmäßige vor Menschen manchmal zu seinem Recht, in Sälen, in Theatern, wo dann meine Vorträge und Erzählungen, wenn ich sie selbst nach dem Manuskript reproduziere, fünfmal besser und zündender, gewinnender, bannender sind, denn als Lektüre«.

Aber Hans Mayer hat mit keinem Wort Thomas Manns in der Tat hervorragende Fähigkeiten als Vortragskünstler bezweifelt: Er vermochte die Ausdruckskraft der eigenen Texte erheblich zu steigern und ein literarisches Publikum tief zu beeindrucken. Das ändert jedoch nichts an dem bezeichnenden Umstand, daß es ihm in der Weimarer Republik, zumal in ihren letzten Jahren, immer seltener möglich war – wie Mayer schreibt –, »jene bürgerlichen Menschen in Deutschland zu bannen, als deren Repräsentant und Sprecher er wirken wollte«.

Schließlich sei es Mayer selber – argumentiert Thomas Mann – aufgefallen, daß Adrian Leverkühn bei aller Kühle, Distanziertheit und Verschlossenheit »doch immer Liebe, Ergebenheit, Hingabe« um sich sammle. Der Autor des *Doktor Faustus* bemerkt hierzu: »Eine Beobachtung, die mich ergriff.«

Indes sprach Mayer ausdrücklich von der Romanfigur Adrian Leverkühn und nicht vom Verfasser des Werks. Die beiden miteinander identifizieren zu wollen, wäre, obwohl Adrian mit vielen Zügen seines Schöpfers versehen ist, natürlich absurd; und niemand würde dagegen heftiger protestieren als Thomas Mann. Überdies: der von Mayer konstatierte Sachverhalt – daß der Held des *Doktor Faustus* Liebe und Hingabe um sich sammelt – deutet wohl an, wonach sich Thomas Mann insgeheim gesehnt hat, kann aber bestimmt nicht, wie er es offenbar hofft und wünscht, als Beweis dafür gelten, was ihm tatsächlich zuteil wurde.

Es ist kaum anzunehmen, Thomas Mann habe die Überlegungen seines Interpreten mißverstanden; wahrscheinlicher ist es schon, daß er sie mißverstehen wollte. So beteuert der Fünfundsiebzigjährige: »Ich will nicht sprechen von tausend Briefen aus aller Welt, die von Sympathie, Dankbarkeit überströmen.« Indes dachte ja Mayer, wenn er sich der Stichworte »Persönlichkeit« und, insbesondere, »der Ungeliebte« bediente, keineswegs an Sympathie und Dankbarkeit, sondern an tiefere emotionale Bindungen zwischen Leser und Schriftsteller, an »Liebe« eben.

Es stimme nicht, heißt es weiter in dem Brief von Thomas Mann, daß sich die zeitgenössischen Schriftsteller »gleichgültig« oder »ablehnend« gegen ihn und sein Werk verhalten hätten. Doch war bei Mayer weder von Gleichgültigkeit noch gar von Ablehnung die Rede, vielmehr von »kühler Haltung« und, vor allem, von »Fremdheit«. Thomas Mann beruft sich dann auf einzelne Beispiele. »Kafka *liebte* den *Tonio Kröger*.« – Aber Mayer hatte auf das Verhältnis der jungen Generation zu *Tonio Kröger* am Anfang des Jahrhunderts – damals, 1903, war Kafka zwanzig Jahre alt – ausdrücklich verwiesen; daß sich Kafka für die späteren Arbeiten Thomas Manns (also jene zwischen 1903 und 1924) sonderlich interessiert hätte, ist nicht bekannt. – »Mit Hauptmann verband mich eine Art von Freundschaft.« – Gewiß – und Mayer erwähnt dies in der Monographie mehrfach –, doch ist damit noch keineswegs gesagt, daß Hauptmann dem Werk Thomas Manns nicht fremd gegenüberstand; wie problematisch diese Beziehung war, läßt übrigens schon die vorsichtige Formulierung »eine Art von Freundschaft« erkennen. – »Hofmannsthal besuchte ich früh in Rodaun, und er war nie in München, ohne zu mir zu kommen.« – Von Mayer wurde dies nie in Frage gestellt. Hingegen hat er darauf aufmerksam gemacht, daß sich in Hofmannsthals essayistischen Schriften kein deutendes Wort zu Thomas Mann findet. – Mayers Hinweis auf Rilke wird wiederum mit der Feststellung beantwortet, er habe einen Essay über die *Buddenbrooks* geschrieben. – Doch stammen die *Buddenbrooks* aus dem Jahre 1901, während Rilke bis 1926 gelebt hat. Auf andere Beispiele von Mayer geht Thomas Mann überhaupt nicht ein.

Auf jeden Fall können derartige Einwände die These vom geschätzten zwar und bewunderten, doch letztlich in Deutschland ungeliebten und sogar isolierten Schriftsteller

Thomas Mann schwerlich erschüttern. Und noch weniger kann dies der zentrale Satz des Briefes, das allerdings entwaffnende Geständnis: »Ungeliebt war ich nicht, bin ich nicht, will ich nicht sein, leugne, es zu sein.« Schon vorher hieß es im selben Brief, der nach abwägenden Äußerungen mit einnehmender Freimütigkeit verblüfft: »Ich bin ein *Liebender* und möchte nicht als der ›Ungeliebte‹ dastehen.«

Gerade das aber hatte Hans Mayer behauptet: Daß sich nämlich Thomas Mann nie mit der kühl-respektvollen Haltung der Umwelt, mit seiner wachsenden Isolation und mit der ihm zugefallenen Rolle des »Ungeliebten« abfinden wollte, und daß er daran gelitten hat. Sein Wunsch, nicht als solcher dargestellt zu werden, ist verständlich und sogar ergreifend. Selbst wenn sich der Literaturforscher dieses Wunsches bewußt gewesen wäre, hätte er natürlich das Recht und die Pflicht gehabt, ihn ganz und gar zu ignorieren – zumal Mayer weit über den individuellen Fall hinausging: Er deutete die Situation Thomas Manns als wesentliches Kennzeichen der literarischen und gesellschaftlichen Entwicklung in Deutschland. Die in diesem Kapitel gebotenen erhellenden und bedeutsamen Anmerkungen zur Rolle und Position des Schriftstellers in Deutschland etwa seit 1848 hat übrigens Mayer in seinen späteren Arbeiten noch zu erweitern und zu vertiefen vermocht.

In beiden Briefen Thomas Manns ist seine Betroffenheit, ja Bestürzung deutlich spürbar. Aufgestört und aufgeschreckt durch Mayers Ansichten und Einsichten, versucht der Fünfundsiebzigjährige, sie im ersten Brief zu entkräften oder zu widerlegen. Im zweiten Brief (an Adorno also) will er sie mit einer halb resignierten und halb zornigen Handbewegung rasch vom Tisch fegen. Doch ist es ihm offenbar nicht entgangen, daß seine Polemik die entscheidenden Argumente des Interpreten verfehlt hatte. Denn nicht zufällig, heißt es am Ende der Erwiderung: »Ich schließe diesen konfusen Brief oder breche ihn verzichtend ab . . .«

So scheint mir, daß Thomas Manns erregter Protest Mayers literarhistorische und psychologische Diagnose unwillkürlich, doch nachdrücklich bestätigt hat. Eine tiefere und überzeugender Bestätigung war in der Tat kaum denkbar.

Als ich zum erstenmal mit Hans Mayer sprach – es war ein Telefongespräch, Anfang Juni 1956 in Leipzig –, wollte ich ihm unbedingt etwas mitteilen, aber er unterbrach mich sofort und ließ mich nicht mehr zu Worte kommen. Inzwischen haben wir unzählige Male miteinander geredet, diskutiert und gestritten – mit und ohne Publikum, Mikrophon, Fernsehkamera. Doch ist es mir merkwürdigerweise nie gelungen, das 1956 in Leipzig Versäumte nachzuholen. Indes besteht heute noch ungleich mehr Grund, Hans Mayer zu sagen, was ich ihm damals sagen wollte. Daß ich nämlich von ihm außerordentlich viel gelernt habe. Und daß ich ihm dafür sehr dankbar bin.

Aus: *Hans Mayer zum 60. Geburtstag*, Hamburg 1967.

Hans Mayer
Zur Gegenwartslage unserer Literatur

Verehrte Hörer, es steht zu erwarten, daß mancher unter Ihnen, wenn jetzt meine Rede verklang und der Ansager sein Abgangssprüchlein gesagt hat, mit sonderbarem Lächeln den Kopf schütteln wird. »Wo bleibt denn hier das Positive?« wird er meinen. Auch von meinem Pessimismus wird vielleicht die Rede sein und davon, daß kein »Ausblick« gegeben wurde: daß mein Vortrag also, um es mit den Worten unserer Zeitungssprache zu sagen, der »Perspektive« ermangele. Darin ist sicher etwas Wahres. Ich möchte mir die Sache auch nicht einfach machen und etwa antworten, wie es Erich Kästner im Jahre 1930 tat, als er ein Gedicht mit folgenden Versen beginnen ließ:

Und immer wieder schickt ihr mir Briefe,
in denen ihr dick unterstrichen schreibt:
»Herr Kästner, wo bleibt das Positive?«
Ja, weiß der Teufel, wo das bleibt.

Auch darin ist übrigens etwas Wahres. Im Ernst gesprochen: Es scheint mir an der Zeit zu sein, Begriffe wie Optimismus und Pessimismus aus der Sphäre eines Streits um Begriffe ohne Wirklichkeitsgehalt zu entfernen und nur dort zu verwenden, wo sie sinnvoll sind und wo genau definiert wurde, was man darunter versteht. Optimistisch nenne ich keineswegs ein Aufbaugedicht mit viel Ausrufungszeichen, Appellen und Sonne im Herzen. Eine nüchterne Betrachtung von Zuständen, die abschließend feststellt, daß die Lage auf dem Gebiet, das betrachtet wurde, nicht gut ist, und die sich bemüht, mit Hilfe dieser Bilanz zu neuen Arbeitsmethoden zu gelangen, um die schlechten Zustände zu verbessern, kann ich darum auch nicht als »pessimistisch« bezeichnen. Wirklicher Pessimismus liegt dort vor, wo man bestreitet, daß schlechte Zustände durch menschliche Kraft und Praxis geändert werden können: wo man also die Weltgeschichte als langweiligen Kreislauf, im Sinne Nietzsches als »ewige Wiederkehr des Gleichen« betrachtet. Optimistisch dagegen ist eine Betrachtung überall dort, wo sie davon überzeugt ist, daß menschliche Zustände durch Menschen, durch gemeinsames Tun von Menschen verändert und verbessert werden können. In diesem Sinne möchte ich trotz allem meinen, daß auch meine Hinweise auf die Gegenwartslage unserer Literatur als optimistische Betrachtung angesehen werden sollten.

Die Lage in Ost und West

Damit wurde aber bereits angedeutet, daß es um unsere deutsche Gegenwartsliteratur nicht zum Besten steht. Es scheint mir abermals an der Zeit, dies nüchtern festzustellen und nach den Ursachen zu fragen. Symptome gibt es genug, die auf einen Krisenzustand hindeuten, um nicht von Krankheitszustand zu sprechen. Es ist vielleicht doch keine Äußerlichkeit, wenn die Nationalpreisverleihung in diesem Jahr im Bereich der Literatur keinem neuen Werk gegolten hat. Der Lyriker Louis Fürnberg erhielt eine verdiente Auszeichnung für sein Lebenswerk; die Übersetzerleistung des siebzigjährigen Johannes von Guenther wurde gleichfalls anerkannt. Das war alles. Es war nicht wenig, natürlich, aber es betraf kein neues Werk, keine neue literarische Leistung. So geht das eigentlich seit Jahren. Gewiß wurde im vorigen Jahr der Roman *Roheisen* von Hans Marchwitza mit einem Nationalpreis ausgezeichnet; aber ebenso gewiß ist doch wohl auch, daß diese Auszeichnung keineswegs auf allseitige Zustimmung der Leser und Kritiker stieß. Der äußere Erfolg des Buches blieb gering, und die kritische Analyse wird den Roman wohl kaum als geglückte künstlerische Leistung bezeichnen können. Natürlich wäre es übertrieben und verfehlt, die bei uns in der Deutschen Demokratischen Republik in der letzten Zeit veröffentlichten literarischen Werke unterschiedslos als Wüstengebilde zu bezeichnen: Strittmatter, Franz Fühmann, Karl Mundstock, um nur einige zu nennen, haben durchaus interessante Bücher und Arbeiten vorgelegt. Trotzdem macht das den Braten nicht fett, wie man zu sagen pflegt. Der Tisch unserer Literatur ist kärglich gedeckt. Wir durchleben magere Jahre.

Das geht nicht uns allein so. Der riesenhafte Speisezettel der

Frankfurter Herbstmesse sollte gleichfalls nicht überschätzt werden. Einem Überangebot von Übersetzungsromanen, Klassikerausgaben, Neuausgaben bewährter Schriftsteller, von kostbar gebundenen und ausgestatteten Kunst- und Wissenschaftsausgaben für den Bücherschrank des westdeutschen Herrn Neureich steht eine quantitativ vielleicht erhebliche, dem literarischen Wert nach aber keineswegs sehr bemerkenswerte Zahl von Werken der neuen Bellestristik gegenüber. Das wird auch von klugen und sachkundigen westdeutschen Kritikern zugegeben. In Westdeutschland lebt man literarisch gleichfalls in dürftiger Zeit. Auch dies nicht erst seit kurzem, sondern eigentlich seit Kriegsende. Wenige neue Namen, an die sich Hoffnungen knüpfen können, sind in diesem letzten Jahrzehnt bekanntgeworden: Heinrich Böll oder Wolfgang Koeppen oder Hans Werner Richter als Erzähler, die Lyriker Günter Eich und Karl Krolow, die schweizerischen Dramatiker Max Frisch und Friedrich Dürrenmatt. Das ist gar nicht wenig, doch auch nicht allzuviel. Es gab fettere Jahre und Jahrzehnte auch noch in unserem Jahrhundert – um nicht unsinnige Vergleiche mit der Goethe-Zeit anzustellen.

Lehren der zwanziger Jahre

Die zwanziger Jahre waren sicherlich reicher und literarisch ergiebiger. Ein rascher Überblick sollte diejenigen zur Vorsicht mahnen, die bequemerweise und höchst schematisch einen jeden nicht kommunstischen Schriftsteller mehr oder weniger als Sumpfblume im Morast einer sterbenden Bourgeoisie botanisieren möchten. So einfach ist es denn doch nicht. Man möge sich erinnern. Im Zeitraum zwischen 1914 und 1933 wurde in Deutschland jährlich der Kleist-Preis verliehen, der jeweils das bedeutende Erstlingswerk eines bis dahin unbekannten Schriftstellers auszeichnen und der Öffentlichkeit anempfehlen sollte. Rückblickend kann heute festgestellt werden, daß nahezu in jedem Jahr damals ein wirklich bedeutendes neues Werk, ein neu auftauchendes, wahrhaft bedeutendes Talent ausgezeichnet werden konnte. Fast alle Namen, die damals zuerst als Kleist-Preisträger bekannt wurden, gehören seitdem zum eisernen Bestand unserer deutschen Gegenwartsliteratur. Kleist-Preisträger waren etwa Leonhard Frank mit der *Räuberbande*, Hans Henny Jahnn mit seinem ersten Drama *Pastor Ephraim Magnus*, Bertolt Brecht mit *Trommeln in der Nacht*, Carl Zuckmayer mit dem *Fröhlichen Weinberg*, Alfred Neumann mit dem Roman *Der Teufel*, Alexander Lernet-Holenia mit einem dramatischen Erstling *Ollapotrida* und Anna Seghers mit dem *Aufstand der Fischer von St. Barbara*. Man könnte neidisch werden, vergleicht man die Fülle der damals neu auftauchenden Talente mit unserer gegenwärtigen Dürftigkeit. Man möge auch nicht vergessen, daß damals das literarische Gespräch über neue Bücher seine Nahrung an Neuerscheinungen fand wie dem *Zauberberg*, dem *Steppenwolf*, dem *Streit um den Sergeanten Grischa*, an Feuchtwangers *Erfolg*, am ersten Band von Musils Roman *Der Mann ohne Eigenschaften*, an neuen Werken von Gerhart Hauptmann und Heinrich Mann, neuen Gedichten von Becher und Loerke, von Else Lasker-Schüler oder Gottfried Benn, an einem neuen Heft der *Fackel* von Karl Kraus, an Kritiken von Kerr oder Ihering, Alfred Polgar oder Kurt Tucholsky. So viele Namen, so viele Tendenzen, Gattungen, Stile, literarische Richtungen. In ihrer Gesamtheit genommen, bildeten sie aber eine imponierende Vielfalt damaliger deutscher Literatur. Die neuen Theaterstücke trugen Verfassernamen wie Hofmannsthal, Barlach, Georg Kaiser, Zuckmayer und Brecht. Das ergab eine riesige Spannweite. Es muß bedrückend wirken, wenn wir sehen, daß auch die westdeutschen Bühnen heute gezwungen sind, immer wieder auf die damaligen Werke zurückzugreifen, die auch heute noch, nach mehr als dreißig Jahren, lebendiger zu wirken scheinen als der größte Teil dessen, was im letzten Jahrzehnt an neuer Dramatik über unsere Bühnen ging.

Es wäre übrigens nicht schwer, ähnliche für die Gegenwart ungünstige Vergleiche anzustellen, indem man die außerdeutschen Literaturen betrachtet. Auch in Frankreich und England gehören die bemerkenswerten Schriftsteller der dortigen Literatur zur älteren Generation. Dort ist ebenfalls seit 1945 wenig Neues und Überraschendes im literarischen Bereich geschehen. Etwas besser sieht es bei den Amerikanern aus, allein dort handelt es sich um eine verhältnismäßig junge Literatur, und auch Hemingway oder Faulkner, Caldwell oder Thornton Wilder sind nicht mehr die Jüngsten. Daß Leser und Kritiker in der Sowjetunion mit dem gegenwärtigen Zustand der Sowjetliteratur wenig zufrieden sind, ist seit langem bekannt. Man hat es sich glücklicherweise seit geraumer Zeit dort abgewöhnt, die Schriftsteller mit ernster Miene zur Ordnung zu rufen und gleichsam, wie das noch vor einigen Jahren geschah, an literarische Soll-Verpflichtungen zu erinnern: allein von einer neuen literarischen Blüte ist man noch weit entfernt. Die Theaterspielpläne der neuen Saison, die ich jetzt vor wenigen Wochen in Moskau betrachten konnte, weisen Namen der Klassiker auf, viel Shakespeare vor allem, dann natürlich Ostrowskij, Tschechow und Gorki, Gerhart Hauptmann und J. B. Priestley, Majakowskij, Gladkow und Nazim Hikmet. Es gibt natürlich auch neue sowjetische Stücke, aber keiner der sowjetischen Fachleute, mit denen ich sprach, kam auf mich zu mit jenem Enthusiasmus, den die neue, bedeutende literarische Leistung hervorruft, um mir zu sagen: »Dieses oder jenes neue Stück müssen Sie sich unbedingt ansehen.« Als erfolgreichste und interessanteste Aufführungen nannte man mir übereinstimmend die neuinszenierten Satiren Wladimir Majakowskijs und Hauptmanns *Vor Sonnenuntergang*. Schön und gut natürlich, aber nach literarischer Opulenz sieht auch das nicht aus . . .

Literarische Weltproblematik

Es handelt sich also um eine literarische Weltproblematik. Daß hier nach den Ursachen gefragt werden müsse, ist auch den sogenannt westlichen Kritikern inzwischen klargeworden. Der internationale Kongreß des PEN-Klubs, der im Juli in London zusammentrat, untersuchte unter anderem den Einfluß von Film, Rundfunk und Fernsehfunk auf die literarische Gegenwartsentwicklung. Es wurde allgemein anerkannt, daß diese neuen Informations- und Unterhaltungsmittel eine wesentliche Änderung in den Lebensgewohnheiten und Interessenrichtungen des heutigen Menschen hervorgerufen haben. Der Fernsehapparat spielt im Leben des heutigen Menschen in der Sowjetunion eine genauso entscheidende Rolle wie etwa im Leben des Durchschnittsitalieners. Damit ändert sich aber nicht bloß das bisherige scheinbar so feste Gefüge der altüberlieferten literarischen Gattungen; auch Arbeitsweise und Arbeitsrichtung der modernen Schriftsteller wurden auf diese Weise wesentlich umgelenkt. Der durchschnittliche Schriftsteller kann in der westlichen Welt von seinen Büchern im allgemeinen nicht mehr leben. Das gilt nicht bloß für das kleine, schmächtige Talent, sondern auch für begabte und angesehene Künstler. Die Jagd nach dem »Bestseller« gleicht dem Toto- oder Lottospiel. Um leben zu können, ist der Schriftsteller auf Redaktionen und Rundfunkstationen angewiesen; er arbeitet für den Film und die Fernsehstation. Das bedingt nicht bloß eine andere Arbeitsweise, sondern auch eine neue Richtung seiner literarischen Interessen. Viele Bücher werden heute so angelegt, daß man sie als Romane verwerten kann, daß sie Möglichkeiten zur Verfilmung bieten, daß ein Hörspiel daraus gezimmert werden mag. Es wäre unsinnig, zu glauben, daß dem bloß in der westlich-kapitalistischen Welt so ist. Auch bei uns sind die Zeiten vorbei, wo ein Schriftsteller, der einen neuen Roman schrieb, ob wertvoll oder nicht, von vornherein mit festen, sehr namhaften Einkünften aus diesem Buche rechnen konnte. Die materielle Lage des Schriftstellers ist auch bei uns mittlerweile sehr viel heikler geworden, als das gern in der Öffentlichkeit zugegeben wird.

Man wird also in jedem Falle gut daran tun, die neue literarische Entwicklung nicht bloß nach der eigentlichen Buchproduktion, sondern auch danach zu beurteilen, was von wirklichen Schriftstellern für den Film und den Rundfunk geschrieben wurde. Daß auch hier die literarische Bilanz nicht allzu günstig ist, dürfte gleichfalls kaum bestritten werden können. Der literarische Wert der Filme, die bei uns in den letzten Jahren gedreht wurden, ist, von sehr geringen Ausnahmen abgesehen, immer noch ziemlich niedrig.

Es konnte also gar nicht verwundern, wenn von westlicher Seite angesichts solcher Zustände die Behauptung aufgestellt wurde, die gegenwärtige Welt- und Menschenlage lasse sich überhaupt nicht mehr mit den bisherigen literarischen Mitteln und Gattungen wiedergeben. Auch darin ist etwas Wahres insoweit, als vielen unserer Schriftsteller, besonders der jungen Schriftsteller, die Tatsache entgangen zu sein scheint, daß auch literarische Gattungen und Formen in den Geschichtsablauf gestellt sind, so daß man in einer neuen Welt nicht mehr unbesehen mit alten Formen arbeiten kann. Die meisten unserer Romanciers, übrigens auch die meisten Erzähler der jüngeren sowjetischen Generation oder Polens, der ČSSR, Rumäniens und Ungarns, hielten eigensinnig an der Romanform Balzacs oder Tolstois fest. Liest man ihre Bücher, so muß man den Eindruck haben, alle die Formprobleme des Romans, mit denen sich Thomas oder Heinrich Mann, Konstantin Fedin oder Aragon und Sartre, Musil oder Hemingway oder Döblin seit Jahrzehnten beschäftigt haben, seien hier hochmütigerweise einfach nicht zur Kenntnis genommen worden. Der junge Becher hatte kühn nach ganz neuen lyrischen Formen gesucht, Majakowskij und Eluard, Nezval und Neruda, Brecht und Guillén hatten gleichfalls die Anstrengung des schöpferischen Neuerertums auf sich genommen. Bei dem Großteil aber unserer preiswerten Lyriker aus den letzten Jahren spürte man davon kaum einen Hauch. Ich will Hermlin und Peter Huchel, Fühmann und Georg Maurer ausdrücklich ausnehmen: aber neben ihnen wieviel gefällige Reimerei von Epigonen Paul Heyses oder Emanuel Geibels, wieviel rotangestrichene Gartenlauben!

Natürlich kann die Welt unserer Zeit durch Literatur, durch Lyrik, Epik und Dramatik dargestellt werden. In einem seiner letzten Aufsätze hatte Brecht in Form eines Briefes an die in Darmstadt tagenden deutschen Dramaturgen die Frage beantwortet: »Kann die heutige Welt durch Theater wiedergegeben werden?« Brecht hatte zugegeben, daß das Erlebnis alten Stils im Theater schwächer geworden ist. Er hatte sogar weiter betont, daß »eine Wiedergabe der heutigen Welt als zunehmend schwierig« erkannt werden müsse. Seine Antwort lautete, daß »die heutige Welt auch auf dem Theater dann wiedergegeben werden kann, wenn sie als veränderbar aufgefaßt wird«. Das ist es. Eine sich verändernde Welt setzt exakte wissenschaftliche Erkenntnis voraus. Darüber hinaus verlangt sie nach neuen Formen und Methoden der Erkenntnis *und* der Umsetzung solcher Erkenntnis in neue künstlerische Wirklichkeit. Daran aber haben es die meisten unserer Schriftsteller ganz zweifellos fehlen lassen. Sie versuchten eine schematische Darstellung unserer Wirklichkeit, die auch dann nicht aufhört, schematisch zu sein, wenn sie geschwätzig von wissenschaftlichem Sozialismus und werktätigen Menschen spricht, vom Volk und angeblicher Volkstümlichkeit. Die Produkte solchen Tuns kennen wir alle. Man darf also fragen, wann nun eigentlich die Auseinandersetzung mit den literarischen Werken der Gegenwartsliteratur, der bürgerlichen wie der nichtbürgerlichen, bei unseren Schriftstellern und Kritikern einsetzen wird. Will man immer noch nicht zur Kenntnis nehmen, daß sich seit Georg Trakl und Georg Heym, also seit dem Vorabend des Ersten Weltkriegs, in den modernen Vorstellungen vom Gedicht einiges geändert hat? Will man immer noch so tun, als habe Franz Kafka nie gelebt, als sei der *Ulysses* von James Joyce nie geschrieben worden, als sei das sogenannte »epische Theater« bloß ein Hirngespinst des im übrigen recht achtbaren Bertolt Brecht? Wohlgemerkt: Es ist keine Rede davon, daß von mir nun eine Kafka-Renaissance oder gar eine Joyce-Imitation für unsere Literatur gefordert würde. Aber moderne Literatur ist nicht möglich ohne Kenntnis der modernen Literatur. Die bedeutendsten Künstler der Vergangenheit und der Gegenwart waren sehr lernbegierig, sehr fleißig, sehr auseinandersetzungsfroh. Thomas Mann oder Brecht, unter den Lebenden vor allem Becher, waren ungemein interessiert an allem Neugeschaffenen. Bis zu jener Grenze natürlich, die Brecht in seinem Brief an die westdeutschen Schriftsteller genau gezogen hatte: bis zur Grenze des Faschismus und der bewußten Antihumanität. Aber diese Grenze ist ohnehin die Grenze der Literatur überhaupt.

Die Auseinandersetzung muß beginnen

Will man also bei uns etwas ändern, so muß die Auseinandersetzung mit der modernen Kunst und Literatur in weitestem Umfang endlich einmal beginnen. Es muß aufhören, daß Kafka bei uns ein Geheimtip bleibt, und daß das Interesse für Faulkner oder Thornton Wilder mit illegalem Treiben gleichgesetzt wird. Gewiß, der Einwand ist leicht zu machen, daß die ausgiebige, rummelplatzähnliche Beschäftigung etwa mit Kafka in der westlichen Welt gleichfalls nicht verhinderte, daß dort die literarische Produktion wertmäßig abnahm. Die Beschäftigung mit Form- und Inhaltsproblemen der modernen Literatur kann nicht als Diplom betrachtet werden, das den Inhaber dazu befähigt, hochwertige neue Literatur zu schaffen. Die *fehlende* Beschäftigung aber mit den Tendenzen und wichtigsten Erscheinungen der modernen Künstler und Schriftsteller wird sich in jedem Falle als Stagnation und Sterilität auswirken. So scheinen mir die Dinge zu liegen.

Übrigens wird man viele administrative und bürokratische Hemmnisse beseitigen müssen, sollen sich die Dinge in unserem literarischen Leben zum Besseren wenden. Gewiß haben wir manche Fehler vermieden, die andernorts gemacht wurden und zu schweren Folgen führten. Wir haben immerhin in all diesen Jahren Hofmannsthal und Rilke, Thomas Mann und Hermann Hesse publiziert, ohne die tollkühnen Verleger und Lektoren, die solches gewagt hatten, zur Verantwortung zu ziehen. Der Schriftsteller Johannes R. Becher hat sich hier große Verdienste erworben, indem er seit 1945 einen literarischen Kurs bei uns anregte, der – trotz mancher Schiefheiten und Begrenztheiten – von aller Bilderstürmerei weit entfernt war. Dennoch gibt es noch genügend Sektierer und Sektierertum im Bereich unserer Literatur. In einer Rede von Georg Lukács steht der Satz: »Ich glaube, daß hinter jedem Sektierertum ein tiefer Defaitismus verborgen liegt.« Das ist ganz richtig: Der Sektierer nämlich hält seine Mitmenschen entweder für unmündig oder für bösartig, so daß er ihnen nicht zutraut, die Bücher so vernünftig und kritisch zu lesen, wie das notwendig wäre. Solcher Defaitismus aber ist der Anmaßung eng benachbart. Es gab und gibt bei uns patentierte Besserwisser. Viele Kritiker und Nachwortverfasser gehören zu dieser Spezies. Ihre Urteile sahen meist so aus, daß Fielding oder Stendhal oder Thomas Mann gönnerhaft gelobt wurden, da sie ideologisch in ihrer Zeit recht Achtbares leisteten, wenngleich sie natürlich leider nicht die Bewußtseinshöhe des heutigen Nachwortverfassers zu erklimmen vermochten.

Es ist Zeit, daß diesem Unfug ein Ende gemacht wird. Ich halte es auch für wichtig, daß man den Ursachen dieses Niedergangs nachspürt. Alfred Kurella macht es sich doch ein bißchen leicht, er bagatellisiert eine sehr ernste Sache, wenn er bei seinem Bericht über den Stand der literarischen Auseinandersetzung in der Sowjetunion rundheraus leugnet, daß offenkundige Erscheinungen des dortigen Sektierertums und des literarischen Verfalls, die heute unter Einsichtigen niemand mehr ernstlich bestreitet, irgend etwas mit dem sogenannten Personenkult zu tun hätten. Die Tatsachen sprechen hier eine andere Sprache. Ich glaube nicht, daß wir zu einer echten literarischen Klärung der Begriffe und Werte bei uns gelangen werden, ohne diese Zusammenhänge zu prüfen und zu berücksichtigen.

Dies alles sind nur Andeutungen zu einem ungeheuren Thema. Es steht doch so, daß wir jahrelang mit scheinbar gesicherten Begriffen gearbeitet haben, die sich als wenig gesichert herausstellten. Es wurde sehr viel von Wissenschaft geredet – und es ging dabei nicht immer sehr wissenschaftlich zu. Die schöpferische Anstrengung des Begriffs ist heute vonnöten. Das Reich der Zitate und der Zitierer verdunkelt sich. Viele landläufige ästhetische Axiome müssen in Frage gestellt werden. Man wird dabei vom einzelnen Kunstwerk auszugehen haben und nicht von Begriffen wie realistisch, typisch, positiv, optimistisch und dergleichen. Nur dann wird auch ein ersprießliches Gespräch zwischen Künstler und Kritiker zustande kommen. Alles hängt für die Zukunft davon ab, daß wir in unserem literarischen Leben einen Zustand schaffen, der in diesem Sinne fördernd und nicht hemmend wirkt.

Aus: *Sonntag*, Berlin, 2. 12. 1956.

Uwe Johnson
Einer meiner Lehrer

In Leipzig, der wahren Hauptstadt der Deutschen Demokratischen Republik, gab es einmal in der Germanistik drei Möglichkeiten. Die eine hieß Frings und war der letzte König, die andere hieß Korff. Noch eine hieß Hans Mayer.

Man kann nicht immer auf seine Freunde hören, insbesondere wenn sie sagen: Das einzig Solide ist die Linguistik, komm mit zu Frings.

Die Möglichkeit Mayer betritt raschfüßig den Hörsaal 40, hat es noch auf dem Podium sehr eilig, endlich hinter dem Pult angelangt, beginnt fixes Sprechen. Sehr gespannte Stimme, könnte leicht reißen, phonetisch explosiv. Schöne Jahrhundertdurchblicke.

Irgendein Student macht während der Vorlesungen Aufnahmen von allen drei Möglichkeiten und verkauft sie an Interessenten. Welche Fotografie soll man sich ins biographische Album tun?

Die Möglichkeit Mayer ist aus Gerüchten zusammengesetzt, vorerst. Wir haben es hier mit einem Gast aus der Bundesrepublik zu tun. Er will hier den Marxismus aufs Weltniveau bringen. Im Gegenteil, er hat Streit mit der Partei. Also was nun.

Professor Mayer, prall in meist dunkelblauen Anzügen, Schlips wie gewünscht, Taschentuch in der Brusttasche, eine bürgerliche Erscheinung. Er sagt, vor sich hinblickend, beobachtet von allen vierhundert Plätzen des hoch aufsteigenden Hörsaals, er beginnt gemütlich: Neulich in Budapest ... Er schließt Vorlesungen mit dem Hinweis, daß die nächsten ausfallen, nämlich er muß nach Paris, einen Vortrag halten.

Vor ihm sitzen Studenten, denen Besuche in Westdeutschland für die Ferien und überhaupt untersagt sind. Er weist darauf hin, daß es Paris gibt.

Gefehlt. Professor Mayer berichtet seinen Zuhörern abermals von einer Reise, die Reise war diesmal bloß nach Ost-Berlin gegangen, er sagt mutwillig, mit leerem, wachem Blick gegens Auditorium: Unser verehrter Alterspräsident –. Wir waren nicht gegen Pieck. Zwar glaubten wir kaum, daß Übergriffe der Behörden unterblieben wären, »wenn das Pieck wüßte«; nach unserer Meinung erfuhr Pieck nichts mehr. Aber Herr Professor Mayer hatte sich soeben mit einem Symbol des Staates mehr als nötig identifiziert. Im Gegenteil, er hatte sich soeben von diesem Staat und Übergriffen der Behörden distanziert, indem er seine Achtung auf eine Privatperson beschränkte. Also was nun.

Jedoch der *Geist der Goethezeit* ist ein anstrengendes Werk. Und Professor Korff, hört man, hat zwar ausnahmsweise eine Arbeit über einen Roman des zwanzigsten Jahrhunderts angenommen, ein Werk von Rilke allerdings, er soll aber zum Schluß der Unterredung gesagt haben: Wie war doch gleich der Titel des Romans?

Für ein Umsteigen in den linguistischen Zug ist es mittlerweile zu spät.

Nieder mit der Stalinschule des sozialistischen Realismus! ruft Professor Mayer aus. Der Hörsaal, manchmal bis auf die Treppen besetzt, kann ihm nur das Wort »unerträglich« nachweisen. Eine Figur in einem sowjetischen Roman hat ihn gelangweilt. Das ist alles.

Die Literatur ist nicht teilbar! ruft er aus. Nach dem Wortlaut ist aber nur zu belegen: An einer Äußerung J. R. Bechers, des Kulturministers der DDR, über Gottfried Benn, sonst genannt Prototyp volksfeindlicher Dekadenz, weist Professor Mayer sehr ausführlich den Schmerz nach, den der Kulturminister der DDR über den Tod seines Feindes in West-Berlin empfunden hat. – In einem Gespräch mit Brecht . . .: sagt Professor Mayer. Er ist jemand, mit dem Brecht sich unterhält. Andererseits, zu Thomas Mann soll er Tommy sagen.

Und offenbar nicht biographische Einzelheit, sondern Bestandteil des Lehrstoffs war die Mitteilung jenes Nachmittags, da Hans Mayer zu Hause am Klavier übend saß und auf ein Klingeln – »ich trug da noch kurze Hosen« – die Etagentür öffnete, begrüßt von einer erstaunlichen Dame mit den Worten: Guten Tag, ich bin der Prinz von Theben! – Wollen Sie nicht näher treten: will er gesagt haben, hat die Zeit des Gedichtes eindeutig bestimmt, fährt mit der Analyse fort.

Vor seinen Raum ist die Schleuse des Sekretariats gesetzt. Da sind viele, die warten. Beschenkt sehen die Rauskommenden nicht aus. Zu seinen Sprechstunden muß man sich lange vorher anmelden. Hans Mayer fragt den Kandidaten rasch und erbarmungslos aus, damit der weiß, was er von sich zu halten hat. Dann nimmt er das Angebot einer Arbeit über einen Roman des zwanzigsten Jahrhunderts an, er kennt den Titel, die Behörden haben sich noch lange nicht zu einer Anerkennung des Verfassers entschlossen, Professor Mayer will keine Verteidigung des Verfassers hören, er will eine Arbeit über ihn.

Dann wäre da noch die Sache mit dem Zettel. Die Deutsche Bücherei leiht gewisse Werke der Belletristik nicht ohne Bescheinigung aus. Der Zettel könnte die Sondererlaubnis auf bestimmte Titel beschränken. Das Papier, unterschrieben von Hans Mayer, ist allgemein formuliert. Man kann damit bestellen, was man will.

Kinder, so geht das doch nicht! ruft Prof. Mayer vor dem Proseminar aus. In der Haltung dieses Satzes, ungeduldig steht er vor uns, es ist ihm unerträglich und es ist ungehörig, daß uns Beispiele für Allusion so langsam einfallen. Wir fürchten, ihn gekränkt zu haben, er schiebt die Unterlippe vor; er denkt aber bloß nach. Dummheiten schiebt er warnend beiseite. Jetzt läuft das Seminar, eine Antwort der Studenten ruft die nächste, es stellt sich aber zum Schluß heraus, daß Herr Mayer soeben einen sorgfältigen Vortrag über Allusion komponiert hat.

Ein anderesmal hindert er dreißig Personen mit Erfolg daran, das Gedicht *Erinnerung an die Marie A.* zu rasch zu lesen. Er weist ihnen, mit einer Art Empörung, nach, daß sie das Gedicht ja gar nicht gelesen haben. – Ihnen fällt ja nicht mal am Rhythmus was auf! Er muß das Original leiern, es geniert ihn durchaus nicht. Na? sagt er. Unter seinen Fragen weitet sich das Gedicht zu einer Welt aus. Die Studenten müssen über eine Stunde an dieser Welt bauen. Sie verlassen den Seminarraum und haben im Ohr einen Essay von Hans Mayer.

Es ist nicht wahr, daß Professoren an den Universitäten der DDR nicht heilig wären, von unten gesehen. Sie sind erhabene, dem Alltag entrückte Gestalten mit unsterblichen Geschäften. Selbst die Regierung muß mit jedem von ihnen einen Einzelvertrag ausmachen. Auf den mit Menschen vollgedrängten Korridoren des Volkspolizeikreisamtes in Leipzig schritt ein Herr an einer langen Reihe vorüber, er sah deutlich verkleidet aus in einem hellen Staubmantel, hatte vor Verlegenheit in dieser Umgebung die Hände in den Taschen, den Hut tief in der Stirn, er stutzte neben mir, deutlich jemand, der sich vor der Polizei verstecken will mitten in der Polizei. Dieser Typ, Mitglied einer Hohen Fakultät, zwang mich, ihm die Hand zu geben. – Was machen Sie denn hier: sagte er. – Ich bin auf der Müritz gekentert und muß mir einen neuen Ausweis ausstellen lassen: sagte ich gehorsam. Er kannte mich von einem einzigen Gespräch, von einem einzigen Referat. Ich sollte ihm erzählen, wie mein Ausweis in die Müritz gekommen war. Darauf erzählte er mir, was ihn in diese Räume führte, er bewies mir, daß er mir eine Antwort schuldig war, wie ich ihm. Die Behörde hatte es ihm ganz plötzlich zur Pflicht gemacht, nach der Rückkehr von Reisen im kapitalistischen Ausland in Person sich zurückzumelden. Ratlos und verkleidet ging er davon und suchte das Zimmer, in dem der Augenschein seiner Anwesenheit protokolliert werden sollte.

Die Tradition des studentischen Status bewies sich in den Geschichten, die über Professoren umliefen. Ferne Größen, waren sie sagenhaft. An Häufigkeit wurden Mayergeschichten nur von den Blochgeschichten übertroffen. Solche, im Vertrauen mitgeteilt: Mayer hat ein Abkommen mit allen Taxichauffeuren von Leipzig. (Dies Abkommen sollte ich nicht erläutern, da Hans Mayer der einzige ist, der den Wortlaut kennt und ihn in seinen Erinnerungen *Wie ich Leipzig änderte* sowohl mitteilen als auch kommentieren wird.)

Oder dramatische Nachrichten wie diese: Mayer ist von der Straßenbahn abgesprungen. Was? Ja. Die Straßenbahn wartet vor dem Rotlicht, Mayer sieht sich bequem vor den Schaufenstern der Franz Mehring-Buchhandlung und springt auf sie zu. Hinter ihm her ein Polizist, der ihn anschreit: Sie sind eben von der Straßenbahn abgesprungen!

Mayer, Realist: Ja.

Polizist, Polizist: Das kostet Sie Strafe.

Mayer, über die Schulter: Wieviel.

Polizist, hoffnungsvoll: Wissen Sie nicht, was es bedeutet, von der Straßenbahn abzuspringen?

In der Franz Mehring-Buchhandlung erscheint Prof. Dr.

Hans Mayer, Direktor des Instituts für Geschichte der Nationalliteraturen und all das, er hat einen Schlips um und all das, er hat in seinem Gefolge einen Menschen in Uniform, der nicht abläßt, ihm von hinten etwas zuzusprechen. Das stört. Herr Prof. Dr. Mayer verhandelt mit den Verkäuferinnen, es geht ihm um ein bestimmtes Werk, sieben Bände, er spricht von Rabatt. Der Mensch in Uniform zerhackt die Verhandlungen aus dem Hinterhalt mit der unermüdlichen Frage: Wissen Sie nicht, was es bedeutet, von der Straßenbahn abzuspringen? Hans Mayer, von den verwirrten Angestellten um Erklärungen befragt, weiß sie nicht. – Der Mensch will Geld von mir. Ich hab's ihm sofort angeboten. Das ist ihm nicht genug, er will mich überzeugen. Verstehe den Menschen nicht.

Oder gestische Zitate. Wenn einer der Freunde vom linguistischen Zweig in einem Gespräch über Anthropologie oder Truppenbewegungen statt zu antworten einen Finger zwischen Nacken und geschlossenen Hemdkragen würgte und auf so beengtem Hals unbehagliche Kopfbewegungen ausführte, war zu verstehen: Dies würde Mayer nicht freuen. Oder: Das wüßte nicht mal Mayer.

Und Abstand bewies sich, wenn nach Gesprächen über die Anlage der Prüfungsarbeit und über Probleme der Literatur, die von den Behörden nicht anerkannt wurden, wenn andere Leute die Intimität von Verschwörern in die Luft des Büros gelassen hätten, Abstand war die Etiquette, wenn der Schüler am Schluß der Beratung sich eine Frage herauszunehmen hatte mit der Anrede: Herr Professor.

Herr Professor, ich habe hier ein Manuskript, Roman, und bin mir bewußt, daß Ihre bemessene Zeit . . . ich bitte Sie um Ihre Meinung. Ich bitte Sie nicht um Ihre Vermittlung, da es in diesem Lande an keine Anstalt zu vermitteln wäre, ausgenommen eine disziplinarische. Was Sie meinen.

Prof. Mayer, die Beine so unbequem übereinandergeschlagen wie drei Minuten vorher, äußert sich nicht über die strafrechtlichen Implikationen, sondern versichert: Meine Meinung sollen Sie haben, geben Sie's mir dann später. Nach dem Examen les ich's. Bis dahin müsse man für den Prüfer ein Prüfling bleiben.

Und Abstand, korrekter Abstand zwischen Lehrer und

Schüler bewies sich, wenn der Unbedarfte in der Examensklausur eines der Themen zum Anlaß nahm, um, ausgehend von den Ergebnissen des XX. Parteitags der KPdSU und ausgehend von einer Äußerung eines behördlich lizensierten Schriftstellers, einen Realismus des Realismus zu beschreiben, und dann nicht etwa von seinem Lehrer, sondern vom Dekan die Mitteilung erhält: die Philosophische Fakultät weigere sich, diese Arbeit anzunehmen, und erkläre das Examen für abgebrochen.

Und Abstand, schlicht die Unmöglichkeit, Professoren zu kennen, bewog zwei Mädchen dazu, einen halben Nachmittag unter ihren Sachen zu prüfen, was denn nun chic genug wäre für einen Besuch bei Prof. Dr. Mayer und die Bitte, mich dennoch zu prüfen. Ich konnte es nicht verhindern. Er soll sich verblüfft gezeigt haben.

Die Prüfung fand sowieso statt und war eine Unterhaltung. Es hätte Cognac geben dürfen, wäre da nicht der Beisitzer gewesen. Es war ein reichlich skeptisches Gespräch aus Vergleichen zwischen einer vorhandenen Theorie der Literatur und der Theorie des sozialistischen Realismus, der Prüfling lehnte sich mitunter bequem zurück und klemmte die Daumen in die Gesäßtaschen und sagte: Ach, wissen Sie . . . Das Examen wurde später für bestanden erklärt.

Danach, unverfroren wie ein Absolvent, begann ich, die Fortsetzung solcher Gespräche zu wünschen. Die Gelegenheit schuf in einem Herbst Hans Mayer mit einem Aufsatz, der in der *Wochenzeitung für Kultur, Politik und Unterhaltung* eine Seite einnahm und die zwanziger Jahre der Literatur mit der halbgeteilten der fünfziger Jahre verglich. Es war darin die Rede von dem Positiven, das Erich Kästner schon damals nicht gefunden habe, und da war die Ermahnung, darüber sich nicht zu wundern, solange Kafka ein Geheimtip sei. Freier Mensch, der ich war, ging ich in eine Telefonzelle und rief Herrn Mayer an. (Herr Mayer.) Und er sagte: Wo sind Sie und Kommen Sie her.

Von da an der Status von heute. Auch die Wohnung in der Leipziger Tschaikowskistraße hatte eine Schleuse. Es war die Küche, unerhört reinlich und kahl, in der man zu warten hatte, bis die Vermieterin, die auch die Haushälterin war, sich im Türrahmen manifestierte und sagte: Herr Professor ist jetzt fertig mit dem Diktat. Hier lang. Auf dem Flur hingen Fotografien, die Schriftsteller beim Fotografiertwerden zeigten. Im Besuchszimmer stand der Gästesessel neben den Regalfächern für die Zeit von 1800 bis 1840, und der Besucher hatte das Licht im Gesicht, so daß er sein Gegenüber nicht genau erkannte.

Das ist nichts, womit Sie aufhören dürften! sagte der Student von eben noch, und

Hans Mayer erzählte die Schicksale des Artikels und Verhältnisse im Deutschlandsender und wo er inzwischen wieder mal gewesen war, ich glaube Prag gehört zu haben, aber es wird Warschau gewesen sein, und daß er im Adlon das Steak habe zurückgehen lassen. – Franz (oder Bruno etc.)! habe er gesagt. Und dann kam das neue Steak und war, obgleich an der Wilhelmstraße gebraten, wie jemand es haben will, der einige Jahre in der Schweiz hat leben müssen.

Über die literarische Opulenz hatte jener Artikel geheißen. Opulenz war fortan in jenem Lande ein häufiges Wort.

Ein mehr kulinarischer Ausdruck, Beweis für die genußsüchtigen Erwartungen, die Hans Mayer ans stiftende Schrifttum stellt. Hans Mayer, gefolgt von Gästen und Assistenten, betritt Auerbachs Keller. Er wird von sämtlichen Obern begrüßt, mit erinnernder Mimik, auch brüderlich. Er sagt dem Zahlkellner etwas Rasches. Danach setzt er sich irgendwohin, mit dem Gehaben eines Blinden, und betrachtet das Tischtuch, dabei alert, startfertig. Er verläßt sich auf den Spiegel seines Bildes. Und: Kinder, das könnt ihr doch nicht machen! ruft er, – dies ist mein Kollege Emrich, Fachmann für Entfremdung, und, ruft er: Dies ist Günter Grass, Sie werden sich noch wundern. Der Herr hat auf mein Bitten hin etwas vorgelesen, er ist naturgemäß erschöpft. Bringen Sie ihm die Sache kalt! So haben die Kellner in Auerbachs Keller, im Hotel International und anderen Separés der Hauptstadt Leipzig ihre ersten Ermunterungen empfangen, Kafka und Grass zu lesen.

Lehrer, der er ist, schmiß er mich nicht raus, nachdem ich ihn in einem Herbst, zwischen seinen eigenen Möbeln, über die Innenpolitik des Landes belehrt hatte. Er fragte mich nach meinen Verhältnissen. Dann stand er, die linke Hand mit dem Manuskript unter der Lampe, die rechte am Hinterkopf.

Später lernte ich den Vater eines Radrennfahrers kennen, der hatte, in vergleichbarer Situation, dieselbe Gebärde an sich.

Und Herr Professor Dr. Hans Mayer sagte:
Ich hab's jetzt gelesen.
In dem Buch wird zuviel gegrinst.

Es sind Schüler in dem Buch: sagte ich. – Herr Professor: sagte ich. – Was hätten sie machen sollen, 1953.

Nun gehen wir in die Einzelheiten. – Wenn Sie etwa glauben, daß das Wort Konstruktion in der Ästhetik Platz greifen sollte ...

Und er sagte:
Neulich in Frankfurt, könn' sich ja denken.
Hab ich Peter Suhrkamp davon erzählt.
Finde im Grunde, ist im Grunde für den nicht gut genug.
Machen Sie was dran.

Natürlich waren seine Hinweise druckreif und haben mich lange beschäftigt. Hans Mayer wollte meine Zeit nutzen.

Danach Briefe, auf die er kaum antworten konnte. Es stand nur darin, was so gefällig war. Als ich ein anderes Buch geschrieben hatte und die Vorgänge vor meinem Fenster mir die Erkenntnis nahelegten, daß es in jenem deutschen Teil vorläufig nicht gedruckt werden würde, verließ ich den Teil und einen meiner Lehrer auch.

Hans Mayer kam später. Jetzt sind es Hotels und Kellner in Hannover, die wissen, was ihm nötig ist. Ich habe ihn begrüßt, als er kam, er war jetzt wieder für mich erreichbar, aber ich habe mich auch erinnert an den Schüler, der ich in Leipzig war, und mir die vorgestellt, die da seine jetzt nicht werden können, und ich dachte: Schade.

Aus: *Hans Mayer zum 60. Geburtstag*, Hamburg 1967.

Walter Jens
Ein kurzweiliger Gelehrter

Bürgerlicher Realismus – dekadenter Formalismus

Vor einiger Zeit eröffneten wir eine »literarische Korrespondenz« mit Dresden, auf die uns der zuständige Redakteur der *Sächsischen Literaturzeitung* die Antwort leider schuldig geblieben ist. Heute besprechen wir ein Buch des führenden Literarhistorikers der Zone, obwohl er uns als »offizielle Feuilletonisten« bezeichnet, denen in irgendeinem »Zeitungsring« »Flüsteraufgaben« gestellt werden. Berücksichtigen wir dabei, daß der Leipziger Kritiker westdeutsche Verhältnisse nur aus der offiziellen und keineswegs geflüsterten Propaganda kennt und daß ein gen Westen gesprochenes Wort der Abwertung dem Inhaber eines Zonen-Lehrstuhls schwerlich ganz erlassen wird. Weisen wir jedoch die Zonenleser, die unsere Zeitung erreicht – es sind immer einige, und manche in den höchsten Stellen – wieder darauf hin, daß wir die geistige Auseinandersetzung nicht scheuen und auf dem Gebiet der Wissenschaft und der Kunst zu jeder Diskussion bereit sind. Nicht wir sind es, die von fanatischer Einseitigkeit getrieben mit Scheuklappen durch die Welt des Geistes galoppieren . . .

Der interessanteste Literarhistoriker deutscher Sprache ist ein Marxist. Er heißt Hans Mayer, repräsentiert, gemeinsam mit dem Romanisten Werner Krauss und dem großen Ernst Bloch, die philosophische Fakultät der Universität Leipzig und gilt als einer der souveränsten und umstrittensten Geister unserer Tage. Im Westen bewundert man die Universalität seines Wissens und bedauert seine Gesinnung; im Osten tut man ein gleiches: denn der Marxismus humanistischer Prägung ist in den Kleinbürgerkreisen der SED nun einmal nicht sehr gefragt, und die Eleganz der Diktion tut ein übriges, um einen Autor, dem man sich nicht gewachsen fühlt, suspekt zu machen.

In der Tat erscheint mir Hans Mayer zur Zeit als der einzige, der als Literarhistoriker und Kritiker, Wissenschaftler und Schriftsteller das Amt des Lessingschen »Kunstrichters« wahrnehmen darf. Von Schnabels *Insel Felsenburg* bis zu Thomas Mann, von Büchner bis zu Erich Kästner, von Grimmelshausen bis Bert Brecht erstreckt sich der Forschungsbereich dieses Mannes, in dessen Werk die unheilvolle Kluft zwischen dem Universitätshistoriker, der die Dichtung von gestern beschwört, und dem Tageskritiker, dessen Augenmerk der Literatur von heute gilt, ebenso aufgehoben ist wie die Antithetik von »solider Wissenschaftlichkeit« und »literarischer Diktion«; denn Hans Mayer verfügt nicht nur über ein profundes Wissen, sondern er ist auch witzig, amüsant, böse und unterhaltsam. Diese, in unseren Breiten, wo der gelehrte Langweiler noch immer für respektabler als der geistreiche Analytiker gilt, nicht eben häufige Paarung zeigt sich vor allem in dem Sammelband: Hans Mayer, *Deutsche Literatur und Weltliteratur – Reden und Aufsätze.* Im Gegensatz zu den beiden großen Studien über Georg Büchner und Thomas Mann, denen Mayer sein Ansehen als Historiker verdankt, präsentiert er sich in den Reden und Aufsätzen als *homme de lettres* und Literat, als Meister der akademischen Festrede und des rhapsodischen Epitaphs, auch als Autor von Meditationen, Porträts und Miniaturen.

Alle diese zeitlich weit auseinanderliegenden Studien sind durch leitmotivische Wiederholungen miteinander verzahnt und von einer bestimmten, souverän gehandhabten Technik geprägt: zuerst die Bestimmung von Zeitumständen, gesellschaftlicher Lage und soziologischen Faktoren, dann die Entwicklung des Porträts, endlich die Analyse des in Frage stehenden Sujets – Schillers Jenenser Antrittsrede und der Sturm auf die Bastille, Henry Fielding und der Beginn der industriellen Revolution, Diderot und die Agrarprobleme der französischen Wirtschaft im 18. Jahrhundert, nichts steht für sich, alles hat seinen Ort, ist eingebettet in einen großen Zusammenhang.

Wie erfrischend real, handwerklich-dinglich erscheint hier das literarische Geschäft! Anekdoten (wer wagt heute noch, in einem streng wissenschaftlichen Werk *stories* zu erzählen!) und literarische Momentaufnahmen fixieren den Gang der gelehrten Untersuchung und fordern den Leser zu kritischem Einhalten auf: Da erscheint Hegel, an seinem letzten Geburtstag, dem 27. August 1831, gegen Mitternacht sein Glas auf das Wohl des anderen Geburtstagskindes in Weimar erhebend und einen Toast auf das Verhältnis von Philosophie und

Dichtung ausbringend; da sieht man den armen Privatdozenten Theodor Wilhelm Danzel in Gegenwart eines mürrischen Dekans und zweier Pedelle, zu Beginn des Wintersemesters 1847/48, seine revolutionären Thesen über das Verhältnis von Nationalliteratur und Weltliteratur verkünden; da gewahrt man das London Smollets und Richardsons, das *Café de la Régence* in Paris, in dem sich Diderot beim Schachspiel vergnügte.

Hier schreibt ein Wissenschaftler wie ein realistischer Plauderer und analysiert diffizilste Probleme in der Manier, mit der Tolstoj Theater und Pferderennen, Diner und Schlachtszenerie kopierte. Ein so spröder Stoff wie die Geschichte der großen französischen Enzyklopädie gewinnt ebenso klare Form wie die Historie eines Verlagshauses. Unbekanntes reiht sich in Zusammenhänge ein, Bekanntes erscheint in anderer Beleuchtung, die Ergebnisse sind fruchtbar. Das Verhältnis von Goethe zu Hegel zeigt sich dank eines klug interpretierten Briefes an Zelter unter neuen Aspekten. Dichtung erweitert sich zur Literatur, ein Blick auf fremde Poesie, eine Betrachtung der Schwesterkünste, eine Analyse der Realien weist auch dem scheinbar Unvergleichbaren seinen Platz an.

Freilich es gibt Bedenken. Allzusehr, scheint es manchmal, beschränkt sich Mayer auf eine Analyse dessen, was er »realistisch« nennt; seine Liebe gilt nun einmal den großen Gesellschaftskritikern von Cervantes bis Thomas Mann, von Shakespeare bis Brecht, den Historikern und Zeitungslesern, den großen Meistern lebensechter Beschreibung. Doch sind allein sie Realisten? Ja, müßte das Wort »Realismus« nicht zunächst einmal bestimmt werden, ehe man mit ihm in so kühner Weise operieren darf? Nicht umsonst hat sich gerade die marxistische Avantgarde um eine Klärung des Wirklichkeitsbegriffes bemüht: von Brecht erwartet man dazu eine Studie aus dem Nachlaß; Georg Lukács hat in einer wichtigen Schrift *Wider den mißverstandenen Realismus* (die in Kürze erscheinen wird) das Seine getan, um die doktrinäre Enge zu bezeichnen, die die stalinistische Orthodoxie mit der Vorstellung »Realität« verband.

Nicht minder fragwürdig scheint mir auch die Vokabel »Weltliteratur« zu sein, die Mayer kurzerhand mit einer übernational wirkenden Repräsentanz identifiziert. Von Qualität ist dabei wenig die Rede. Es ist sicher kein Zufall, daß der Autor viel von »Wirkung« und wenig von »Wertung« spricht, offenbar, weil er das Wirkende in jedem Falle für wertvoll hält.

Aber wie steht es dann mit der Lyrik, deren Publizität ganz andere Grenzen gesetzt sind als dem Drama und der Epik? Darüber schweigt Mayer: Lyrik ist seine Sache nicht. Auch die Bedeutung des Formalen unterschätzt er zuweilen. Freilich hat er es da besonders schwer, denn die Marxisten sind heute in der nicht gerade beneidenswerten Lage, ihre proletarische Wirklichkeit immer noch mit den formalen Mitteln des Spätbürgertums verherrlichen zu müssen. Um aber zwischen der Skylla »bürgerlicher Realismus« und der Charybdis »dekadenter Formalismus« entscheiden zu können, bedürfte es der Anerkennung einer konstanten, nicht gesellschaftlich gebundenen »überhistorisch zu verstehenden ästhetischen Gesetzlichkeit«.

Es sei nicht verschwiegen, daß es in diesem Buche neben wahrhaft genialischen Aperçus (»Das Tagebuch wird leicht zu einem Friedhof der nicht geschriebenen Bücher, wobei die aphoristischen Hinweise als Grabkreuze figurieren«) auch einige Stellen gibt, an denen der Leser laut zu murren beginnt, so, wenn der als Prosaist hart gescholtene Becher in seiner Funktion als Lyriker in einem Atemzug mit Gryphius und Hölderlin genannt wird, oder wenn es an anderer Stelle heißt: »Man hat sich in Westdeutschland im Zeitungsring der offiziellen Feuilletonisten die Flüsteraufgabe gestellt, Leute auf den Dichterthron der Gegenwart zu setzen, die nicht dorthin gehören, weil man von Thomas und Heinrich Mann, von Brecht und Anna Seghers nicht reden will.«

Dieser Satz, übrigens einer der ganz wenigen polemischen Ausfälle eines aus Distanz und Reserve, aber gewiß nicht ohne Leidenschaft geschriebenen Buches, bedarf keiner Widerlegung. Wenn die Kollegen vom *Aufbau* und der *Neuen Deutschen Literatur* so viel über Gottfried Benn oder Max Frisch wie wir hier über Bertolt Brecht und Thomas Mann schreiben könnten ... sie hätten Stoff auf Jahre hinaus. (Natürlich können wir bei aller Liebe zur geistigen Freiheit, in die wir auch den politischen Gegner mit einbeziehen, nicht alle Literatur des Ostens würdigen. Zu einem »Dichter«, der Bredel heißt, fällt einem eben einfach nichts ein . . .)

Am Ende bleibt zu hoffen, daß Hans Mayers Essays auch bei uns erscheinen. Wir, die wir an eine überhistorische ästhetische Gesetzlichkeit glauben, sind jedenfalls der Ansicht, daß große Literatur in Leipzig auch immer noch große Literatur in Frankfurt ist. Und Hans Mayers Essays *sind* große Literatur.

Aus: *Die Zeit*, Hamburg, 12. 9. 1958.

Peter Härtling
Wo die Zeit ihre Sprache findet

Von Lessing bis Thomas Mann. Wandlungen der bürgerlichen Literatur in Deutschland

Hans Mayer versteht sich auf überraschende, brillante Anfänge. Seine Essays beginnen nicht selten mit einem Feuerwerk an Einfällen und Einsichten, ehe sich der gelehrte Verfasser darauf besinnt, daß er darstellen, erläutern soll. Sein Aufsatz über Heinrich Heine, einer der geschlossensten in diesem Band, hebt an: »Heinrich Heine war ein europäisches Ereignis und ein deutscher Skandal« – ein schlagender Satz, eine Wahrheit, die abzustreiten wir uns nicht veranlaßt sehen. Doch auch die ausholende Geste eines geistvollen Rhetors, der sein Fach, die Literaturwissenschaft, beherrscht wie Karajan sein Orchester.

Der Autor des vorliegenden Bandes hat bekanntlich einen Lehrstuhl für die Geschichte der Nationalliteraturen an der Universität Leipzig. Er ist Marxist. Wir nehmen es an, denn auch nach der Lektüre seiner Essays wissen wir es nicht so genau wie bei seinem in Ungnade gefallenen Rivalen Georg Lukács. Geboren wurde Hans Mayer 1907 in Köln, studierte zuerst Jura und Philosophie, da er vorhatte, Rechtsanwalt zu werden. Er wurde Musikkritiker und mußte 1933 in die Schweiz emigrieren, wo er – jetzt schon auf literarischem Felde – sich in Zeitschriften einen Namen machte. 1945 kehrte er zurück, amtierte als Chef des Rundfunks in Frankfurt am Main und lehrte als Dozent an der Universität. 1948 treffen wir ihn in Leipzig, Professor schon, sehr belesen, streitlustig und gewandt. Gelegentlich wurden Gerüchte laut, daß es mit seiner Stellung nicht gut stehe, vor allem, als der Leipziger Philosoph Ernst Bloch gezwungen wurde, sein Lehramt aufzugeben. Mayer blieb oben, gab seine Reisen in die Bundesrepublik nicht auf, hält Reden und Vorträge und begeistert mit seinem Temperament und seinem immensen Wissen.

Mit diesem Buch erscheint zum erstenmal eine seiner Aufsatzsammlungen im Westen. Der Verlag kündigt für das Frühjahr schon ein zweites Werk an, und es scheint uns nicht verwunderlich, daß Neske, der auch die Bücher des Tübinger

Professors Walter Jens verlegt, jetzt den Leipziger Gelehrten in seinem Hause hat. Er ist von dem Tübinger gut beraten worden. Wir haben lange übersehen, daß unter den – selbstverständlich – marxistischen Literaturhistorikern sich Männer befinden, die der Diskussion wert sind.

Es muß gefragt werden, von welchen Grundpositionen Mayer ausgeht. Es ist wohl einmal dies: Er fordert von den Autoren, die ihm wichtig genug erscheinen, als Beispiele vorgestellt zu werden, daß sie der Realität nicht abhold seien. Und er weist es selbst bei einem Dichter wie E. T. A. Hoffmann nach (landläufig eher als Vorläufer der Surrealisten betrachtet, als skurriler Märchenschreiber und musikalischer Grantler) – er weist nach, daß Hoffmann eigentlich ein Realist von höchst eigenwilliger Art sei. Es führt bei ihm nicht so weit, die Realisten noch weiter in die Realität zu schleifen, bis sie sich im Raume des sogenannten »Sozreal« – des sozialistischen Realismus – befinden; dafür ist dieser Mann zu klug, zu belesen, zu sehr »Bürger«. Zum anderen: In seinen Auslassungen über Schillers Vorreden zu den *Räubern* finden wir einen ziemlich massiven – nicht ganz gerechten – Angriff auf die Literaturhistoriker des beginnenden zwanzigsten Jahrhunderts, auch auf einige, die in den letzten Jahrzehnten Rang hatten und Ruhm genossen. Mayer: »Der Historismus pflegt es im allgemeinen mit Ranke zu halten: Für ihn ist jede Epoche der Geschichte – und darum wohl auch jedes bedeutende Werk der Literaturgeschichte – ›unmittelbar zu Gott‹. Eine Geschichtsbetrachtung, die so verfährt, vermag sich vielleicht mit ungemein viel Feingefühl in den jeweiligen ›Geist der Zeit‹ zu versetzen, allein sie wird der Gefahr nicht entgehen, dem Andrang des Interessanten und Faszinierenden zu erliegen. [. . .] Historismus: das sind die Teile in der Hand. Ohne die Bemühung aber, den Geschichtsablauf als einen gesetzlichen zu verstehen, kann auch der Literaturhistoriker nicht auskommen, denn immer wieder stößt er in seiner Sphäre auf die Beziehungen zum materiellen Seinsbereich . . .« Das ist sublimer Marxismus, eine geschickte Verfeinerung jener Thesen, die Lukács unverborgener vorlegte. Das ist vorsichtig und nicht unzutreffend, aber wer wollte auf solche Weise Dilthey abgewertet sehen, den Mayer zwar nicht nennt, den er aber meint. Er meint und nennt auch Nadler und

Gundolf. Wobei wir ihm eher zustimmen wollen, obschon sich aus Gundolfs blendend egozentrischer Sicht mancher Fund ergab und Nadlers Landschaftseinteilung, so verschroben und an die Zeitläufte gebunden sie war, ebenfalls zu Entdeckungen führte, die nicht immer nach Nadlers Geschmack waren.

Es sei, damit Mayer nicht allein sei, Lukács ebenfalls zitiert, denn der große Ungar hat ähnliches präziser ausgedrückt. Diese Sätze stehen zu Beginn seines Heine-Essays: »Wir Marxisten beschäftigen uns im allgemeinen viel zu selten mit den Biographien der großen Schriftsteller und Künstler des bürgerlichen Zeitalters. Die Biographien geben freilich keineswegs, wie die meisten bürgerlichen Literaturhistoriker meinen, den wirklichen Schlüssel zum Verständnis der einzelnen Schriftsteller. Im Gegenteil: Aus dem gesellschaftlichen Sein, aus der Erkenntnis der großen gesellschaftlichen Tendenzen der Periode, ihrer Kämpfe und Widersprüche kann erst die Biographie des Schriftstellers, ebenso wie der Charakter seines Werkes, richtig begriffen werden. Das marxistische Studium solcher Biographien gewährt charakteristische Aufschlüsse über die ganze kapitalistische Kultur.« Dieses Zitat ist plausibler als die Sätze Mayers, es ist weniger fein, um so mehr handfest. Da spricht ein Mann, bei dem man sich über seine Haltung im klaren ist. Bei Mayer ist das – und das macht den Reiz seiner Prosa aus – verwischt: Er verhält sich abwartend gegenüber dem Werk, dem Bild. Er tastet ab. Wo er unsicher wird, fügt sich ihm der Stoff rasch durch einen, nun ganz nach dem Verfahren Lukács' angewendeten Trick. Das sieht so aus: Mayer schreibt über Immermanns *Epigonen,* und da Immermann von Engels bewundert wurde – von dem jungen, noch Gedichte schreibenden Engels –, ergeben sich die erhellenden Gesichtspunkte. Er zitiert ein Engels-Wort über Immermann: »Immermann schreibt für moderne Deutsche, für solche, die den Extremen des Deutschtums und des Kosmopolitismus gleich fernstehen.« Hans Mayer versäumt nicht zu erklären, wie Engels diese beiden Begriffe verstehe oder wie sie der Zeitgenosse verstanden haben will. Unter Deutschtum verstehe Engels selbstverständlich Deutschtümelei, und Kosmopolitismus deutet Mayer eigenwillig um auf »den bourgeoisen deutschen Liberalismus jener Zeit«.

Das soll nicht die Rezension eines politischen Buches sein. Wir wollen nur auf die Fußangeln, auf die Hintersinnigkeiten des Leipzigers aufmerksam machen, der – wir stehen nicht an, dies zu behaupten – bestimmt einer der besten deutschen Literaturhistoriker der Gegenwart ist. Dies wiederum deshalb, weil ihm die Politik wohl notwendig erscheint, aber auch nicht so zwingend, daß er darüber vergäße, die Gestalten, denen er sich forschend und interpretierend nähert, zu vernachlässigen. Die Gestalten erstehen unter Mayers Hand oft in neuem, überraschend lebensvollem Licht. Beispielsweise die Figur Johann Gottfried Schnabels, von dessen Roman *Die Insel Felsenburg* zwar Arno Schmidt behauptet, ihn entdeckt zu haben. Entdeckt hat diesen Dichter zwischen Grimmelshausen und Wieland nicht Schmidt, sondern Mayer, er hat zugleich dieser kuriosen und bedeutsamen Persönlichkeit so viel Kontur gegeben, daß sie dem Leser des Essays unvergeßlich bleibt (und daß er sich den Roman, der in diesem Herbst bei Reclam erscheint, erstehen wird). Lessing huldigt Mayer in schönster Weise. Er ist nur der Meinung, daß Lessing »im Interesse der Ausgleichs- und Sammlungswirkung den besonderen plebejischen Strömungen ablehnend gegenüberstand«, zollt ihm jedoch so viel Bewunderung, um ihn mit diesem lapidaren Satz einzuordnen: »Lessing hat den Luther fortgesetzt.«

Angemerkt sei, daß Lessing nicht nur um der »Ausgleichswirkung« willen den Plebejern ablehnend gegenüberstand, sondern aus der Position, die sich der Theoretiker geschaffen hat, eine eindeutig ästhetisierende, läuternde Stellung, die dem Geist der Zeit – obschon aus ihm geboren – stark zuwiderlief. In Ulrich Bräker, dem »armen Mann in Tockenburg«, findet Mayer dann tatsächlich einen Plebejer, einen genialischen Autodidakten, den er großartig rechtfertigt. Diese Ehrenrettung des eigenbrötlerischen Schweizers war nötig, mit ihm reiht sich ein Schriftsteller in die deutsche Literatur, der nicht die Bedeutung Gotthelfs hat, doch redlich mit großem Pinsel und ehrlichem Wort, das Gemälde der armen Leute malte. Auf den gebildeten E. T. A. Hoffmann-Aufsatz sei nochmals hingewiesen und schließlich auch auf das Stück, in dem Mayer das Paar Goethe und Hegel zu koppeln trachtet. Gelingt's ihm? fragt man sich gespannt. Es gibt nicht allzu viele Zeugnisse über einen Wissensaustausch der beiden. Mayer hat alle

Zeugnisse gesammelt und ist der Ansicht: »Die lange Geschichte der Beziehung Goethes zu Hegels Weltauffassung hat sich offenbar dem Gefühl einer großartigen Verwandtschaft nach längerer Fremdheit genähert.« Dieses Fazit, das uns so verwundert, zieht er aus einem Brief Goethes an den Freund Zelter, den der Alte in seinem Todesjahr schrieb: »Sieh mich dagegen an, der ich hauptsächlich in der Vergangenheit, weniger in der Zukunft und für den Augenblick in der Ferne lebe, und denke dabei, daß ich nach meiner Weise ganz wohl zufrieden bin.« Mayer interpretiert derart, an dieser Stelle – mit einem Hinweis auf die Möglichkeit der Musik, denn der Brief sei ja an Zelter adressiert – habe der Dichter eine Bestätigung seines eigenen Wirkens und der Grundanschauung Hegels vorgefunden. Dazu sei nichts gesagt; es sind Hypothesen. Wir möchten anmerken, daß nach der Brief-Ausgabe Goethes, die uns gerade zur Hand war (erschienen im Hanser Verlag in München, herausgegeben von Rudolf Bach), es nicht heißt: »In der Ferne lebe«, sondern: »In der Ferne lebte.« Stimmt unsere Ausgabe, verschöbe sich der Sinn. Zum Schluß sei noch verwiesen auf das Kapitel über den *Doktor Faustus* von Thomas Mann. Hier begegnen wir wieder dem wortreichen und redegewaltigen Wissenschaftler, der in wenigen Passagen die Bedeutung des unergründlichen Buchs umreißt, mit einem Hinweis auf die Landschaft, in der die Hauptfiguren zu Hause sind, neue Perspektiven öffnet, die dem Leser wie dem Forscher gleichermaßen helfen.

So ist denn dieses Buch ein Abenteuer. Es fehlt nicht an Gestrüpp, nicht an Überraschungen und trotzigen Verquertheiten, nicht an Versteckspiel und an hinreißendem Elan. Wir werden ebenso über die »dialektische Triade« (Dasein, Manier, Stil) des Weimarer Geheimrats aufgeklärt wie über den unerschütterlichen Humanismus Thomas Manns.

Es schillert. Es ist ein Feuerwerk. Womit augenfällig werde, daß der Geist so lange lebt und leuchtet, solange – trotz hindernder und bisweilen auch helfender Theorien und Denkschablonen – er sich Spielraum gewährt überall dort, wo im Denken und Dichten sich Neues ereignet. Wo die Zeit ihre Sprache findet.

Aus: *Deutsche Zeitung*, Köln, 22./23. August 1959.

Käte Hamburger
Hans Mayer, ›Von Lessing bis Thomas Mann. Wandlungen der bürgerlichen Literatur in Deutschland‹

Wiederum legt H. Mayer eine seiner reichhaltigen und aspektenreichen Sammlungen von Essays, Vorträgen, Werkeinführungen vor, aus denen sich ein gut Stück der deutschen Literatur der letzten beiden Jahrhunderte integriert: von Joh. Gottfr. Schnabels *Insel Felsenburg* bis zum *Faustus*-Roman Thomas Manns. Zwischen ihnen treten Lessing, Goethe, Heine, Hoffmann, Immermann, C. F. Meyer, Hauptmann als Gegenstände eigener Essays unter den verschiedensten Gesichtspunkten ans Licht, während in zwei Übersichtsdarstellungen, der einleitenden (betitelt »Außenwelt und Innenwelt«) und einer mehr abschließenden über den deutschen Roman im 19. Jahrhundert, eine Reihe weiterer Schriftsteller der Epoche angeleuchtet und vielfache Beziehungsfäden auch zur außerdeutschen Literatur hin und her gezogen werden. Denn Mayer ist – wenn ein Wort aus Thomas Manns *Joseph*-Roman hier anzuwenden erlaubt ist – in hohem Maße ein »Mann des Überblicks« und das bedeutet auch des weiten Horizonts, des Horizonts der Weltliteratur.

Ist dies eine der bekannten Qualitäten dieses Forschers, so kennt man ebenso die Richtung seines Denkens, die als rein soziologisch abzustempeln freilich zu eng gegriffen sein würde. In Hinsicht auf die Grundthematik des anzuzeigenden Buches orientiert sie sich jedoch an der zentralen Realismusformel der marxistischen Literaturwissenschaft, nämlich am »Primat der Außenwelt über die Innenwelt«, des Seins über das Bewußtsein. Die Sammlung hat den Untertitel »Wandlungen der bürgerlichen Literatur in Deutschland.« Das heißt, der Begriff des Bürgerlichen wird in eine Art Funktionsverhältnis zu dem des Realismus gesetzt. Und eben hieraus ergeben sich gewisse Schwierigkeiten, die, wie mir scheint, mehr noch aus dem nicht eindeutigen Begriff des Bürgerlichen als aus dem des Realismus resultieren. Es ist zu beobachten, daß »bürgerliche« Literatur sowohl im positiven Sinne, und das heißt immer: als realistisch bewertet werden kann, aber auch im negativen Sinne als wirklichkeitsabgewandt, innenweltlich, »idealistisch«. Lessing und Goethe, als große bürgerliche Realisten herausgestellt, sind, so sagt Mayer, in der deutschen Literaturentwicklung im Grunde folgenlos geblieben, während die Romantik, die »in extremster Weise den Primat der Innenwelt unter Austilgung des abschätzig betrachteten bloß Realen verkündet [...], Zurücknahme des Realismus, der Aufklärung [...], letztlich der bürgerlichen Emanzipation« meint, »ungemein folgenreich gewirkt hat« (S. 24). »Bürgerliche Spätzeit«, zum Beispiel vertreten durch Gottfried Benn, ist dann gerade durch den Primat der Innenwelt, »monologische Lyrik, Rilkes Weltinnenraum« (S. 31) charakterisiert. Gewiß, inzwischen sind »die realistischen Positionen vom Sozialismus, also von einer gegenbürgerlichen Position übernommen worden« (S. 27). Wandlungen der bürgerlichen Literatur soll im großen und ganzen zweifellos die Wandlung einer realistisch auf die Außenwelt gerichteten Haltung zu einer weltflüchtigen und nicht-realistischen, »ungesellschaftlichen« bedeuten. Aber die Frage ist, ob nicht eben durch die Fixierung dieses Wandels an den Begriff bürgerlich dieser selbst im Grunde wesenlos wird, ungeeignet, die Phänomene zu kennzeichnen, die ins Auge gefaßt sind. Der Begriff bürgerlich in dieser Wandlung von außen nach innen aber erscheint um so problematischer, als auch der Begriff des Realistischen nicht ganz eindeutig ist, und zwar deshalb, weil die marxistische Grundformel für ihn, »Primat der Außenwelt über die Innenwelt«, eine zu weite Formel ist. Ist das, was etwa für Goethe dieser Primat bedeutet, »Phantasie für die Wahrheit des Realen« (s. u.), unter dieselbe Realismusdefinition zu rücken wie die Tatsache, daß im 19. Jahrhundert kein großer deutscher Gesellschaftsroman entstehen konnte? Das heißt, ist Goethe im selben Sinne Realist wie Balzac? Können erkenntnistheoretisch-metaphysische mit soziologischen und literarischen Kategorien zu einer gemeinsamen Haltung vereinigt werden?

Es ist im Rahmen dieser Besprechung natürlich nicht möglich, das Realismusproblem prinzipiell zu erörtern. Nur die durch Mayer angeregten Probleme sollen aufgeworfen werden. Denn auch wenn der Maßstab der bürgerlichen Literatur und ihr Verhältnis zum Realismus bei den Themen der 14 folgenden Aufsätze zugrunde liegen, so können wir doch auch wieder davon absehen, weil diese darüber hinaus genügend ihrem jeweiligen Thema zugehörigen Eigengehalt besitzen.

So zeigt der Aufsatz über Joh. Gottfried Schnabel (mit eingebauter Lebens- und Werkgeschichte) in einer interessanten Analyse den Roman von der *Insel Felsenburg* als Übergangswerk aus dem romanesk-unrealistischen Ritter- und Zauberroman zu einem Werk des frühen epischen Realismus auf und hebt die soziologische Bedeutung der in ihm dargestellten Lebensläufe hervor. – Eine allgemeiner gehaltene Betrachtung Lessings weist zunächst auf den Charakter seiner Dramen als objektive Modelle der Gattung hin und ihre Folgenlosigkeit in der deutschen Literatur, was Mayer etwas zu skizzenhaft und daher nicht recht deutlich mit den soziologischen Bedingungen in Beziehung setzt, die Lessing auf dem Wege über den Gedanken des deutschen Nationaltheaters damit verbunden hat. Das gilt besonders auch für die Bemerkungen über den Einfluß des *Laokoon* auf »die realistische Dichtung der Klassik« (S. 103). – Unter dem Gesichtspunkt eines »ästhetischen Realismus« werden auch *Schillers Vorreden zu den Räubern* betrachtet, wobei der Scheinwerfer auf Schillers hier geäußerte Absicht, »eine Kopie der wirklichen Welt und keine idealistischen Affektationen« zu liefern, gerichtet wird.

Einen zentralen Platz in der Sammlung nehmen die Goethe-Studien *Goethes Begriff der Realität* und *Goethe und Hegel* ein, die einen sich einheitlich entwickelnden Gedankengang darstellen. Mayer geht von Goethes Wort zu Zelter, anläßlich *Alexis und Dora*, aus, daß »es nur wenige Menschen gibt, die eine Phantasie für die Wahrheit des Realen besitzen« und erörtert den Zusammenhang dieser drei Begriffe nicht nur an jener Goetheschen Konzeption, die ihn freilich besonders einsichtig macht, der des Urphänomens und der Metamorphose, sondern auch an einem an sich so phantastischen Gebilde wie dem ›Märchen‹ (über dessen auf die Zeitgeschichte bezogene Bedeutung dann die spätere Abhandlung *Vergebliche Renaissance: Das ›Märchen‹ bei Goethe und Gerhart Hauptmann* orientiert).

Zunächst wird die Linie von dem Gedankenkomplex des Urphänomens skizzierend weitergeführt zur Goetheschen, ja deutschklassischen Symbolauffassung der Kunst. Mit Recht wird das Symbol als Entsprechung des Urphänomens bestimmt, indem es »im Realen, nämlich dem Geschichtlich-Konkreten, das Überzeitliche, für Goethe: das Humane sichtbar macht« (S. 173). Aber es wäre die Frage näher zu beantworten, was im Goetheschen Werk das »Geschichtlich-Konkrete« bedeutet, und zu bedenken, ob nicht vielmehr gerade dies – im Unterschied zu Schillers Drama – für Goethe charakteristisch ist, daß geschichtliche Realität stilisiert und das heißt entkonkretisiert wird. Erst von hier aus scheint mir der Zusammenhang des Kunstsymbols mit dem Urphänomen, der besondere Realitätsbegriff Goethes sich zu klären, der sich nicht ohne weiteres auch unter den des Realismus ordnen läßt. Von den zusammenhängenden Gedichten *Eins und Alles* und *Vermächtnis* wird der im folgenden Aufsatz dann weiter ausgeführte Zusammenhang von Goethes und Hegels Denken aufgedeckt, dessen der Dichter und der Philosoph sich auch bewußt gewesen sind. Es handelt sich zentral um das dialektisch-triadische Denken, das Streben zur Synthese von Geist und Natur, Subjekt und Objekt, wobei sich Goethes Realismus im Gegensatz zu Hegels Idealismus darin zeigt, daß Goethes Ausgangspunkt die Natur, Hegels der Logos ist. Der Aufsatz Goethes *Einfache Nachahmung der Natur, Manier, Stil* wird unter diesem Gesichtspunkt aufschlußreich analysiert und die Synthese Stil aus dem Naturalismus der einfachen Nachahmung und dem Formalismus der Manier als Realismus verstanden, ja, wie Mayer sagt, genau dem entsprechend, »was wir heute als bürgerlichen Realismus zu bezeichnen pflegen« (S. 191) – wiederum ein Gedanke, dessen nähere Ausführung man sich gewünscht hätte.

Die einläßlichste, geschlossenste Analyse ist der *Wirklichkeit E. T. A. Hoffmanns* gewidmet.

Der Aufsatz erfüllt meisterhaft seinen ursprünglichen Zweck einer Einleitung zu Hoffmanns Werken (Berlin 1958), denn es gelingt Mayer, am Problem des Dualismus, besser: des Ineinander von Wirklichkeit des Alltags und Phantasiewelt, die besondere Position von Hoffmanns weitwirkender Dichtung in ihrer Zeit herauszuarbeiten: daß dieser Dualismus nicht wie bei den anderen Romantikern einer »Entwesung der Wirklichkeit« dient, sondern als Ausdruck »ungelöster deutscher Gesellschaftsverhältnisse«, an denen der Künstler (Kreislerkomplex) zugrunde geht (S. 211). Eben auf das trotz aller romantischen Ingredienzien und trotz des idealistischen Serapiontischen Prinzips Unromantische seines Werks führt Mayer die Weltläufigkeit Hoffmanns zurück, der nach Goethe und Schiller nur noch diejenige Heines zur Seite steht, dessen auf seiner »Traditionslosigkeit« beruhenden Ausnahmestellung ein eigener Essay gewidmet ist.

Neben einem zusammenfassenden Überblick über den deutschen Roman im 19. Jahrhundert, der zeigt, daß auch er – nicht nur der französische und englische – Zeitwirklichkeit darstellt und sich – wenn auch meist unter dem Aspekt der Entsagung, Weltflucht oder Desillusionierung – mit ihr auseinandersetzt, beschäftigen sich mehrere Aufsätze mit einzelnen Romanwerken: Immermanns *Epigonen* als Roman einer Übergangszeit von der Romantik zum bürgerlichen Realismus; C. F. Meyers *Jürg Jenatsch* als Roman bürgerlicher Spätzeit, mit einem historischen Helden, der die Nietzsche-Burckhardtsche Auffassung der geschichtlich wirkenden großen Persönlichkeit (Bismarck) spiegelt; Thomas Manns *Doktor Faustus* als Roman der Endzeit, den jedoch auch als Ausdruck der Endzeit des Romans zu nehmen wohl allzu prophetisch zugespitzt erscheint, auch von Mayer selbst im Grunde widerrufen wird (S. 403).

Die vielen interessanten Gesichtspunkte und angeregten Probleme der einzelnen Essays wie auch der zugrunde liegenden Gesamtauffassung geben den lebhaften Wunsch nach weiterer Ausführung des in manchen Fällen skizzenhaft Entworfenen und Gezeichneten ein.

Aus: *Deutsche Literaturzeitung*, herausgegeben im Auftrage der Akademien der Wissenschaften zu Berlin, Göttingen, Heidelberg, Leipzig, München, Wien, Heft 7/8 – Juli/August 1960.

Peter Demetz
Aus Leipziger Sicht

Das Vertrauen in die fruchtbare Vielfalt der Arbeitsweisen ist nicht eben die erste Tugend der deutschen Literaturwissenschaft. Vor dreißig, vierzig Jahren war man allgemein auf die Geistesgeschichte eingeschworen und konstruierte kühne Kategoriensysteme, die des näheren Kontakts mit dem Texte ermangelten; seit vorgestern wieder pflegt man, von Kiel bis Freiburg, in ebenso massiver Gemeinsamkeit jene ernsthafte Interpretationskunst, die es auch den frühen Semestern ohne tiefere Einsicht in literarische Konvention und kritische Norm gestattet, die dem Dichter selbst verborgenen Bedeutungen seines Werkes in inständigem Fragen zu umkreisen (*»Ils en savent plus que moi!«* klagte Tolstoj).

Immerhin, das Gefühl des Unbehagens an diesem Epigonentum wächst, die industrielle Geschäftigkeit, mit der man mancherorts gewichtige Deutungs-Bände kompiliert, hat den Markt »übersättigt«, der Ruf nach weniger verbissenem Ernste, nach anderen Möglichkeiten der Arbeit, nach Literaturkritik selbst auf akademischem Boden scheint wieder salonfähig. Das ist sicherlich eine der Ursachen, warum man den Bemühungen des Leipziger Professors Hans Mayer auch in Westdeutschland steigendes Interesse entgegenbringt: man kann Mayer mit Vergnügen lesen, ohne vorher Heideggers Holzwege beschritten zu haben; er brilliert mit eleganten Nadel-, Feder- und Florettstichen gegen seine Widersacher; nicht zuletzt hat ihn sein juristisch-musikalischer Bildungsgang und die Epoche des Pariser und Straßburger Exils davor bewahrt, dem sonst so gern geübten germanischen Provinzialismus zum Opfer zu fallen.

Hans Mayer: *Georg Büchner und seine Zeit,* ist eine neue Auflage der »ersten größeren literaturhistorischen Arbeit, die in Westdeutschland nach dem Kriege erschien« (1946). Im Kerne des Buches glüht noch immer die enthusiastische Liebe des exilierten Literaturfreundes für seinen Helden, der Kunst, Politik und Naturwissenschaft gleichsam in Eines zusammenraffte und seine Energie in vulkanischen Ausbrüchen verschwendete, zwischen Polizeiverfolgungen und illegaler Organisationstätigkeit.

Vielleicht soll man Hans Mayer dafür dankbar sein, daß die neue Fassung der Arbeit nicht in den Kern des Buches greift und die neueren Gedanken unbefangen *neben* das Jugendwerk stellt. So geschieht es, daß dieser »neue« Band eigentlich zwei Bücher enthält: das einstige Bekenntnis des mit marxistischen Gedanken freiwaltenden Intellektuellen und, gleichsam als jüngste geologische Schicht, die Arbeitsergebnisse des Leipziger Ordinarius. Büchner, in den Kernkapiteln ein einsamer und von allen gelöster Außenseiter, enthüllt sich im Anhang plötzlich als *urdeutsch, typisch* und *dem volksmäßigen Elemente verbunden;* er, der einst als Ende aller Einsicht in das menschliche Schicksal ein »Grau in Grau hoffnungslosen Elends« entdeckte, bietet nun ein *schönes Beispiel für den unbeirrbaren und unzerstörbaren Optimismus im Menschen;* seine Forderung nach wirklichkeitsgesättigter Kunst wird nun flugs als *demokratisch-plebejischer Realismus* etikettiert; wo ihn einst vielverschlungene Pfade mit Marx oder Schopenhauer verbinden mochten, trottet man heute auf der raschesten Allee hin zur Marx-Engelsschen Kanzlei.

Wo ist Wahrheit? Soll man glauben, daß der Autor, der freiheitsdürstende Emigrant von einst, so fugenlos in die Kategorien der gelenkten Kulturpolitik hineinwuchs? Oder will uns Hans Mayer eher vor Augen führen, welche intellektuellen Opfer ein Autor und Lehrer drüben tagtäglich bringen muß, um innerhalb des staatlichen Begriffssystemes einer ersten Liebe zu genialer Dichtung nachhängen zu dürfen? Es ist nicht nur die eigene Jugend, von der sich Hans Mayer halb zögernd, halb willig distanziert: hier liegen Spuren unsichtbarer ideologischer Wandlungen und Schicksalswendungen zutage, warnend, fast tragisch greifbar.

Ähnlich wie das aus mancherlei Gründen so lesenswerte Büchner-Buch ist auch die Essay-Sammlung: Hans Mayer, *Von Lessing bis Thomas Mann: Wandlungen der bürgerlichen Literatur in Deutschland,* in der Hauptsache eine Neuauflage älterer Aufsätze, die in Ostdeutschland zu verschiedenen Anlässen erschienen.

Wie Lukács vor ihm, so fragt auch Mayer, warum Deutschland einen so geringen Anteil an der Entfaltung des realistischen Romans des 19. Jahrhunderts hatte. Die Antwort ist nicht neu: Hans Mayer entdeckt die Ursache in den Besonderheiten der gesellschaftlichen Entwicklung Deutschlands; er macht die Weltflucht ins Subjektive, die Dezentralisierung des staatlichen Lebens, die gescheiterte Revolution von 1848 und die entwürdigende Resignation der deutschen Bourgeoisie im Reiche Bismarcks für das Fehlen eines welthaltigen deutschen Romans verantwortlich.

Es geht also eigentlich um eine Geschichte des deutschen Realismus, die Mayer in Einzelanalysen zu demonstrieren trachtet: Zwar findet er schon in den Aufzeichnungen J. G. Schnabels und Ulrich Bräkers jene beginnende Sättigung mit historisch-politischem Detail, die verheißungsvoll in die Zukunft weist, immer aber bricht sich die Entwicklung an der politischen Tatenlosigkeit des Bürgertums. Goethes Ehrfurcht vor der Wirklichkeit, Lessings männliche Nüchternheit bleiben ohne Folgen; es ist die realitätsfeindliche Romantik, die eigentlich Epoche macht. In den Werken E. T. A. Hoffmanns, Immermanns, selbst Fontanes verhindert die politische Misere ein kräftiges Erfassen der bewegenden Geschichtskräfte; die politische Schwäche des Bürgertums spiegelt sich im *Resignationsroman,* in welchem sich der Schriftsteller aus der Welt der Gesellschaft in die radikale Subjektivität flüchtet: *Eskapismus,* so nannte man's.

Die These klingt ebenso bestechend wie unbeweisbar; im übrigen wird sie durch Einzelfälle der Weltliteratur widerlegt. Wenn die politische Bedeutungslosigkeit des Bürgertums wirklich, in genereller Kausalität, verantwortlich sein sollte für den Mangel an realistischer Literatur, wie wäre dann die russische Entwicklung zu erklären?

Offenbar gab es im zaristischen Rußland kaum ein Bürgertum jenseits der politisch wenig schlagkräftigen Kaufleute und Krämer – dennoch gibt es einen bedeutenden russischen Roman; Gogol, Gontscharow, Tolstoj können es mit den Schriftstellern der »siegreichen« und tatenfrohen Bourgeoisie Frankreichs und Englands durchaus aufnehmen. Andrerseits: ist Flauberts *Education sentimentale* nicht das Urbild eines Resignationsromans?

Allerdings tritt in Mayers Einzeluntersuchungen die geradlinige These bescheidener in den Hintergrund. Die meisten

Aufsätze des Bandes sind während des kurzen »Tauwetters« nach Stalins Tod entstanden: So bedient sich auch der Marxist in einem geistvollen Aufsatz über Hoffmann einer Analyse der Zeitstruktur; die aufschlußreichen Essays über Lessing und Heine bringen Gewinn auch jenseits der Gesamtkonzeptionen; mit einigem Vergnügen beobachtet man, wie Hans Mayer auch gegen die Extremisten im eigenen Lager (etwa Paul Reimann) Front macht und ihre Arbeiten ebenso skeptisch beurteilt wie die der Vereinfacher in Westdeutschland.

Mit Hans Mayers kritischem Ansatz wird man durchaus übereinstimmen; seine Definition der Literaturgeschichte als eines »höchst selbständigen und in vielem eigenständigen Bestandteiles der Geschichtswissenschaft« wird man nicht einfach ignorieren dürfen, solange eine wie hypnotisiert auf den Text starrende Dichtungswissenschaft allerorts dabei ist, Normen ohne geschichtliche Beweiskraft zu postulieren.

Hier aber trennen sich die Wege. Hans Mayer sagt Geschichtswissenschaft, meint aber die marxistische Geschichtsvision. Immer noch operiert er, auf Geschichte und Gesellschaft blickend, mit den längst anachronistischen Emblemen des Bürgers und Proletariers von Anno dazumal und vergißt, daß die »kapitalistische« Gesellschaft sich eben in einer zweiten Industriellen Revolution zu einer Vitalität und Kraftentfaltung zu verjüngen im Begriffe steht, die den Propheten ihres Niederganges noch einiges zu schaffen machen wird.

Nach Mayer aber ist der Roman an die Schicksale des schon sterbenden Bürgertums gekettet; wir hätten schon längst die Endzeit des Bürgertums und damit die des Romans erreicht.

Hier zerstört die Vision jede Wissenschaft: zum Glück gibt es noch die (von Hans Mayer mit keinem Sterbenswörtchen erwähnte) echte Literatursoziologie. Von Hitler vertriebene deutsche Gelehrte haben darin sehr Bedeutendes geleistet, so etwa Erich Auerbach in seinen schon klassischen Untersuchungen oder Ernst Kohn-Brahmstedt in seiner Arbeit über Aristokratie und Bürgertum in deutschen Romanen des 19. Jahrhunderts (London 1937) – in Westdeutschland hat man diese Arbeit ebenso ignoriert wie in Leipzig; gar nicht zu reden von den Untersuchungen des jungen Franzosen Robert Escarpit oder dem vorbildlichen Buch der Engländerin Kathleen Tillotson über die soziologische Verwurzelung viktorianischer Romankonstellationen.

Hans Mayers Hinweis auf die gesellschaftliche Verflechtung des Kunstwerks hat seine fundamentale Berechtigung, aber Wissenschaft muß Wissenschaft bleiben: eine Forschung des offenen Horizonts, nicht des geschlossenen, des prophetischen Geschichtsentwurfs; pragmatische, nüchterne sachliche Arbeit, nicht Systemzwang, nicht vorgeschriebenes Ergebnis. An Geschichtsvisionen hat die deutsche Literaturforschung lange genug gelitten.

Aus: *Die Zeit*, Hamburg, 30. 9. 1960.

Willy Haas
Abgründige Ideologie des Bertolt Brecht
Hans Mayers Analyse

Es mag vielleicht nicht ganz passend erscheinen, daß der Unterzeichnete, der selbst ein kleines Brecht-Buch veröffentlicht hat, nun dieses Buch rezensiert. Doch haben die beiden Bücher kaum etwas miteinander zu tun. Dem Unterzeichneten lagen nur die *Gesamtausgabe* der Dramen und Verse Brechts bei Suhrkamp und die in der Zeitschrift *Sinn und Form* und in anderen, hier käuflichen Ausgaben publizierten Werke vor; das Brecht-Archiv in Ost-Berlin war ihm unzugänglich, und ob dieses nun privat oder öffentlich verwaltet wird: wir haben nicht um Zutritt gebeten.

Hans Mayer dagegen, dem hervorragenden Leipziger Germanisten, lag das ganz ungemein breite und zum Teil hochinteressante Archivmaterial vor, darunter selbst Äußerungen, die Brecht in einer von mir früher herausgegebenen Wochenschrift veröffentlicht hat und die mir verschlossen blieben, da ich im Krieg alles Material verloren habe. Er hat dieses Material gewiß mit aller Diskretion verwendet.

Es ist ein unermeßlicher Vorteil, vielleicht aber auch ein ebenso großer Nachteil. Gewiß, Hans Mayer hat das Material geistreich geordnet und geistreich zusammengesetzt und nach seiner Art außerordentlich klug verarbeitet. Und doch, um aus einer solchen umfangreichen dokumentarischen Masse eine Gestalt, die Gestalt Bert Brechts, hervorzubringen, würde der zehnfache Umfang von rund 130 Druckseiten gerade ausreichen.

Drei Bände von zusammen rund 1300 Seiten waren die Feuerprobe, um zu beweisen, daß er aus diesem großen Rohmaterial das Porträt eine Menschen, vielleicht eines Genies, zu gestalten vermag, – etwa wie Carl Justi in seinem umfassenden Werk über Winckelmann und seine Zeit; und ein solches dreibändiges Werk über Brecht von Hans Mayer würden wir gewiß mit großem Interesse von der ersten bis zur letzten Seite lesen. Auf 130 Seiten zusammengepreßt, gibt dieses umfassende Material selbst für das größte Talent nicht viel mehr her als ein Mosaik geistreicher Aperçus und Aphorismen – und Hans Mayer macht sogar noch weit mehr daraus ...

Daß er nicht ein umfassendes Bild Bert Brechts geben konnte, wußte dieser kluge Mann ganz genau; und so wollte er denn Brechts seltsame, verschlungene Wege zum marxistischen Theater, dem wahren »Theater des Volkes« gehen, und dieser Weg mußte freilich für den Leipziger Gelehrten offiziell mit der Apotheose Brechts als des marxistischen Dramatikers par excellence enden.

Wir Älteren haben nicht das retrospektive Klassikerarchiv des verstorbenen Brecht zur Verfügung, aber wir haben seine Entwicklung selbst miterlebt. Wir kennen den Weg von der *Dreigroschenoper*, seinem größten und trügerischsten Erfolg, über die Bluffs seiner angeblichen Leidenschaften für Boxer und Radfahrer bis zu den Bemühungen um eine epische, nicht-aristotelische Dramaturgie, von der wir – der Himmel weiß es – das große klassisch-realistische Drama unserer Zeit erwartet haben.

Ein so gründlicher, gebildeter Mann und geistreicher Mann wie Hans Mayer muß, ob er will oder nicht (und vielleicht will er nicht so sehr), die Widersprüche im Wesen Brechts reproduzieren. Das zeigt sich zum Beispiel bei seiner Erörterung des »Umfunktionierens« alter Dramen, wie des *Hofmeisters* von Lenz durch Brecht. Hans Mayer widmet diesem Umfunktionieren ein langes und ausführliches Kapitel, und das mit Recht, denn das Problem liegt sehr nahe dem Zentrum von Brechts Produktivität überhaupt. Man muß nur bedenken, welche entscheidende Rolle alte Dramatiker und unsere Autoren in seinem eigenen Werk gespielt haben: Gay, der radikale Autor der alten *Bettleroper*, Shakespeare, die ganze Elisabethanische Dramatik, das alte japanische und chinesische Theater, die Lyrik Villons, Kiplings, Verlaines, die Romanliteratur von Kipling und Upton Sinclair, und später sogar Hašek und *Der brave Soldat Schwejk:* eine ganze Bibliothek hilfreicher Autoren für das Talent Brechts.

Dieses so aufschlußreiche »Umfunktionieren« alter Dramen in Brechts Werken und in seinem »Berliner Ensemble« ist, wie Hans Mayer wohl genauso gut weiß wie wir, völlig unmarxistisch und undialektisch: ein höchst revolutionäres Drama wie etwa Lenz' *Hofmeister* oder die *Räuber*, ist revolutionär innerhalb seiner Zeitsphäre und kann nicht anders als durch sie revolutionär interpretiert, vermittelt und herausgebracht werden, wenn es echt revolutionär wirken soll. Alles andere ist feinerer Dilettantismus oder wilde Regisseurwillkür, abstammend von der Verfallsepoche der Weimarer Republik und ihrem Theater; und es wird bei Brecht nur noch übertrieben, wenn er einzelne Gestalten der alten Dramen auf das aktuelle Ost-Berliner Theater hin »umfunktioniert«, das heißt aus ihrer Sphäre hebt und dadurch fälscht und tötet.

Einmal (S. 115) sagt Hans Mayer selbst über Denis Diderots dramaturgische Schriften: »Er übersah die andere Seite des Problems: daß ein Drama Racines oder Corneilles im Sinne der gesellschaftlichen Verhältnisse des französischen Absolutismus trotz der Alexandrinerverse gleichfalls ›lebenswahr‹ zu sein vermochte.« So ist es: Die alten Dramen Corneilles und Racines haben ihr eigenes Leben nur in ihrer eigenen Lebensluft; an ihnen herumzudoktern ist bloße Kurpfuscherei, ein Zeichen zeitweise erlahmender eigener Produktivität; und das gilt auch für Molière, für Beaumarchais, für Lenz, vor allem für Shakespeare.

Umfunktionieren heißt: Schlechte neue Essays über gute alte Dramen in Szene setzen. Niemals wäre der große und denkwürdige Diderot, ein wahrhaft produktiver Kopf, auf die Idee gekommen, etwas an den Dramen Corneilles oder Racines auf die bürgerliche Emanzipation hin »umzufunktionieren«. Es ist richtiger dekadent-bourgeoiser Unsinn, und diesmal sind wir ganz und gar sicher, daß wir den unangenehmen, giftgeschwollenen, aber doch sehr kunstverständigen Dr. Karl Marx ganz und gar auf unserer Seite hätten.

Ein ähnlicher Fehlschlag war Brechts Thema der »Verfremdung« beim Schauspieler. Ein Satz im *Kleinen Organon*, den Hans Mayer zitiert, lautet: »Wie der Schauspieler sein Publikum nicht zu täuschen hat, daß nicht er, sondern die erdichtete Figur auf der Bühne stehe, so hat er es auch nicht zu täuschen, daß das, was auf der Bühne vorgehe, nicht einstudiert sei, sondern zum erstenmal und einmalig geschehe.«

Der Nachsatz dementiert den Vordersatz: Wenn es auf der Bühne immer »zum erstenmal und einmalig« geschieht und nicht einstudiert erscheinen soll, dann entspringt die Leistung des Schauspielers der Intuition und Spontaneität seiner Gestaltung. Ich möchte den genialen Schauspieler sehen, der dann auch noch die einstudierte »Verfremdung« spielen kann – daß er eine Gestalt auf der Bühne nicht wirklich sei, sondern nur spiele. Diese verzwickte und lächerliche Forderung kann kein Bühnentalent vollbringen, und Brecht, ein echter Theatermann, wenn es je einen gab, wußte das sehr wohl und bestand auch zuletzt nicht mehr auf seinen Fehlern. Er hatte es auch, außer in dem Kasperletheater seiner Lehrstücke, nicht vom Schauspieler gefordert.

Es ist eine definitiv gute, ja entscheidende Tat an Brecht und seinem Nachleben, dieses Buch geschrieben zu haben, in dem der Autor in alle Abgründe der Brechtschen Ideologie steigt, und das sogar – wir hoffen es wenigstens – seine geheimen Tücken und Nücken hat. Wir haben dieses Buch genau studiert, und hier ist unser getreues, wenngleich subjektives Resumé:

Brechts sehr großes dramatisches Talent, vielleicht sogar Genie, suchte in seiner dramaturgischen Metaphysik (wir wissen wohl, was wir hier sagen) nach dem Ziel einer neuen, großen, realistischsozialen Klassik zu gelangen, die er aber nicht fand. Zum Grellen, Exzentrischen, Offensiven, Sensationellen durch das literarische Milieu und durch seine eigene Natur geneigt, nach einem langen und produktiven Exil schließlich in einen potentiell sozialistischen Spießerkleinstaat als die größte internationale Sehenswürdigkeit dieses Staates in Berlin, Paris und New York eingebaut, erstarrte das Bild, in dem gescheiterte Ideologie und großes, sehr ursprüngliches dramatisches Talent, *sans phrase,* sich ununterbrochen totzuschlagen versuchten, zu einem Götzenbild, dem Bild des repräsentativen Ostklassikers *par excellence* Bert Brecht.

Das hat er wahrlich nicht verdient. Wir liebten ihn als Suchenden, trotz seiner Arroganz. Er sollte weiterleben in uns allen, als die problematische Figur, als der Mann voller exzessiver Insulte und Bluffs, der er nun einmal war, als der frühe rätselhafte und erschreckende Dichter des *Baal,* der geheime nihilistische Theologe von *Mann ist Mann,* der hinreißende Sänger und zarteste Lyriker seiner *Hauspostille.* Er sollte weiterleben als der große realistische und klare Dramatiker der *Mutter Courage* und des *Galileo Galilei*, der er schließlich in Amerika geworden ist. Trotz aller ideologischen Kunststücke, die er seinem Meisterwerk *Galileo Galilei* später künstlich anhängte, wird er lange bleiben und leben.

Einmal sagt Hans Mayer: »Brecht versteht das neue Kollektiv, das die Welt verändern soll, als eine Gemeinschaft der Gesichtslosen, der Ausgelöschten.« Mayer hat hier, wohl unwissentlich, wirklich das letzte Prinzip dieses jesuitischen Marxisten Brecht ausgesprochen: Alles Revolutionäre war für ihn vorerst Gesichtslosigkeit, und je radikaler er seine »revolutionäre« anti-aristotelische Dramaturgie anwendete, desto gesichtsloser wurden seine Spiele: Marionettentheater. Bis er sich davon befreite.

Es ist das große Verdienst Hans Mayers, uns dieses gute und wahre Porträt gegeben zu haben – vielleicht gegen seinen Willen. Wir wissen nicht, ob wir gute – oder am Ende gar vielleicht allzu gute – Leser dieses überaus interessanten Buches gewesen sind.

Aus: *Die Welt*, Hamburg, 13. 5. 1961.

Marcel Reich-Ranicki
Bertolt Brecht, Hans Mayer und die Sklavensprache

Hans Mayer lebt und lehrt in Leipzig. Sein Buch *Bertolt Brecht und die Tradition* ist jedoch in Pfullingen in Württemberg erschienen. Es mußte also für den Osten akzeptabel, für den Westen attraktiv und wissenschaftlich einwandfrei sein. In der Tat, diese Monographie dürfte jenseits der Elbe nicht viel Anstoß erregen – es sei denn bei jenen Funktionären, die den Geist für suspekt, kritisches Talent für unheilvoll, den Witz für staatsfeindlich und stilistischen Glanz für bürgerlich-dekadent halten. Vielleicht wird man auch im Bayreuth am Schiffbauerdamm nicht ganz zufrieden sein, denn dort pflegen manche über den Meister kniend zu schreiben, also in einer Position, die der Qualität literarkritischer Versuche abträglich ist. Mayer schreibt nicht kniend. Und dieses Buch ist tatsächlich für den westlichen Leser ungemein interessant – die Lektüre kann ohne Zaudern als ein intellektuelles Vergnügen höchsten Ranges bezeichnet werden. Dennoch haben wir es mit einer bedenklichen Arbeit zu tun. –

Mit sanftem Spott schreibt Mayer: »Das beliebte Gesellschaftsspiel, den ›reinen Dichter‹ Bertolt Brecht sorgfältig vom Marxisten zu scheiden, dürfte allmählich aus der Mode kommen. Wie einer dazu stehen mag: ohne Kenntnis marxistischen Denkens ist eine Analyse der Brechtwerke gar nicht möglich.« Hier muß man insofern widersprechen, als dieses tatsächlich läppische Gesellschaftsspiel wohl doch noch längere Zeit modern bleiben wird. Andererseits aber werden in Interpretationen gerade des Brechtschen Schaffens die Gefahren besonders deutlich, mit denen die unter marxistischem Einfluß stehenden Kritiker zu kämpfen haben. Bekanntlich wird der Marxismus von vielen seiner Anhänger – jedenfalls von allen kommunistischen Parteien – als Universalsystem behandelt, mit dessen Hilfe man nicht nur alle Probleme lösen und sämtliche Erscheinungen des Lebens erklären, sondern auch die wesentlichen Entwicklungslinien der Zukunft voraussagen kann. In Brechts *Geschichten vom Herrn Keuner* heißt es: »Ich habe bemerkt, sagte Herr Keuner, daß wir viele abschrecken von unserer Lehre dadurch, daß wir auf alles eine Antwort wissen. Könnten wir nicht im Interesse der Propaganda eine Liste der Fragen aufstellen, die uns ganz ungelöst erscheinen?«

Die Fetischisierung des Marxismus oder, richtiger gesagt, dessen, was man in der kommunistischen Welt mit diesem Begriff bezeichnet, erstreckt sich auch auf die Literaturkritik. Die Anwendung eines vorgefaßten philosophischen Schemas auf den Gegenstand der Betrachtung soll den Künstler und das Kunstwerk zu rational ganz und gar erfaßbaren und somit restlos deutbaren Phänomenen machen. Goethe sagte zu Eckermann über den *Wilhelm Meister:* »Es gehört dieses Werk übrigens zu den inkalkulabelsten Produktionen, wozu mir fast selbst der Schlüssel fehlt.« Die radikalen marxistischen Kritiker wollen sich mit diesen der Kunst innewohnenden »inkalkulablen« und »inkommensurablen« Elementen nicht abfinden. Sie glauben, das Kunstwerk gänzlich aus den zeitgeschichtlichen Verhältnissen ableiten zu können, wobei sie den außerliterarischen Umständen – vornehmlich den historischen und soziologischen Aspekten – eine dominierende Rolle zuerkennen. Es wird also, meist mit beängstigender Konsequenz, ein unmittelbarer Kausalzusammenhang zwischen dem gesellschaftlich-ökonomischen Hintergrund, der Biographie des Dichters und seinem Werk konstruiert.

So nützlich und wichtig die Untersuchung der legitimen Beziehungen zwischen Gesellschaft und Literatur auch ist, so irreführend muß eine Betrachtungsweise sein, die die spezifisch künstlerischen Elemente im literarischen Werk ignoriert. Wer auf den im Grunde gänzlich unwissenschaftlichen Charakter derartiger Bemühungen hinweist, wer also den orthodoxen marxistischen Postulaten die Autonomie der Kunst entgegenhält, der wird – östlich der Elbe – beschuldigt, dem Irrationalismus eine Pforte öffnen zu wollen. In Wirklichkeit scheint jedoch jene Literaturwissenschaft vom trüben Irrationalismus belastet zu sein, die mit Hilfe bisweilen komplizierter gedanklicher Konstruktionen und umfangreicher Spekulationen die Deutung eines Kunstwerks philosophischen und soziologischen Dogmen sowie politischen Forderungen anpaßt und somit zu einer fatalen Mythenbildung beiträgt.

Natürlich ist Hans Mayer kein Dogmatiker, natürlich kennt er jene außerordentlichen Gefahren, die der vom Marxismus beeinflußten Literaturbetrachtung drohen. Viele seiner Essays – vor allem der letzten Jahre – beweisen, daß er diese Gefahren von seiner literarkritischen Praxis abzuwenden vermochte. Und das ist mehr als ein persönlicher Erfolg: Mayers Forschung ist ein Sieg jener Literaturbetrachtung, die vom Marxismus kommt, sich jedoch der begrenzten Möglichkeiten der Verwertung marxistischer Kriterien bewußt ist und sie eben deswegen mit großem Nutzen anwenden kann. Auch das neue Buch ist frei von Dogmatismus, aber es enthält Versuche einer einseitigen Interpretation und einer kausalen Ableitung Brechtscher Werke, was vor allem jene beunruhigen muß, die in Mayer einen bedeutenden deutschen Kritiker sehen.

Vielleicht wollte Brecht seine Interpreten warnen, als er in einem posthum veröffentlichten Psalm, der mit den Worten beginnt: »Was erwartet man noch von mir?«, die Zeile schrieb: »Wer immer es ist, den ihr sucht: ich bin es nicht.« Es scheint kein Zufall zu sein, daß Mayer diese Zeile nicht zitiert. Auch sonst werden die zahlreichen Äußerungen Brechts, die ihn als widerspruchsvolle und mitunter sogar rätselhafte Gestalt erscheinen lassen, sorgfältig ausgespart. Sie würden das Bild stören, das Mayer mit großem Scharfsinn und beneidenswerter Beredsamkeit entwirft.

Er sieht Brecht und sein Werk in aller Deutlichkeit, ihn quälen keine Zweifel, er ist nie um Argumente und Zitate verlegen. Die Logik des Plädoyers scheint makellos zu sein, zahlreiche Beweisstücke liegen wirkungsvoll vor uns ausgebreitet. Aber dienen nicht mitunter Indizien als Beweise? Und Spekulationen als Indizien?

Manche Widersprüche in Brechts Werken werden, bestenfalls, knapp angedeutet – und sofort wortgewaltig wegkommentiert. Wäre es nicht zweckdienlicher, diese Widersprüche in ihrer ganzen Unversöhnlichkeit zu zeigen und bestehen zu lassen? Aber die Gleichungen, die Mayer bietet, lassen sich immer scheinbar fehlerlos auflösen. Sein Buch zeigt Brechts Werk als ein tadellos konstruiertes, wundervoll übersichtliches Kreuzworträtsel. Die auffällig schlichten letzten Worte der Monographie – »Am 14. August 1956 ist Brecht in Berlin gestorben« – klingen nach fünfzehn Kapiteln geistreicher und raffinierter Darlegungen wie: »Quod demonstrandum erat«. Können auf diese Weise die mannigfaltigen und oft entgegengesetzten Möglichkeiten, die in Brechts Dichtung liegen, auch nur annähernd erfaßt oder sichtbar gemacht werden?

Freilich beschränkt sich Mayer darauf, Brechts Gesamtwerk unter *einem* Aspekt abzuleuchten – indem er vor allem sein Verhältnis zur Tradition untersucht, greift er aus dem höchst komplizierten Geflecht einen einzigen Strang heraus, wodurch eine imponierende Zuspitzung der Analyse möglich wird. Andererseits aber erweist sich der Begriff »Tradition« als so sehr dehnbar, daß die Bewegungsfreiheit Mayers keineswegs durch die Themenstellung eingeengt wird.

Im Sinne des üblichen vulgärmarxistischen Schemas verdankte Brecht die entscheidenden Anregungen dem Erlebnis des Ersten Weltkrieges und der Revolution von 1918 (er war Sanitätssoldat und Mitglied des Augsburger Soldatenrates). Es folgten dann Jahre des Suchens und Experimentierens (wozu auch die *Dreigroschenoper* gezählt wird), die erst um 1930 durch die Begegnung mit dem Marxismus und mit der Arbeiterklasse angeblich glücklich beendet werden.

Von diesem Schema will Mayer nichts wissen. Er sagt ausdrücklich, daß »die geistige Welt des jungen Brecht nicht durch die großen literarischen und politischen Strömungen der Kriegs- und ersten Nachkriegsjahre geprägt« worden sei, sondern durch Augsburg und die Umwelt der Provinz. Dies dürfe aber keineswegs etwa auf Unkenntnis und Mangel an Information zurückgeführt werden. Die Ausgangsposition sei nämlich für Brecht identisch mit einer »Gegenposition zur expressionistischen Menschheitsdämmerung«. Von »bewußter Absonderung« ist die Rede. Der junge Brecht habe schon damals gewußt, was er nicht wollte: die namenlosen Bühnenschemen der Expressionisten, ihre hymnische, aber unpräzise Sprache, ihre Lebensunkenntnis. Die Tradition wird in dem Kapitel *Augsburg als geistige Lebensform* nicht ins Spiel gebracht. Es heißt, daß für Brechts Schaffen in dieser Periode »Traditionslosigkeit« kennzeichnend gewesen sei. Seinem damaligen »Verhältnis zur dichterischen Überlieferung« wird mit Recht gänzliche Unklarheit vorgeworfen.

Im Sinne der fundamentalen These Mayers soll jedoch

Brechts Verhältnis zur Tradition als »Weiterführung einer großen Tradition« verstanden werden und das Kernproblem seines Werks sein. Indes, die Bemühungen Brechts in den ersten Jahren seines Berliner Aufenthalts, die von Mayer nicht ohne Humor dargestellt und mit unbekannten Zitaten belegt werden, wollen diese These keinesfalls bestätigen. Brecht glaubte damals, den Sport als Inhalt entdeckt zu haben. Er widmete viel Zeit einem Boxer, dessen Lebensgeschichte er schreiben wollte. Ihn faszinierte die moderne Maschinenwelt. Er befaßte sich theoretisch mit der Technik der Kriminalromane, denn er war der Ansicht, sie seien die adäquate Literatur in einem wissenschaftlichen Zeitalter.

Was hat das alles mit der Problemstellung »Brecht und die Tradition« zu tun? Allerlei, wie wir erfahren: Während die Augsburger Zeit im Zeichen der »Traditionslosigkeit« stand, seien diese Jahre als ein »Bekenntnis zur unliterarischen Tradition« zu verstehen. Und mit diesem Bekenntnis beginne Brechts »Weg zur plebejischen Tradition«. Es sei erlaubt, heftig zu widersprechen.

Brechts Bewunderung des Schwergewichtsboxers Paul Samson-Körner bedarf wahrlich keiner scharfsinnigen Deutung. Im Grunde handelt es sich doch nur um die Variation eines hinlänglich bekannten und sehr literarischen Motivs. Die Helden sowohl Thomas Manns als auch Kafkas beneiden ihre Kontrahenten um ihre Gesundheit, Unkompliziertheit und Skrupellosigkeit. Hemingway schwärmt für Jäger und Stierkämpfer, Fischer und Boxer. Immer wieder findet man in der Literatur unseres Jahrhunderts die gleiche Konstellation: hier der feinsinnige Ästhet, der schwächliche Intellektuelle, der müde Künstler, dort der Starke, Primitive und Gesunde. Dieses angebliche »Bekenntnis zur unliterarischen Tradition« ist also eine sehr typische Geste eben des Literaten.

Und das gleiche betrifft auch Brechts Interesse in den zwanziger Jahren für Technik, seine von Mayer oft erwähnte Vorliebe für Sach- und Dokumentarbücher. Wiederum wird eine durchaus nicht originelle Haltung des Literaten in jenen Jahren als Besonderheit Brechts ausgelegt. Die damals anwachsende Welle der Biographien, Reisebücher und Reportagen war doch nichts anderes als Ausdruck der Suche nach dem Sachlichen und Konkreten. Edschmid schrieb in den zwanziger Jahren einen Roman über Byron, weil dieser »den Weg von der Literatur ins handfeste Leben fand«. Schließlich war die »Neue Sachlichkeit« keine Erfindung Brechts, aber sie war das logische Ergebnis einer allgemeinen, nicht nur literarischen Entwicklung, an der auch er teilnahm. Mit einem »Weg zur plebejischen Tradition« hatte das wohl nichts zu tun.

Auch sollte man nicht übersehen, daß die angeblich »im Zeichen der gegenliterarischen Tradition« stehende Periode Brechts überhaupt keine sichtbaren Spuren in seinem Schaffen hinterließ. Jedenfalls hat er weder einen Kriminalroman geschrieben noch ein Buch über Sport oder Technik. Hingegen hat er damals – unter anderem – zusammen mit Feuchtwanger ein Drama von Marlowe bearbeitet. Kurzum: So aufschlußreich dieser Abschnitt im Leben Brechts vom psychologischen Standpunkt auch sein mag, sowenig zeugt er von seinem angeblichen Bekenntnis zur unliterarischen Tradition und sowenig ergibt er für die Analyse seiner Beziehungen zur plebejischen Welt.

Von zentraler Bedeutung scheint hingegen das Kapitel über Brechts Verhältnis zur klassischen Dramatik zu sein. Mayer zitiert einen Aufsatz Brechts vom Jahre 1926, in dem dieser behauptet, das klassische Repertoire habe sich als »hinreichend brüchig und vermottet« erwiesen und könne »erwachsenen Zeitungslesern« nicht mehr angeboten werden. Mit Recht betont Mayer, der Marxist Brecht habe bei der Beurteilung deutscher Klassik versagt, da er ihren bürgerlichen und antifeudalen Charakter verkannte und sie »eigentlich als bloßen Überbau im Dienste von Ausbeutern« verstand.

In einem Aufsatz Brechts vom Jahre 1954 hingegen finden wir die Entdeckung: »Die Größe der klassischen Werke besteht in ihrer menschlichen Größe, nicht in einer äußerlichen Größe in Anführungszeichen.« Aus dieser Arbeit zitiert Mayer folgenden Satz: »Wir müssen den ursprünglichen Ideengehalt herausbringen und seine nationale und damit internationale Bedeutung fassen und zu diesem Zweck die geschichtliche Situation der Entstehungszeit des Werks sowie die Stellungnahme und besondere Art des klassischen Autors studieren.«

Dies hätte, mit Verlaub, auch Alexander Abusch schreiben können. Mayer scheint bei diesem Zitat nicht ganz wohl zu sein, denn er betont, daß man »Brechts Sorge um die nationale wie internationale Bedeutung der Klassizität« nicht etwa »als aktuelles Zugeständnis zum Tage« auffassen solle. Der Unterschied im Verhältnis zur Tradition der klassischen Werke auf dem zeitgenössischen Theater ergebe sich, meint Mayer, »aus dem Übergang Brechts von der gesellschaftlichen Opposition zur gesellschaftlichen Repräsentation«. Vielleicht also doch ein »Zugeständnis zum Tage«?

Aber es ist wohl richtiger, sich nicht an Brechts theoretische Äußerungen, sondern an seine schriftstellerische Praxis zu halten. Er hat Sophokles, Shakespeare, Molière und Lenz bearbeitet. Doch hat man den Eindruck – schreibt Mayer treffend –, »als bemühe sich der Dialektiker Brecht bei seinen Bearbeitungen klassischer Werke, den realen Gehalt zu vernachlässigen, um einen virtuellen Gehalt ›in Freiheit zu setzen‹«. Und über die Neufassung des Lenzschen *Hofmeister*, die Mayer vortrefflich analysiert, lesen wir: »Brechts Bearbeitung hat nicht im Sinn, das Trauerspiel von Lenz in der Grundkonzeption beizubehalten.«

Auch das ungemein interessante Kapitel über den »Römischen Brecht« kann letztlich nicht von der fundamentalen These des Buches überzeugen. Die Hinwendung zum Römertum und zur lateinischen Literatur wirke demonstrativ angesichts »der klassischen deutschen Synthese aus Deutschtum und Griechentum«. Ja, gewiß, nur daß merkwürdigerweise eben jenes Werk, in dem vielleicht am stärksten diese Synthese zum Ausdruck gekommen ist, die Hölderlinsche Fassung der *Antigone* des Sophokles, von Brecht bearbeitet wurde.

War nicht somit des unzweifelhaft genialischen Brecht Verhältnis zur klassischen Tradition pragmatisch, wenn nicht skrupellos und vielleicht sogar zynisch? Als seinerzeit gegen den Dichter der *Dreigroschenoper* der Vorwurf des Plagiats erhoben wurde, schrieb Karl Kraus, daß Verse anderer Autoren »ihm für den Bühnenzweck praktikabel schienen wie Versatzstücke und Personen«. Ist nicht mit dieser Formulierung der Kern des Verhältnisses Brechts zur Tradition getroffen? Noch einfacher hat es Brecht selber ausgedrückt, als er 1930 ein *Sonett zur Neuausgabe des François Villon* mit den Worten abschloß: »Nehm sich jeder heraus, was er grad braucht! Ich selber hab mir was herausgenommen . . .«

Mayer zitiert beides – den Ausspruch von Karl Kraus und Brechts Gedicht –, doch nur im Zusammenhang mit der Plagiatsaffäre. Er darf das Bekenntnis Brechts nicht sehr ernst nehmen, denn es macht im Grunde die These seines Buches fragwürdig.

In dem längsten Kapitel der Monographie wird Brechts Verhältnis zu den Klassikern des Marxismus behandelt. Was führte Brecht zu Marx und Lenin? Es sei kaum Mitleid oder Suchen nach Gerechtigkeit gewesen, meint Mayer. »Die gegenliterarische Tradition verlangte nach der Lektüre klassischer Werke über Wertgesetz, Krisenzyklus, Imperialismus und Verelendungstheorie.« Aus einem von Mayer zitierten Bericht Brechts geht hingegen hervor, daß sein Weg zum Marxismus sehr »literarisch« war: auf der Suche nach Material zu der *Heiligen Johanna der Schlachthöfe* begann er Marx zu lesen.

Beispielhaft für Brechts Anschauungen um 1930 sei *Die Maßnahme,* also jenes sadistische Stück, das heute in der kommunistischen Welt nicht gespielt werden kann, weil es wie ein Aufruf gegen den Totalitarismus östlicher Prägung wirkt. Wie ist der »Kult der Erbarmungslosigkeit« in der *Maßnahme* zu erklären? Natürlich kann sich Mayer mit dieser Frage nicht näher befassen. Er wirft sie dennoch auf und schwenkt – seiner literarkritischen Praxis zum Trotz – in das Fahrwasser der primitiven marxistischen Literaturbetrachtung ein: Brechts unmenschlich-grausame Ansichten werden ganz einfach auf seine soziale Herkunft zurückgeführt. Mayer schreibt also über die *Maßnahme*: »Ein marxistisches Gesellenstück, kein Meisterstück. Das hängt mit Brechts eigentümlicher, gleichsam unorthodoxer Entwicklung zum Marxismus zusammen. Er war kein Arbeiter, der zu seiner Klasse fand. Er war ein Sohn des Bürgertums, der die Klassenposition wechselte.« Jedoch waren alle literarisch nennenswerten kommunistischen Autoren der damaligen Zeit – Anna Seghers, Johannes Becher, Ludwig Renn, Friedrich Wolf – bürgerlicher oder adliger Herkunft. Brechts Entwicklung kann also in dieser Hinsicht weder als »eigentümlich« noch als »unorthodox« bezeichnet werden. Die soziologische Deutung des grauenvollen Radikalismus in der *Maßnahme* ist irreführend.

Immer wieder findet man in diesem Kapitel weiße Flecke: es

wird mehr verschwiegen als gesagt. Mayer betont, daß Brecht nie Parteimitglied wurde. Warum eigentlich? Seine theoretische Auffassung vom Marxismus könne »durchaus nicht immer im Parteisinne als orthodox angesehen« werden. Welche Differenzen hat es gegeben? Hierzu kein Wort. Brechts Anfänge als Marxist stünden unter dem Einfluß des Luxemburgismus, dessen Spuren in seiner Dichtung lange sichtbar seien. In welchen Werken? Welche Spuren sind gemeint? Wieder ein weißer Fleck.

Brechts Rede auf dem Pariser Schriftstellerkongreß von 1935 beweise abermals, daß seine Anschauungen nicht etwa mit denjenigen der KPD gleichgesetzt werden können. Worin bestand der Unterschied? »Für den Marxisten und Emigranten Brecht gibt es nur die volle Wahrheit oder gar keine. Taktisches Verschweigen richtiger Erkenntnisse, wie es die Veranstalter der Tagung offenbar beabsichtigen, ist für Brecht unerträglich.«

Weshalb schreibt Hans Mayer dergleichen? Er weiß doch ganz genau, daß der große Brecht ein ungewöhnlich abgefeimter und raffinierter Dichter war, wofür es Hunderte von Beweisen gibt. Schließlich war es Brecht, der das Stück vom Intellektuellen schrieb, der abschwört, um weiterarbeiten zu können. Schließlich war es Brecht, der immer wieder betonte, »beim Schreiben der Wahrheit« müsse man mit List vorgehen. Mayer sagt auch, daß Mutter Courages *Lied von der Großen Kapitulation* die Lebenserfahrung Brechts wiedergebe, »aus welcher er kein Hehl zu machen pflegte«. Na also? Nein, es ist ausgeschlossen, daß Mayer an das Bild Brechts glaubt, das er entwirft. Die Gegensätze, die auf dem Pariser Kongreß zutage traten, seien übrigens auch aus den Briefen ersichtlich, die Brecht wenig später an Bredel schrieb, mit dem er gemeinsam die Zeitschrift *Das Wort* redigierte. Kein einziger dieser Briefe wird zitiert.

Sehr interessant sind Mayers Bemerkungen über die Proletarier in den Stücken des jungen Marxisten Brecht: »Die Arbeitergestalten des Schauspiels [*Die heilige Johanna der Schlachthöfe*] sind Schatten und Schemen. [. . .] Die Handlungen von Arbeitern, die man auf der Szene erlebt, sind ziemlich niederträchtig.« – Brecht habe, erklärt Mayer, sowohl in diesem Stück als auch zehn Jahre später in dem *Guten Menschen von*

Sezuan Arbeiter »gleichsam im Vorstadium des Klassenbewußtseins dargestellt«. Den Prozeß der »Entstehung von proletarischem Klassenbewußtsein« habe Brecht nur ein einziges Mal gezeigt – in dem Stück *Die Mutter* (nach Gorki), das aus dem Jahre 1932 stammt. Wir zitieren: »Es ist müßig, eine Antwort auf die Frage zu suchen, warum Brecht als Stückeschreiber diese Art der Akzentuierung späterhin aufgab, so daß seine große Dramatik der dreißiger Jahre weit stärker in die Nachfolge des Chicago-Spiels (also der *Heiligen Johanna der Schlachthöfe*) zu stehen kam als in die Tradition, die mit der Dramatisierung des Gorki-Romans gestiftet wurde.«

Nein, diese Frage scheint keineswegs müßig zu sein, aber ihre Behandlung müßte geradeaus zur Problematik des sozialistischen Realismus und des sogenannten positiven Helden führen. Der Begriff »sozialistischer Realismus« taucht jedoch, verständlicherweise, in Mayers Buch kein einziges Mal auf.

Und wer gilt eigentlich für Brecht als Klassiker des Marxismus? Marx, Engels, Lenin und wohl auch – wie Mayer meint – Mao Tse-tung. Dann lesen wir: »Stalin wohl kaum.« Diese lapidare Feststellung, die Brechts zwiespältiges Verhältnis zu der Verwirklichung dessen, was die Klassiker des Marxismus wollten, umfaßt, seine höchst problematischen Beziehungen zu der Sowjetunion also und zum Stalinismus, zu der DDR und zu der SED, wird nicht erläutert – es sei denn, daß man das folgende Kapitel *(Texte in der Sklavensprache)* als einen einzigen Kommentar hierzu auffassen will.

Mayer knüpft an eine Äußerung von Lenin an, der 1917, nach seiner Rückkehr nach Rußland, sagte, er könne nun auf die »verfluchte Sklavensprache« verzichten und ohne Umwege das aussprechen, was er für nötig halte. Brechts Werke seien, wie Mayer darlegt, ab 1933 in der Sklavensprache geschrieben. Ob er je aufgehört habe, in dieser Sprache zu schreiben, wird nicht gesagt. Es gehe immer wieder um die »Dialektik von Heldentum und Einverständnis«. »Wo geht die List beim Schreiben der Wahrheit in den Verrat über?« – fragt Brecht, fragt Mayer, fragt der Leser dieses Buches. Und jetzt ist es wohl angebracht, Mayer ohne Kommentar zu zitieren: »Schweyks Einverständnis mit der Gewalt demonstriert gleichzeitig die Unwirksamkeit seiner Kampfmethode. Die Gestalt des Pragers erfülllt zwar die Aufgabe der List gegenüber der Gewalt, versagt aber bei den anderen Aufgaben, die der Schreibende und Handelnde als Sklave in einer Welt der Sklaverei zu erfüllen hat. Schweyk hat nicht Urteil genug, um jene auszuwählen, ›in deren Händen die Wahrheit wirksam wird‹.« Etwas später: »Dialektik ist notwendig für Unterdrückte, sie gehört zum Erlernen der Sklavensprache. Sie soll aber dazu dienen, die Sklaverei mitsamt der Sklavensprache zu beseitigen.« Brecht sei – diese Feststellung von Mayer wird ausdrücklich auf die Emigrationsjahre eingeschränkt – bestrebt gewesen, »durch eine Sprache des scheinbaren Einverständnisses den Widerspruch und die Schärfe des Nichteinverständnisses sichtbar zu machen«.

Alles in allem liegt ein sehr fragwürdiges und doch ungewöhnlich reichhaltiges und anregendes Buch vor, aus dessen Fehlern und Irrtümern man nicht weniger lernen kann als aus manchen treffenden Erkenntnissen, auf die hier kaum hingewiesen werden konnte. So verständlich die Existenz der vielen weißen Flecke ist, so wenig kann man sich mit ihnen abfinden. Da sie den wissenschaftlichen Wert der Monographie erheblich verringert haben, läßt sich die Frage nicht von der Hand weisen, ob Mayer recht getan hat, ein so heikles Thema zu wählen.

Wie dem auch sei: Hans Mayer wirkt und veröffentlicht in beiden Teilen Deutschlands. Wir möchten die Umstände nicht wünschen – und dies sei mit Nachdruck gesagt –, die diesen bedeutenden Kritiker zwingen könnten, seine Tätigkeit auf nur einen Teil Deutschlands einzuschränken.

Aus: Marcel Reich-Ranicki, *Literarisches Leben in Deutschland*, München 1965. [Erstdruck: *Die Zeit*, Hamburg, 16. 6. 1961].

Siegfried Melchinger
Brecht und die Tradition

Warum hat Brecht keine Schule gemacht? Warum hat er keinen Nachfolger, wenn man davon absieht, daß die beiden Schweizer, Frisch und Dürrenmatt, sich wenigstens nicht um die Auseinandersetzung mit ihm herumdrücken? Warum ist der größte deutsche Dramatiker unserer Zeit zwar, wie es vor einiger Zeit in *Times Literary Supplement* hieß, von einigem Einfluß auf die deutschsprachige Lyrik, aber von so geringem Einfluß auf unsre Dramatik? Liegt es daran, daß er selbst traditionslos war und darum nicht imstande, eine Tradition zu stiften?

Hans Mayer, Freund Brechts aus den zwanziger Jahren, ist anderer Ansicht. In seiner neuen Untersuchung *Brecht und die Tradition*, einer bedeutenden, glänzend formulierten und höchst anregenden Schrift, erscheint das Wirken des Dichters als einziger, leidenschaftlicher und universaler Versuch, Tradition zu übernehmen und zu stiften. Er wußte sich einig und im Bunde mit den großen Überlieferungen. Er fühlte sich, nach Mayer, »selbst als Klassiker«.

Freilich war dieses Verhältnis zur Tradition dialektisch im Sinne des Hegelschen Begriffes der »Aufhebung«. »Aufheben ist Konservieren, ist Beendigen, ist Emporheben. [. . .] Die großen Schöpfungen der Vergangenheit sind nicht [. . .] überzeitlich und geschichtslos. Sie stehen nach wie vor im Prozeß: in der sich ständig verändernden Beziehung eines sich ständig verändernden heutigen Subjekts zu den gleichfalls nicht statischen Werken der Tradition muß also gleichzeitig das Dreifache geleistet werden: Konservierung, Annihilierung, Umgestaltung. Brechts rastlose Tätigkeit des Bearbeitens, die den wesentlichen, vielleicht entscheidenden Teil seines Werkes ausmacht, [. . .] läßt sich nur aus diesem dialektischen Verhalten zur Tradition erklären. Tradition bedeutet für den Schriftsteller und Theoretiker Brecht stets aufgehobene Tradition.«

Brechts Anfänge stehen im Zeichen heftiger Aggressionen. Mayer umstellt den jungen Mann, der von Augsburg aus (nachdem er ziemlich widerwillig die Revolution mitgemacht hatte) das literarische Treiben seiner Zeit höhnisch, ja zynisch beobachtete, mit »Gegenpositionen«: der Menschheitsdämmerung der trunkenen Expressionisten, der späten Bürgerlichkeit Thomas Manns, der »malerischen Einsamkeit« Georges, der Orpheus-Mystik Rilkes, der früh verneinten aristotelischen Dramatik der deutschen Klassiker, die er als »feudale Ideologie im Dienste verlogener sozialer Harmoniegedanken« verstand. »Mißverstand«, fügt Mayer gleich hinzu: gerade den »antifeudalen Charakter dieser Werke, von den *Räubern* bis zu *Wilhelm Tell*, von *Götz* und *Faust*« habe Brecht verkannt. So habe er sich auf Augsburg zurückgezogen, auf »Augsburg als geistige Lebensform«. Als ihn, berichtet Mayer, Anfang der fünfziger Jahre ein junger Doktorand nach seiner einstigen Beziehung zum Expressionismus, zur Anarchie im Drama, zu Freud und den Surrealisten ausfragen wollte, habe er auf alles mit dem stereotypen Refrain geantwortet: »Gab's damals in Augsburg nicht.« Was gab es in Augsburg? Den Jahrmarkt (»Herbstplärrer«) mit den Panoramen und der Moritat; von da führte der Weg zu dem Bänkelsänger Wedekind, zu dem philosophischen Groteskclown Karl Valentin, später zur »Sklavensprache« des braven Soldaten Schwejk. Es war eine radikal antiliterarische Position. Brecht warf sich auf den Boxsport, die Technik, die Naturwissenschaften und den Kriminalroman. Dazu paßt nur auf den ersten Blick schlecht die Antwort auf eine Umfrage von 1928 nach dem »stärksten Eindruck«: »Sie werden lachen: die Bibel.« In der Tat sah er sich mehr und mehr nach Traditionen um, die weit entfernt waren von der zeitgenössischen Literatur. Zu der Sprache der Bibel, die seine eigene mitgeprägt hat wie keine andere, kam das Latein (ein Kapitel heißt bei Mayer *Der römische Brecht*), kamen die vielfältigen Anregungen der fernöstlichen, vor allem der chinesischen Dichtung. Seltsamerweise erwähnt Mayer weder Shakespeare und die elisabethanische History noch die spätmittelalterliche Moralität, obwohl Brecht selbst diese Einflüsse nie verschwiegen hat.

Aber diese Untersuchung ist auf einen Kulminationspunkt hin angelegt, der ihre sicherlich richtige Grundthese verschiebt. Nach der Erörterung von Brechts Verhältnis zu den deutschen Klassikern holt Mayer zu großer Gebärde aus: die einzigen Klassiker, die Brecht gelten ließ, waren Marx und

Engels. Niemand wird die Richtigkeit des Satzes bestreiten, daß »eine Analyse der Brechtwerke ohne Kenntnis des marxistischen Denkens gar nicht möglich ist«. Aber da in der Anlage der Schrift auf dieses zentrale Kapitel die weiteren über Schwejks »Sklavensprache«, den »römischen Brecht«, den Fernen Osten, »Antiaristoteles« und »Theaterarbeit« erst folgen, wird der Anschein erweckt, als ob dies für Brecht erst wichtig geworden sei, *nachdem* er Marx und Engels zu seinen einzigen Klassikern erhoben hatte. Tatsächlich liegt es jedoch ausnahmslos vor dem Einschnitt 1929/1930, in dem sich das ereignete, was wir Brechts Konversion (zum Kommunismus) nennen können. Und das einzige, was danach neu in sein Schaffen und Denken eintrat, freilich von großer, ja umwälzender Bedeutung, war in der Tat jene Entdeckung der »plebejischen Tradition« (wie Mayer seine Grundthese formuliert): die Abkehr von dem individualistischen Zynismus und Nihilismus, der in der *Dreigroschenoper* kulminiert, der erbitterte Versuch einer Annäherung an das »Volk«, zuerst an dessen Formierung als Kollektiv, dann an dessen Essenz, den »einfachen Menschen« – ein Weg, der ihn schließlich am Ende seines Lebens die »konkreteste aller Kategorien« entdecken ließ: die *»Naivität«*. Selbstverständlich war dieses »Naive«, das er zum Schluß über alles andere stellte, nichts Simples, Einschichtiges, Primitives, Problemloses. Er pflegte von den »einfachen Leuten« zu sprechen, »die so wenig einfach sind«. Mao Tse-tungs Schrift *Über den Widerspruch,* mit der er sich in den letzten Jahren viel beschäftigt hat, fügt seinem Nachdenken über das Drama und das Theater die Kategorie der *Widersprüchlichkeit* hinzu: Menschen in ihrem Widerspruch wollte er auf der Bühne dargestellt sehen. Dies muß man zusammensehen: Naivität und Widersprüchlichkeit. Sie sind, auf den Menschen bezogen, identisch. Da er, wie auch Mayer nun berichtet, zuletzt nicht mehr vom »epischen Theater« sprach, sondern vom »dialektischen«, wurde auch die Haltung dem Aristoteles gegenüber versöhnlicher. Und hier sind wir an dem Punkt, wo es zu zeigen gilt, daß Brecht weit mehr in der Tradition seiner eigenen Zeit steckte, als er selbst zugab und als es in dieser Untersuchung den Anschein hat.

In der Einleitung zum ersten Band der *Gesammelten Stücke* berichtet Brecht an wichtiger Stelle über den großen Eindruck, den Jessners Inszenierung des *Othello* im Berliner Staatstheater am Gendarmenmarkt auf ihn gemacht hat. Jessner, der sich gegen das chaotische Theater der Expressionisten wandte, bezeichnete den Schauspieler Wedekind als den Urheber eines neuen Stils der Schauspielkunst. Der junge Brecht hat Wedekind gekannt, dessen Einfluß er, wie erwähnt, gelten ließ. Aber Wedekind steht mit seiner Wiederentdeckung vorillusionistischer Theaterformen (Groteske, Pantomime, Clownerie) nicht nur in unmittelbarer Nachbarschaft zu dem ehemaligen Zirkusclown Valentin, sondern im Strom der großen Theaterrevolution, die etwa um 1910 eine abgelaufene Epoche beendete. Zweifellos hat Brecht die Anregungen des fernöstlichen Theaters, die er schon in seinen frühen Stücken verwertete *(Mann ist Mann)*, von den Russen Tairoff, Wachtangow, Meyerhold empfangen, deren Truppen Anfang der zwanziger Jahre in den deutschen Städten gastierten. Zwar sah er den berühmten chinesischen Schauspieler Mei Lan-fang erst 1935 bei einem kurzen Besuch in Moskau; aber aus der Studie *Verfremdungseffekte auf der chinesischen Bühne* (1937) geht klar hervor, daß er hier nur wiedersah, was er schon gekannt hatte, und bestätigt fand, was sich längst in ihm festgesetzt hatte. Wenn man endlich den fatalen, von Brecht selbst ausdrücklich zuletzt für »unzureichend« erklärten Begriff des »Epischen Theaters« beiseitelassen und statt dessen vom »Theater des Zeigens« sprechen würde, könnte man die Parallelen zu gleichzeitigen und übereinstimmenden Bestrebungen im internationalen Theater nicht übersehen: zu den Franzosen um Cocteau, zu den Italienern um Marinetti und Pirandello, zu den Iren um Yeats (und in dessen Nachfolge zu Eliot), zu Claudel und Wilder, auch zu Hofmannsthal, dessen *Jedermann* das Modell zu *Mann ist Mann* lieferte, vor allem aber zu der Entwicklung der deutschen Schauspielkunst, die sich, wie erwähnt, wesentlich unter dem Einfluß Jessners von dem expressionistischen Gestammel gelöst hatte und, längst ehe Brecht seine ersten theoretischen Einsichten formulierte, den Weg zur Strenge und Konzentration, zum »Theater des Zeigens« beschritten hatte.

Georg Kaiser, der einzige expressionistische Dramatiker, mit dem sich Brecht, wie Mayer zeigt, ernsthaft auseinandersetzte, verlangte vom Schauspieler »Intensität der Simplizität und Monumentalität der Gebärde«. Über Werner Krauss schrieb Herbert Ihering 1921, ein Jahr, bevor er seinen berühmten Hymnus über den jungen Brecht veröffentlichte: »Die große Schauspielkunst, die heute hochkommt, ist weder ohne die Entwicklung des Films [von dessen naturalistischen Möglichkeiten sie sich immer mehr zu unterscheiden gezwungen war, d. Verf.] noch ohne die Entwicklung eines neuen Raumgefühls zu denken. Da sie weniger als die Empfindungen selbst die Energie der Empfindungen gibt, da sie weniger als die direkte Gestalt die Spannung der Gestalt bringt, ist sie auf Tempo, Rhythmus, Wortakzent und Gebärdenintensität gestellt. [. . .] Auch wenn Werner Krauss frei im Raum steht, schafft er sich den Hintergrund, von dem er sich abhebt, selbst. [. . .] Die Kunst letzter Verleiblichung reißt den ganzen Raum in sich hinein und gestaltet ihn aus sich heraus. Werner Krauss verwandelt nicht nur sich, sondern auch das Theater und den Zuschauer.« Ebenso strebte Jessner nach plastischen, sinnfälligen Gruppierungen. Brecht wurde der Dramatiker eines Theaterstils, der sich zu bilden begonnen hatte; er klärte, was noch undeutlich, aber unverkennbar von Ihering ausgesprochen worden war. Dieser mußte ihn entdecken, weil er auf ihn gewartet hatte.

Die Schwierigkeiten der heutigen deutschen Dramatik, in der Werk und Wirken Brechts einsam und folgenlos erscheinen, erklären sich zum Teil gewiß daraus, daß die Tradition, in der Brecht selbst steht, in Vergessenheit geraten ist, nachdem sie von Hitler mit der gleichen Brutalität liquidiert wurde wie die russische von Stalin. Daß diese Feststellung nicht nur von Bedeutung für das Formale ist, geht aus Mayers Untersuchung klar hervor. In ihr erscheint als Höhepunkt des Brechtschen Weges »zur plebejischen Tradition« die Dramatisierung des Romans *Die Mutter* von Gorki, ein Werk, das wir nicht neben Dichtungen wie den *Kaukasischen Kreidekreis,* den *Guten Menschen von Sezuan* oder *Herr Puntila und sein Knecht* zu stellen vermögen. Blicken wir jedoch auf *diese* Werke, so stellen wir fest, daß Brecht selbst den »ultralinken Radikalismus«, dem er, wie Mayer selbst sagt, zur Zeit der Entstehung der *Mutter*-Bearbeitung gehuldigt hatte, später ebenso zurücknahm wie das Bekenntnis zur »plebejischen Heroik«, als das Mayer die *Mutter* verherrlicht. Und wir finden es nicht so »müßig« wie Mayer, »eine Antwort auf die Frage zu suchen, warum Brecht als Stückeschreiber diese Art der Akzentuierung [nämlich des klassischen Marxismus, d. Verf.] späterhin aufgab, so daß seine große Dramatik der dreißiger Jahre stärker in die Nachfolge des Chicago-Spiels (der *Heiligen Johanna der Schlachthöfe*) kam als in die Tradition, die mit der Dramatisierung des Gorki-Romans gestiftet wurde«. Auch Mayer leugnet nicht, daß Brechts letzter und einziger Versuch, einen historischen Stoff von kommunistischer Thematik zu bearbeiten, das Stück *Die Tage der Commune*, mißglückt ist. Brecht hat es zu seinen Lebzeiten nicht zur Aufführung freigegeben.

Wenn er also nur dort große Dichtung zu schaffen vermochte, wo er nicht mit dem Publikum eines kommunistisch regierten Staatswesens rechnete, sondern – wir sagen keineswegs wie Hinck (*Die Dramaturgie des späten Brecht*, Palaestra 229): mit einem klassenlosen – mit dem gleichen Publikum, für das Sophokles, Shakespeare, Molière geschrieben haben, dann ist auch das späte Gedicht, das Mayer an den Schluß seiner Untersuchung stellt, zugleich im »Prozeß« und diesem enthoben, zugleich historisch und ins Dauerhafte überführt:

Der erste Blick aus dem Fenster am Morgen
Das wiedergefundene Buch
Begeisterte Gesichter
Schnee, der Wechsel der Jahreszeiten
Die Zeitung
Der Hund
Die Dialektik
Duschen, Schwimmen,
Alte Musik
Bequeme Schuhe
Neue Musik
Schreiben, pflanzen
Reisen, singen
Freundlich sein.

»Freundlich sein«, schließt Mayer sein Buch, »das ist beides, Infinitiv und Imperativ: freudevoller Zustand und selbstgestellte Aufgabe.« Wir fragen: War Freundlichkeit keine Tugend zu den Zeiten des Sophokles, des Shakespeare und des

Molière? Wird Freundlichkeit nicht noch immer vonnöten sein, als Infinitiv und Imperativ, in hundert oder tausend Jahren, solange Menschen zusammenleben? Haben Marx und Engels, die »einzigen Klassiker«, sie erfunden? So wie uns an *Antigone* nicht die attische Polis oder die griechische Götterlehre bewegen, so bewegen uns Brechts Stücke nicht wegen, sondern trotz ihrer Ideologie.

Aus: *Merkur*, Stuttgart, 15. Jg. H. 9, 1961.

Andreas Krzok
Erinnerung an Leipzig

Unser Haus war eines der großen fünfstöckigen Bürgerhäuser in den ruhigen kopfsteingepflasterten Straßen am Rande des Rosentals. Auf der anderen Seite des großen Parks, der 1954 den eindrucksvollsten gesamtdeutschen evangelischen Kirchentag erlebte, lag der Zoo, in dessen Kongreßhalle das Gewandhausorchester seine Konzerte gab. Früher hieß unsere Straße König-Johann-Straße, nach dem Krieg wurde der »König« gestrichen, bevor ihr der Stadtrat den Namen des russischen Komponisten Tschaikowski gab. Das Haus Nummer 23 beherbergte während eines Jahrzehnts zwei Menschen, die heute – wenn auch aus völlig verschiedenen Gründen – in beiden Teilen Deutschlands zu den Prominenten zählen: den Literaturkritiker Professor Hans Mayer und den Schlagersänger Frank Schöbel.

Als die Straße zur Tschaikowski-Straße erklärt wurde, waren die nach dem Kriege im Erdgeschoß unseres Hauses einquartierten russischen Soldaten längst wieder ausgezogen. Ihr Nachfolger wurde eines Tages ein kleiner Mann mit weit vorgeschrittener Glatze: der Professor.

Dieser Mann, von dem wir erfuhren, daß er Hans Mayer hieß und an der Karl-Marx-Universität einen Lehrstuhl für Germanistik innehatte, wurde für uns Kinder zu einer wichtigen Person – in mehrfacher Hinsicht.

»Der Herr Professor«, wie ihn voller Hochachtung seine Haushälterin Minna Klopfer nannte, ließ sich täglich mit dem Taxi zur Universität fahren und wieder zurückbringen. Wir Kinder staunten über diesen unerhörten Luxus. Andererseits brachten die finanziellen Privilegien der DDR-Intelligenz auch kleine Vorteile. Wenn wir von der Schule oder der Pionierorganisation den Auftrag erhielten, Maiplaketten oder Propagandaschriften zu verkaufen, führte unser erster Weg hinunter zu Professor Mayer. Unsere felsenfeste Überzeugung, »der muß uns ja etwas abnehmen«, wurde auch nie erschüttert.

Andererseits war der Professor ein neuralgischer Punkt im

Gefüge unserer kindlichen Welt. Der überaus fleißige Mann fühlte sich häufig durch den Lärm, den wir auf dem weiträumigen Hof verursachten, gestört. Meist blieb es jedoch seiner Haushälterin vorbehalten, die Rasselbande zur Ordnung zu rufen. Ob dieser undankbaren Aufgabe hatte die seelengute Frau Klopfer keinen leichten Stand. Besonders zu schaffen machten ihr zuweilen Frank Schöbel, der damals nur bei seinem zweiten Vornamen »Lothar« gerufen wurde, und ich.

»Lothar« wohnte mit seiner Mutter, der Sängerin Käthe Brinkmann-Schöbel, neben uns im zweiten Stock. Er war ungemein produktiv im Erfinden von mehr oder weniger harmlosen Streichen, die von der Stinkbomben-Herstellung aus altem Film-Celluloid bis zu dem Trick reichten, gefüllte Tonnen mit Küchenabfällen schräg an die Wohnungstür des »Opfers« zu lehnen, und dann auf den Klingelknopf zu drücken.

Zu unseren Lieblingsbeschäftigungen gehörte das Fußballspiel mit Briketts und Kartoffeln in den riesigen Kellergewölben. Hier waren die Türen der Verschläge noch mit dem *Völkischen Beobachter* beklebt, als unsere Familie 1960 die DDR verließ.

Im Keller wurde auch eines Tages der Plan ausgeheckt, den Lieblingspflaumenbaum der Minna Klopfer zu liquidieren. Mit unserer Axt machte sich Frank Schöbel nach Einbruch der Dunkelheit ans Werk. Glücklicherweise war der Eifer nicht allzu groß. Der Baum überlebte, wenn auch mit einer tiefen Narbe. Die empörte Haushälterin konnte »ihrem« Professor weiterhin im Herbst einen Pflaumenkuchen backen.

Frank Schöbel, der nach der Schule eine Feinmechanikerlehre antrat, hatte zahlreiche Steckenpferde. Eine Zeitlang betrieb er das Radfahren mit sportlichen Ambitionen. Zwei Jahre lang besuchten wir bei dem gleichen Lehrer Akkordeon-Unterricht, wobei echte Erfolge nur auf seiner Seite zu finden waren. Schließlich kaufte er sich seine erste Gitarre. Das war 1958.

Die Musikpädagogin Käthe Brinkmann-Schöbel erhielt in ihrem Sohn einen neuen Schüler. Kurz darauf stellte mir Frank seinen ersten selbstgebastelten »Schlager« vor. Es war ein einfaches Lied, dessen Text – wohl aus oportunistischen Gründen – von einem Bauern und seinem Traktor und den

Vorzügen der Genossenschaft handelte.

Heute, 1972, ist Frank Schöbel ein Star, dessen romantischer Titel *Wie ein Stern . . .* auch die Hitparaden in der Bundesrepublik erobert hat. Jetzt wohnt der 29jährige in Ost-Berlin. Auch der Professor lebt nicht mehr in Leipzig. 1963 verließ er die DDR und lehrt seit 1966 in Hannover.

Viele ehemalige Bewohner des Hauses Tschaikowski-Straße 23 haben vor dem Bau der Mauer den Weg in den Westen gefunden. Jeder von ihnen aber hat ein Stück Erinnerung mitgenommen.

Aus: *Rheinische Post,* Düsseldorf, 24. 6. 1972.

Heinrich Vormweg
Mayers Leipziger Bankrott

Zwei Nachrichten wenden den Blick auf den Literaturbetrieb in der Sowjetzone. SED-Mitglied Klaus Gysi, Vorsteher des sowjetzonalen Börsenvereins der Buchhändler, behauptete laut ADN auf einer Pressekonferenz in Leipzig, man sei nach wie vor für jegliche »saubere, humanistische, auch nicht-sozialistische« Literatur. Bücher von 44 Autoren aus der Bundesrepublik sollten in der Saison 1963/64 in der Sowjetzone erscheinen. Seit 1960 habe sich der Buch- und Zeitschriftenbezug aus der Bundesrepublik um zwölf Prozent erhöht; man beziehe mehr Bücher aus der Bundesrepublik als diese aus der »DDR«. Gysi ging so weit, dem Börsenverein in Frankfurt die Bildung gemeinsamer Kommissionen »zur Diskussion und Regelung beiderseitig interessierender Fragen« vorzuschlagen.

Die zweite Nachricht, die allerdings von den sowjetzonalen Zeitungen bis zu dem Augenblick, da dies geschrieben wird, noch nicht verbreitet wurde, besagt, Professor Hans Mayer, Nachfolger Korffs auf dem Leipziger Lehrstuhl für neuere deutsche Literatur, habe in Hamburg bekanntgegeben, er werde nicht in die Zone zurückfahren. Nach Alfred Kantorowicz und Ernst Bloch ist es also nun auch Hans Mayer satt. Das SED-Regime verliert damit den letzten Parade-Intellektuellen, den es sich als Aushängeschild nach Westen mit viel Weh und Ach noch leistete. Diese »Verlegung des Wohnsitzes in die Bundesrepublik«, um Uwe Johnson zu parodieren, ist die Sensation wert, die sie machen dürfte. Ganz außer Zweifel steht, daß Hans Mayer ein überragender Literaturkenner, ein brillanter Stilist, ein Essayist von gewitzter Eleganz ist. Er hat bis heute sein Publikum auch in der Bundesrepublik. Letzten Herbst erschienen hier von ihm der erste Band seiner Sammlung *Meisterwerke der Literaturkritik* und der Essayband *Ansichten zur Literatur der Zeit*, der in der Zone gar nicht erst verlegt werden durfte. Außerdem erschien ein Aufsatz Mayers im Almanach der Gruppe 47, deren Mitglied er ist, soweit man bei ihr von Mitgliedern reden kann. Mayer veröffentlichte auch Rezensionen in Zeitungen der Bundesrepublik. Wo er auftritt, weckt er reges Interesse. Und er durfte auftreten. Die Mauer galt nicht für ihn.

Man hat sich gefragt und fragt sich noch, womit Hans Mayer bezahlte. Vermutlich trifft diese Antwort: mit seinem Ansehen, seinem Ruf. Als letztes Frühjahr erneut ein Kesseltreiben gegen ihn begann – schon 1956 hatte er mit seinem Aufsatz im *Sonntag*, der Ost-Berliner Wochenzeitung, Anstoß erregt –, wurde Mayer doch zugleich bescheinigt, er sei »in Westdeutschland und im Ausland für unseren Staat und seine Politik parteilich aufgetreten«. Gerügt wurde, daß er intern die Parteilichkeit vermissen lasse. Mayer hoffte nämlich darauf, daß er eine parteiliche und zugleich doch originale, künstlerischen Forderungen genügende Literatur fördern könne. Daß dies ein Kurzschluß ist, daß es in einer auf totale Reglementierung zielenden Diktatur eine bedeutende Literatur nicht geben kann, weil diese die Freiheit der Imagination voraussetzt, mag er jetzt eingesehen haben. Mayers Marxismus, sein Kommunismus, vertritt andere Hoffnungen. Auch hieran kann kein Zweifel sein: Mayer ist – zumindest – ein entschiedener Marxist. Und dürfte es bleiben. Das Dubiose, Schillernde seiner Figur erklärt sich recht simpel. Seine Parteilichkeit draußen bezog sich auf seinen eigenen Marxismus, der die Automatik nicht sehen will, die von innen her diese Ideologie notwendig in Diktatur und Unfreiheit treibt und deshalb eine große Literatur nicht zuläßt; Mayer hielt es (und hält es gewiß noch) mit Italiens KP-Chef Togliatti, der gesagt hat: »Niemand, gleichgültig wie klug er sein mag, kann einem Künstler vorschreiben, was er tun soll.« Daß Mayer den SED-Machthabern andererseits für ihre innenpolitischen Absichten zu unparteilich erschien, geht ebenfalls aufs Konto seines persönlichen Marxismus.

Er geriet immer mehr in die Position eines Häretikers. Dogmatische Systeme gehen mit Häretikern härter ins Gericht als mit Ungläubigen. Man erinnere sich nur an Wolfgang Harich. Eben war man dabei, Mayers Leipziger Lehrtätigkeit unter »Eine Lehrmeinung zuviel« zu rubrizieren. Er sollte abgewürgt werden. Der Flüchtling hat es selbst zur Begründung seines Entschlusses bekanntgegeben.

Ob Mayer erkennt, daß dies ein Bankrott ist? Man hört immer wieder, daß die Zügel gelockert werden, in Moskau,

Warschau, Prag, Budapest. Nicht so in der Zone. Die SED verliert lieber einen Botschafter, der den Anschein erweckte, als lasse sich schließlich doch mit Ulbricht reden. Hans Mayer hat bewiesen, daß er ein weites Herz hat, was die Methoden in der Sowjetzone auf dem Weg zum Endsieg des Partei-Sozialismus angeht, obwohl sie keineswegs seine Methoden waren. Jetzt war für ihn selbst die Inquisitions-Verhandlung bestellt. Sein Versuch, Urbanität, Liberalität und die Freiheit der Literatur mit der SED-Regierungspraxis zumindest für die Zukunft auf einen Nenner zu bringen, ist gescheitert. Selbst entschiedene Kommunisten, soweit sie sich noch immer nicht zu platter Hörigkeit verstehen, verlassen es, das Gefängnis der Zonen-Stalinisten. In der freien Welt wird ihnen der Mund nicht geschlossen.

Dies alles gibt auch dem sich anbiedernden Vorschlag des SED-Funktionärs Gysi Farbe. Man muß sich dreimal überlegen, mit wem man redet. Den Menschen, über die die Funktionäre verfügen, ist nicht damit geholfen, wenn man sich mit den Funktionären einläßt. Was nichts über die Hoffnung sagt, daß eines Tages die Fesseln nicht mehr halten. Der kommunistische Block scheint Kontur einzubüßen. Es ändert nichts an der Aggressivität dieser Ideologie. Vielleicht vermindert es ihre Macht. Bisher allerdings nicht in der Sowjetzone, die uns vor allem angeht.

Postskriptum 1977

Nur ungern habe ich zugestimmt, daß dieser Kommentar aus dem Jahr 1963 noch einmal abgedruckt wird, nur deshalb, weil ich meine, daß jemand, der schreibt, auch das nicht verleugnen sollte, was ihm rückblickend vor allem als ein Dokument seiner Abhängigkeiten – von Vorurteilen, Sprachregelungen, herrschender Meinung –, also einer programmierten Unkenntnis erscheint. Das betrifft nicht nur das Vokabular einer Zeit, da noch der Mehrheit in der Bundesrepublik schon die in Anführungszeichen gesetzte DDR zu weit ging. Trotz Wolf Biermann und den Folgen sehe ich die damalige Entscheidung Hans Mayers samt Hintergrund heute anders als vor bald vierzehn Jahren, sehe ich vor allem die Position anders, und zwar mit Zustimmung, von der aus Mayer sich lange vorher entschlossen hatte, in der DDR zu arbeiten und zu lehren. Das läßt sich hier nicht ausführen. Es anzumerken, scheint mir nicht zuletzt deshalb unerläßlich zu sein, weil nach allen Ereignissen der letzten Monate sich leicht der Eindruck ergeben kann, daß ich – einige vokabuläre Einseitigkeiten abgerechnet – damals gar nicht so unrecht gehabt hätte. Unrecht hatte ich vor allem im demonstrativen Anspruch des Rechthabens. Trauer wäre angebracht gewesen.

Aus: *Deutsche Zeitung*, Köln, 4. 9. 1963.

Karl Heinz Bohrer
Diagnose unserer Zeit

Es gibt reizvolle Kritiken, Aufsätze, Essays zur Literatur, die will man nur einmal, in der Zeitung oder Zeitschrift, lesen. Es ist kein Einwand gegen sie, daß sie so schnell verderblich sind wie Bananen, die man nicht schnell verzehrt. Hans Mayers aus zwei Jahrzehnten gesammelte Arbeiten zur deutschen Literatur unserer Epoche gehören nicht zu dieser Art. Obwohl die meisten dieser Aufsätze schon in gedruckter Form vorliegen, zerstreut in verschiedenen Zeitungen oder Zeitschriften oder als Rundfunkmanuskripte, freut man sich, nunmehr die literarischen Ansichten, Plädoyers, Analysen dieses nach Lukács wichtigsten marxistischen Literaturkritikers im Zusammenhang lesen zu können. Zusammenhänge. Hans Mayer nennt so eines seiner Kapitel und nennt gleichzeitig sein Ordnungsprinzip, eben das, was ihn zu Aussagen über Literatur überhaupt kommen läßt: den historischen Blick, die Definition einer Epoche, Perspektive der Zukunft. Der Band setzt ein bei der »Tradition«: Gerhart Hauptmann, Hermann Hesse, Thomas Mann. Er schließt mit der bisher noch unveröffentlichten Analyse der deutschen Nachkriegsliteratur, betitelt *Deutsche Literatur seit Thomas Mann.*

Merkwürdig. Im Gegensatz zu Bertolt Brecht, der Thomas Mann bis zum Tode als einen »Repräsentanten« abgelehnt hat, ist der marxistische Literaturwissenschaftler Hans Mayer, hier in den Spuren von Georg Lukács, fasziniert von Thomas Mann als Schlüsselfigur, als Figur des Wendepunkts. Er ist Alpha und Omega. Kein Zweifel: was hier anziehend wurde, ist das vermeintlich Ureigene: Literatur als Reflexion der Zeit, Literatur als moralische Diagnose, als Definition der Epoche. Mayer entschuldigt sich fast, daß er das ästhetische Urteil hinter die Frage nach geschichtlicher und gesellschaftlicher Funktion gestellt habe. Er hätte sich nicht zu entschuldigen brauchen. Derjenige nämlich, der sich auf thesenhaft Symptomatisches gefaßt macht, findet die Fülle individueller Erfahrung, entdeckt die Sensibilität eines Liebhabers, eines Bürgers, der sich dem Besonderen einer literarischen Existenz hingeben kann. Wer skeptisch ist gegenüber der Meinung, daß Kunst, daß Literatur ein Ziel habe, könnte gerade in diesen ganz individualistischen Passagen des Buches das Gelungenste finden. Hierzu würde Mayers Verständnis von Musils *Anderem Zustand* gehören oder gar sein doppeldeutiges Interesse am späten Gerhart Hauptmann und dessen archaischer Tragödie.

Freilich – und das möchte Hans Mayer als von allen möglichen Einwänden für den unschönsten halten – ist die Art und Weise, wie er sich mit dem Genius ins Einvernehmen setzt, nicht souverän. Da ist zuviel von hastiger Mitteilungssucht, von atemlosem Literaturklatsch. Kein *homme des lettres.* Ist er hierfür zu intellektuell? Man könnte fast darauf verfallen und an diesem Beispiel studieren, wie ein Übermaß an Information eben jenes Ziel verfehlt, das Thomas Mann, das Robert Musil, ja auch Gerhart Hauptmann jene Würde gibt, die Hans Mayer so bewundert. So bleibt es im Dialog mit den Großen nur bei monologischer Erkenntnis. Kein wahlverwandtschaftliches Verhältnis. Was aber zieht Mayer an, dort wo die Aura des Genies wegfällt? Welcher der zeitgenössischen Schriftsteller interessiert ihn? Überblickt man die Fülle der genannten Namen, vor allem der jüngsten, so verweilt man bei den glänzenden Erörterungen der Bücher von Max Frisch, Friedrich Dürrenmatt und Wolfgang Koeppen. Das verwundert nicht. Es sind eben jene Schriftsteller, die Mayers eigenes Problem, die »Unmittelbarkeit«, zum Thema gemacht haben: Leben und Literatur im Zeitalter der Reproduktion. Das Dilemma des literarisch-bewußten Menschen. Ihn interessiert Literatur vor allem dort, wo sie »literarisch« ist, das heißt, wo der Intellektuelle selbst zum Thema gemacht wurde. Ein Grund, warum er auch über den Grass der *Plebejer* mehr schreibt als über den Grass der *Blechtrommel.* Wenn Koeppen durch die Fenster des Zuges die französische Landschaft als Landschaft der Impressionisten erkennt, wenn Max Frisch im Motiv der Illustrierten-Zeitschriften, des schon fotografierten Augenblicks das »Erlebnis« zum Plagiat geraten läßt, dann fällt Mayers Blick hierauf und verweilt. Das geht ihn unmittelbar etwas an. Probleme der Identität.

Wieviel aber der zeitgenössischen Literatur könnte ihn unmittelbar etwas angehen? Sicherlich doch mehr als diese drei Namen. Mayer gibt hierüber keine erschöpfende Auskunft.

Anders als bei Musil, bei Thomas Mann oder Kafka wird ihm die allerjüngste Literatur zum Stoff historischer Analyse.

Muß noch gesagt werden, daß dieser Verehrer Musils Distanz hält gegenüber den »Experimentellen«, die nicht unbedingt geistige Unruhe verraten, sondern durchaus als Apologeten verstanden werden könnten. Die Namen Heißenbüttel, Bense, Mon tauchen in diesem Buch nicht auf. Im Falle der neuen »Beschreibungsprosa« geht er sogar zur offenen Polemik über. Ohne Namen zu nennen, stellt er ihren Verzicht auf Verantwortung bloß, und er trifft den wunden Punkt genau, wenn er sagt, eine überflüssige Literatur entstehe dort, wo die Spannung zwischen Subjekt und Objekt des Erzählten fehle. Abgesehen von Peter Huchel verhält er sich gegenüber der deutschen Nachkriegsliteratur durchweg analysierend. Ihn interessieren hier historische Kausalitäten, Gesetzmäßigkeiten literarischer Entwicklung. Dabei versucht er mit Erfolg vor allem zwei Vorstellungen zu widerlegen, die allzu kommun geworden sind: 1. die deutsche Nachkriegsliteratur habe sozusagen an einem Nullpunkt angefangen. Ihn gibt es nicht, sondern die Tradition epischer Formen ging nie verloren. 2. Es gebe irgendeine Gemeinsamkeit zwischen den namhaften mitteldeutschen und westdeutschen Autoren. Sie existiert kaum.

Es ist kennzeichnend für Hans Mayers Verbundenheit mit der Literatur zwischen beiden Kriegen, für den Literaten des Exils, den Schweizer Gesprächspartner Musils, daß er die Kahlschlag-These nicht akzeptiert und in der Entwicklung der allerjüngsten Literatur fast gesetzmäßige Wiederholungen der Literatur nach dem Ersten Weltkrieg konstatiert. Da wäre also, wie in den zwanziger, so auch in den fünfziger Jahren, eine expressionistische Periode festzustellen. Der Rückgriff auf expressionistische Modelle wurde symptomatisch bei Wolfgang Borchert. Er wurde fortgesetzt von Schnurre, Böll und Nossack. Wie in den zwanziger Jahren seien diese expressionistischen Autoren abgelöst worden durch solche einer neuen Sachlichkeit. Mayer nennt merkwürdigerweise hier Ingeborg Bachmann, Günter Grass, Hans Magnus Ezensberger, Martin Walser. Und schließlich, so meint Mayers Analogie-Zwang, gebe es auch heute, wie immer in der deutschen Literatur, literarische Zwillingspaare: in den 50er Jahren waren es Böll und Koeppen.

Wie gesagt – diese historisch ordnenden Durchsichten, Straßenfluchten und Prachtplätze, diese Mayer eigentümliche Kanalisierung der Literatur –, sie überzeugt nicht überall. Dort aber, wo immer er Individuelles markiert, und sei es auch gruppierend, dort immer ist er interessant. In dem hier erstmals zu lesenden Kapitel über die deutsche Nachkriegsliteratur wären es etwa die Stellen, wo er die Tendenzen zu mythologischen Mustern bei Dürrenmatt, bei Schnabel, bei Walter Jens, bei Hagelstange beschreibt und den allmählichen Übergang zu einer dezidierten Zeitliteratur, zum Dokument. Wenn er feststellt, daß Günter Grass zwar zu einer unvergleichlichen literarischen Mittelpunkt-Figur wurde, aber keine eigene literarische Schule machte, was wiederum Peter Weiß gelang.

Hans Mayer ist heute ein bundesrepublikanischer Professor. Er war sehr lange Professor in Leipzig. Was brachte er mit als Vermächtnis von dort? Zu erinnern wäre an seinen Rundfunkvortrag, der 1956 im Deutschlandsender gesendet werden sollte, aus kulturpolitischen Gründen aber kurzfristig abgesetzt worden ist. Als ihn dann die Redakteure des Ost-Berliner *Sonntag* dennoch druckten, wurden sie zu hohen Zuchthausstrafen verurteilt. Dieser couragierte und bedeutende Vortrag legitimiert Hans Mayer vor allem zu einem Urteil über eine mögliche gesamtdeutsche Literatur. Entgegen einer allzu beredten Euphorie, die es sich bei der Suche nach literarischer Gemeinsamkeit leicht macht, stellt er vor allem am Beispiel der Lyrik fest, daß diese Gemeinsamkeit eine Fiktion ist. Denn wo wäre, so fragt er, die Gemeinsamkeit zwischen Kunert, Huchel, Biermann und Enzensberger, Walser, Grass?

Das gutgemeinte Suchen nach Gemeinsamkeiten westdeutscher »Links-Intellektueller« mit den besten der mitteldeutschen Autoren, die Vorstellung eines heimlichen Bündnisses – diese Suche muß in der Tat aufhören, und es muß die Sprache verschlagen, liest man die von Mayer abgedruckten Strophen Peter Huchels:

Als unnötigen Luxus
herzustellen verbot, was die Leute
Lampen nennen,

König Tarsos von Xantos, der
von Geburt
Blinde

Das sind die Elegien einer neuen deutschen Sklavensprache, die man hierzulande kaum noch entziffern kann, ohne Hilfe Hans Mayers. Sie sind weit entfernt von unseren Idyllen und unserem Zorn, den gleichmäßigen oder herdenreichen Landschaften, weit entfernt von der *Verteidigung der Wölfe* oder den *Ventilen*, von Heißenbüttels Montagen oder Erich Frieds Vietnam-Gedichten. Deutsche Literatur kann Deutschen zu Rätseln werden, nicht weil sie zu hermetisch wäre, sondern weil sie auf eine uns unbekannte Wirklichkeit antwortet:

Betrübt höre ich einen Namen aufrufen:
Nicht den meinigen.
Aufatmend
Höre ich einen Namen aufrufen:
Nicht den meinigen.

Die Auflösung dieses Rätsels steht in Hans Mayers Buch auf Seite 387.

Aus: *Frankfurter Allgemeine Zeitung*, 1. 4. 1967.

Hermann Poerzgen
Moskau polemisiert gegen Hans Mayer

Als Revisionisten des marxistischen Gedankenguts hat am Mittwoch die Moskauer *Literaturnaja Gazeta* den linksgerichteten westdeutschen Literaturwissenschaftler Hans Mayer (Hannover) angeprangert, der unlängst das Verhältnis von Karl Marx zur Literatur in einer Veröffentlichung im *Merkur* analysierte. Äußerlich konnte man den Eindruck gewinnen, heißt es in der Polemik, als setze sich der Autor für Marx ein. Aber in Wahrheit zeige er dessen Persönlichkeit und literarästhetische Ansichten in einem falschen Licht. Was Hans Mayer vortrage, sei gegen Marx und gegen die moderne marxistische Literaturwissenschaft gerichtet, ein Akt des ideologischen Kampfes.

Die Abhandlung des 62jährigen Professors, der von 1958 bis 1963 einen Leipziger Lehrstuhl innehatte, überrascht und befremdet seine sowjetischen Kritiker in vieler Hinsicht. So zum Beispiel nenne er den Marxismus in einem Atemzug mit der Psychoanalyse. Seine Charakteristik der gespaltenen Persönlichkeit von Karl Marx findet die *Literaturnaja Gazeta* einfach ungeheuerlich. Die Version des antibürgerlichen Denkers mit der bürgerlichen Lebensweise, des geistigen Proletariers mit bourgeoisem Dekor findet empörte Ablehnung. Mayer spalte künstlich den mächtigen geschlossenen Charakter des Kämpfers ebenso, wie er versuche, dessen mächtige geschlossene Lehre aufzuspalten.

Die Vorstellung, die der deutsche Professor vermittelte, sei ein »Marx à la Mayer«. Er schreibe ihm seine eigenen Ideen und Entdeckungen zu, dichte ihm eine vulgär-soziologische Literaturkonzeption an. Von einer kritischen Einstellung zur Sturm-und-Drang-Periode und zum jungen Schiller, wie Mayer sie Marx nachsage, könne überhaupt keine Rede sein. Marx' Werke enthielten nichts von dem, was Mayer ihnen entnehmen wolle. In Wirklichkeit passe das alles weit besser zum vulgär-soziologischen Denkschema des deutschen Professors als zu den Ideen von Marx. Die *Literaturnaja Gazeta* geht so weit, zu sagen, das alles sei für Leute geschrieben, welche die entsprechenden Stellen im Original nicht gelesen hätten.

Ihre weitschweifige Argumentation läuft schließlich darauf hinaus, Mayers Darstellung nicht bloß als Angriff auf die marxistische Literaturwissenschaft, sondern als Streit mit dem Marxismus überhaupt zu interpretieren. Man sieht ihn im Gegensatz zu Engels' Literaturauffassungen, zu Mehring, Plechanow und vor allem zu Lenin. »Hier beginnt schon ein neues Thema – die unmittelbare Attacke gegen die modernen progressiven Tendenzen in der Weltkunst.« Der Ausdruck »sozialistischer Realismus« wird fein umschrieben als »Marx' und Engels' ästhetisches Erbe«. Unter der Decke, nebenher äußere sich Mayer auch zu jenen Fragen, die heute im Zentrum der ästhetischen Auseinandersetzung stünden.

Aus: *Frankfurter Allgemeine Zeitung*, 1./2. 5. 1969.

Jean Améry
Ein Lehrer der Deutschen

Vom Menschen zuvor. Als ich Hans Mayer zum erstenmal sah und hörte – es war gelegentlich eines Vortrags, den er in Brüssel hielt –, erlitt ich den Eindruck, es säße da am Podium ein ebenso blendend gescheiter und witziger wie auch scharfer und kalter Mann: Mit ihm anzubinden, könne nicht gut sein, dachte ich und vermied es, mich ihm vorstellen zu lassen. Bald danach begegnete ich Hans Mayer in Luxemburg bei einem Treffen deutscher ehemaliger Exil-Autoren – und wieder einmal wurde mir klar, wie tief man Erstimpressionen mißtrauen soll. Hans Mayer, damals sechzigjährig, ein knapp mittelgroß gewachsener Pykniker mit dem kahlen, durch eine Hornbrille quergeschnittenen »Eierkopf« – dem charakteristischen *egghead!* – des Intellektuellen, war als persönlicher Gesprächspartner so gescheit und gewitzt wie als Vortragender, von Schärfe jedoch oder Kälte war keine Spur mehr zu finden. Alles Kritische, Urteilende, Verwerfende sogar löste sich auf in Ironie und Toleranz, in eine menschliche Gutartigkeit auf höchster Reflexionsstufe. Dieser Literaturhistoriker – im Raume der Geisteswissenschaft ein authentischer *praeceptor Germaniae* – erwies sich vor der Kaffeetasse sogar als ein zutiefst bescheidener Mann, der nicht zögerte, eigene, vielleicht vorschnell gefällte Urteile (etwa: über das Alterswerk Thomas Manns) in Frage zu stellen. Kein professoraler Typus, vielmehr ein nachdenklicher Sucher und Finder. Der Mensch Hans Mayer war, nachdem ich seine Arbeiten schon von langer Hand her gekannt und bewundert hatte, für mich eine wesentliche Entdeckung und durchaus liebenswerte Überraschung.

Andere, die ihn weit besser kennen, hatten immer schon richtiger gesehen. Als Hans Mayer im März 1967 seinen 60. Geburtstag feierte, erschien in seinem Verlag Rowohlt zu Ehren des Geburtstagskindes eine Festschrift mit Beiträgen von u. a. Walter Jens, Fritz J. Raddatz, Carl J. Burckhardt. Aus Carl J. Burckhardts Gruß, der auch in der *NZZ* abgedruckt war, entnehme ich die folgenden Zeilen über den

»jungen Hans Mayer«: »[. . .] Mayer hätte in jedem Fach, als Jurist, Nationalökonom, Soziologe oder Historiker einen hervorragenden Studienabschluß einschalten können. Ihm aber wurde die Wahl schwer. Was ihn letzten Endes am tiefsten betraf, am meisten anzog, war Geistesgeschichte und Dichtung. [. . .] Bei Marx fand er sachlichen Ernst und Zucht. [. . .] Er hat im Laufe seines späteren Lebens Konsequenzen der von ihm als endgültig gewählten Richtung auf sich genommen; auch innerhalb dieser Konsequenzen hat er sich bewährt. Nur eines, wie wir es erwartet hatten, wurde ihm zuletzt unerträglich: Der Verlust der Möglichkeit, bei aller Treue zur gewählten Doktrin aufzubrechen, wohin er wollte, im Geist und auch nach erreichbaren Ländern und Meeren . . .«

Die wenigen hier angeführten Zeilen lassen schwach den Umriß nicht nur eines Menschbildes, sondern auch einer Biographie erkennen. Hans Mayer, aus Köln gebürtig, hat seine Studien zuerst in seiner Vaterstadt, dann in Bonn und Berlin, schließlich in Genf abgelegt. In Genf – warum? Nun ja, er mußte Deutschland, als dessen literarkritischer Sprecher er heute füglich gelten darf, im Jahre 1933 verlassen, und dies in doppelter Eigenschaft, als Jude und als Kommunist. Der Bürgersohn Hans Mayer fand, wie C. J. Burckhardt das gesagt hat, früh schon bei Marx »sachlichen Ernst und Zucht«; und mehr noch: jene geistige Heimat, die alsbald an die Stelle der geographischen trat. Als Marxist und Kommunist emigrierte er nach der Schweiz. Die legale Lage war für einen jüdisch-kommunistischen Emigranten dort recht unkomfortabel. Im Falle Hans Mayers aber wurde sie erträglich durch menschliche Hilfe und Förderung, die er in der Schweiz von seiten angesehener Persönlichkeiten empfing. Burckhardt selbst gehörte zu diesen, aber auch der unvergessene Max Rychner, der den jungen Menschen, welcher sich intellektuell bald als ein wahres Wunderkind zu erkennen gab, seiner Freundschaft würdigte. Das Brot der Emigration scheint Hans Mayer weniger bitter geworden zu sein als manchen anderen, berühmteren. Daß es gerade Genf war, wo er Exilheimat fand, blieb nicht ohne Bedeutung für sein Leben und Denken: dort wurde er innig vertraut mit dem französischen Geist, so daß er heute, vielleicht mit der einzigen Ausnahme des Elsäßers

Robert Minder, von allen Literaturhistorikern und kritischen Publizisten am tiefsten in beiden Kulturen wurzelt, der deutschen, der er entstammt, der französischen, die er erwarb. Diesem Verständnis für die letzten Feinheiten französischer Sprache und Kultur haben wir Nebenwerke zu verdanken, die ganz groß zu schreibende Hauptwerke der Übertragungsliteratur sind, unter anderem die einzigartige deutsche Fassung von Satres *Les mots,* die uns buchstäblich vergessen macht, daß wir es mit einem ursprünglich fremdsprachigen Werk zu tun haben.

Nach Kriegsende kehrte der Literat und *homme de lettres* Hans Mayer, Vertreter des Anderen Deutschland in der Emigrationszeit, in sein Vaterland zurück. Er war zunächst am Rundfunk in Frankfurt tätig, bis er sich dorthin wendete, wo Arnold Zweig sich schon befand und wo sich anzusiedeln Heinrich Mann nur der Tod verhindert hatte: in die DDR. Gleich seinem Freund Ernst Bloch lehrte er als Universitätsprofessor in Leipzig. Wo Bloch den Marxismus mit dem »Geist der Utopie« durchtränkte und neu formulierte, dort wandte Mayer die Methode marxistisch-dialektischen Denkens bei der Fassung von Kenntnis und Erkenntnis der Literatur an. Bis 1963 wirkte er in Leipzig, wo sein Lehrstuhl, nicht anders als der Ernst Blochs, ein Refugium der Geistesfreiheit war. Dann ging er, wiederum gleich Bloch, ohne seine Überzeugung preiszugeben, ohne das gute Geschäft des »Freiheitswählers« machen zu wollen, in die Bundesrepublik. Geraume Weile schlug er sich dort als freier Publizist durch, bis er dann 1965 an der Hochschule von Hannover – der gleichen, an der einst Theodor Lessing Philosophie gelesen hatte – einen Hafen und ein Forum fand.

Heute ist er der unzweifelbar angesehenste und einflußreichste literarische Universitätslehrer Deutschlands. Sein exorbitantes Wissen, seine Fähigkeit zur Zusammenschau, seine an Walter Benjamin geschulte, aber dem Leser zugänglichere und einleuchtendere dialektische Methode, seine durchschlagende Kraft der Formulierung und nicht zuletzt sein Humor haben ihm eine einzigartige Position im deutschen Geistesleben gesichert. Sein »Hauptwerk«, das sind ganz gewiß die Vorlesungen, die er während 18 Jahren erst in Leipzig, dann in Hannover vor seinen Studenten hielt. Doch haben wir glücklicherweise auch eine ganze Anzahl von Schriften im Druck vorliegen. Welche ist die wichtigste? Das Buch über Georg Büchner, das er schon 1946 herausbrachte? Sein Werk über Thomas Mann, das 1950 erschien? Die Studien über Brecht, Kleist, das Buch über deutsche Klassik und Romantik, seine Übersicht *Zur deutschen Literatur der Zeit*?

Persönlich liebe ich am meisten die – noch streng marxistisch, wenngleich nicht doktrinär – durchgearbeitete Analyse Thomas Manns; doch mag dieses Urteil nicht objektiv genug sein, weil meine Anhänglichkeit an den Dichter dreinredet, der in meinen Augen mit seinem *Dr. Faustus* den letzten großen deutschen Roman schrieb. Dem weniger auf Thomas Mann eingeschworenen Leser ist wohl am ehesten Hans Mayers Werk *Zur deutschen Literatur der Zeit* zu empfehlen, darin aus einer Sammlung von Artikeln, Vorträgen, Vorworten, Festgrüßen eine Einheit großen Entwurfs wird, eine Über- und Zusammenschau des literarischen Ereignisses deutscher Sprache von Gerhart Hauptmann bis Enzensberger, einschließlich der Literatur der DDR.

Wiewohl diese Porträtskizzen nicht den Charakter von Buchbesprechungen bekommen sollen, glaube ich mich doch berechtigt, für einmal ganz besonders auf ein bestimmtes Werk zu verweisen. Die deutsche Gegenwartsliteratur, in der es, mit Mayers eigenen Worten, einen »Überhang der Tradition« gibt, die andererseits den Einflüssen der Welt draußen gerade infolge des »Nachholbedarfs« der ersten Nachkriegsjahre besonders weit offenstand, ist ein Irrgarten, in dem man sich zwischen superavantgardistischer Experimentalkunst und bewußter Pflege des Herkommens nur schlecht zurechtfindet. Professor Mayer deutet die literarischen Signale, öffnet die Türen zu verschlungenen Korridoren, bleibt dabei stets der sozialen Problematik verhaftet, so daß seine Literaturschau zugleich Zeit-Schau ist und das Werk zu Recht im Untertitel von »Zusammenhängen« spricht.

Mit dem Werk und der Person Hans Mayers hat 1963 die DDR so viel verloren, daß man sich kopfschüttelnd fragt, wie man es dort wohl riskieren konnte, einem solchen Mann nicht um jeden Preis, auch um den der dortzulande unbekannten Toleranz, das Verbleiben zu ermöglichen. Die Bundesrepublik hat ebensoviel bei diesem Geschäft gewonnen. Nur sie?

Keineswegs. Überall, wo deutsch gesprochen und gelesen wird, ist Hans Mayer der Lehrer, an den man sich zu halten hat.

Aus: *St. Galler Tagblatt*, 9. 2. 1969.

Peter Demetz
Politik im Spiegel der Literatur

Die inhumane Geschichte der eben vergangenen dreißig Jahre hat Hans Mayers *engagement* für das Kritische und Literarische eher geschärft als gedämpft. Als Flüchtling, Chefredakteur einer US-Radiostation, Professor an der Karl-Marx-Universität Leipzig, Anwalt der kulturellen Liberalisierung in der DDR, Ordinarius in Hannover, Übersetzer, Musiker, Fernsehstar, Weltreisender und polyhistorischer Intellektueller der Weimarer Republik, der von seinen Begegnungen mit Tucholsky und Musil sprechen darf, hat er selten gezögert, die widersetzlichsten Loyalitäten als Kritiker produktiv zu vereinigen. Sein scharfes Erkenntnisvermögen gilt den Gesetzen des Hegelschen Geistes, seine hochzivilisierte, empfängnisbereite, treffsichere ästhetische Urteilskraft den schönen Texturen der Dichtung und Musik. Mayer bewundert auch dort, wo ihm das theoretische Erkenntnisvermögen noch Einhalt gebietet; energischer als Georg Lukács hat er sich (ein Connoisseur von gutem alten Schlag) freigehalten von den »Einseitigkeiten der apriorischen Konstruktion« und ist bereit, das Gewicht »der sinnlichen Mittel« anzuerkennen, das (ich zitiere Hettner) »in seiner selbständigen Geltung zu seinen Rechten kommen muß«.

Mit Hans Mayers Abneigung gegen die altpositivistische und die Gundolfsche Literaturbetrachtung wird man weitgehend übereinstimmen. Die Quellen- und Waschzettelforschung war mehr detektivischer als kritischer Art, und die Epigonen Gundolfs haben mehr als einen stilisierten Götzen geschaffen. Ob man Hans Mayers einstige Ungeduld mit dem ›formalistischen Ästhetizismus‹ (den er mit Psychoanalyse und Theosophie in einen Topf wirft) widerspruchslos akzeptieren soll, ist eine ganz andere Frage; in der Praxis erliegt ja auch Mayer selbst (wie in seinem glanzvollen E. T. A. Hoffmann-Essay) gelegentlich der Versuchung, die Methoden der Strukturanalyse maßvoll zu nützen; seit Mitte der fünfziger Jahre ist er immer geneigter, die verfeinerte Kunst des genauen Lesens, wie sie die Germanistik seit Emil Staiger und Wolfgang Kayser übt, in einer oft epigrammatisch verkürzten Variation seiner kombinatorischen Methodik als entscheidendes Ingredienz einzuverleiben.

An Stelle der positivistischen, geistesgeschichtlichen und formal-ästhetischen Methode fordert Mayer die Erneuerung einer historisch-gesellschaftlichen Wissenschaft von der Dichtung. Mit der Dichtung steht ja immer auch Geschichte in Frage: immer wieder stößt der Literaturhistoriker in seiner Sphäre auf die Beziehungen zum materiellen Seinsbereich; deshalb ist die Literaturgeschichte (wie Mayer betont) ein Bestandteil, »ein höchst selbständiger und in vielem eigengesetzlicher Bestandteil der Geschichtswissenschaft« (LM.[1] S. 135). Das Verhältnis, in dem die Dichtung zu den stofflichen Elementen der Geschichte stehen soll, wird dabei ähnlich schwankend umschrieben wie bei Marx und Engels, deren Theorie zwischen dem Begriff einer linearen Kausalität und dem lockeren Konzept einer Wechselwirkung von Geschichte und Geist vieldeutig oszillierte. Mayers Konzept des Zusammenhanges von Geschichte und Dichtung beruht auf dem gesamten Spektrum der Möglichkeiten, wie es die erste Hälfte des vorigen Jahrhunderts von Madame de Staël bis Marx erarbeitete: bald (LM, S. 211) ist die Dichtung »Ausdruck der Gesellschaft« (wie Madame de Staëls berühmter Schüler de Bonald anno domini 1806 formulierte); bald sind Geschichte und Dichtung in der Terminologie der Marx-Engelsschen *Deutschen Ideologie* (1845) miteinander »verknüpft« oder verflochten (LM, S. 402); bald »korrespondiert« oder »entspricht« (2 GB, S. 126) das Wort der sozialen Bewegung (nach der Marxschen Formulierung im ›Vorwort‹ zur *Kritik der politischen Ökonomie*, 1859).

Allerdings ist Mayer nur selten gewillt, sich auf das Schema einer unmittelbaren Kausalität festzulegen. Gelegentlich spricht er zwar in seinen Leipziger Arbeiten von »verursachender Bindung«, er vertraut aber lieber der traditionellen Metapher und betont, das Kunstwerk spiegle (LM, S. 65, 121, 224, 225, 306 usf.) die Geschichtsverhältnisse wider. In seinen Aufsätzen der sechziger Jahre hat sich an dieser lockeren Verbindungstechnik nichts geändert: Dichtung ist »untrennbar verbunden« (DLZ, S. 38) mit historischen Zuständen; die Periodisierung des Expressionismus gliedert sich nach den

Wandlungen der geschichtlichen Vorgänge. Der postulierte Zusammenhang bleibt aber weithin unbestimmt und ohne ökonomische Spezifikation; und eine mehr oder minder geistesgeschichtliche Methode, die sich politisch tarnt, gibt sich mit eher melodramatischen als nuancierten Hinweisen auf Wendepunkte der Geschichte zufrieden, die Biographisches, Thematisches, Formgeschichtliches mit ihrer Wirkung affizieren. Ich finde die Auskunft ungenügend, der Mauerbau vom 13. August 1961 hätte die Wendung zur neuen Aktualitätsbesessenheit der Literatur (die Mayer mit Recht als drückend empfindet) nach sich gezogen; und die Versicherung, die neue Zeitgeist-Literatur hänge »zusammen mit Wandlungen in Ökonomie und Politik« (DLZ, S. 332), bleibt mehr als fragmentarisch, solange ich nicht mehr über die genaue Art dieser Wandlungen und den genauen Modus des Zusammenhanges erfahre. In der Praxis ergibt sich, daß Hans Mayer (ähnlich wie einst Mehring) mit einer ausgesprochenen Technik des Nebeneinander arbeitet. Charakteristisch die Anordnung des Stoffes im Fielding-Essay (1951): zunächst ein kurzer Abriß der englischen Wirtschaftsverhältnisse einschließlich der Verarmung der Freibauern, dann der Lebenslauf Fieldings, zuletzt die apodiktische Behauptung, Fielding sei ein Meister des Realismus, denn sein Werk reflektiere die Zeitverhältnisse (DLW, S. 350, 374).

Überzeugender wirkt Hans Mayer dort, wo er in seinem fruchtbaren Aufsatz (DLW, S. 432–451; 1952) über Balzac und den Dichter Lucien de Rubempré das Soziologische ins Biographisch-Analytische wendet oder, wie in seinen *close readings* der schwierigsten Gedichte Bertolt Brechts, Peter Huchels und Paul Celans, ein Gran Gesellschaftliches mit der Sensibilität des loyalen Literaturfreundes zu vereinen weiß. Im Balzac-Aufsatz zeigt sich, daß der Romancier die lockende Existenzmöglichkeit eines kommerziell entwürdigten Künstlerdaseins (dem er selbst zum Opfer zu fallen droht) in der Gestalt Lucien de Rubemprés ›objektiviert‹ und sich die Gefahr auf diese Art in einer privaten Katharsis vom Halse schafft. Ungeachtet der soziologischen Terminologie befindet man sich hier in der nächsten Nähe einer analytischen Psychologie und entdeckt überrascht ein geistvolles deutsches Gegenstück zu den kombinatorischen Arbeiten des amerikanischen

Kritikers Edmund Wilson über Dickens und Kipling.

Hans Mayer ist ein Apologet der bürgerlichen Literatur und findet sich deshalb immer wieder gezwungen, seinen Enthusiasmus durch Einwände und Warnungen zu dämpfen; seine Dichter sind, als Bürger vor den Toren der Utopie, Herolde, Vorgänger, Rufer in der Wüste, Propheten, Brückenbauer und Übergangsfiguren: keinen darf man wirklich aus ganzem Herzen bewundern; sie alle leben aus jenem ›Prinzip Hoffnung‹, das sich dann in Bechers *Tagebuch* oder Wischnewskis *Optimistischer Tragödie* nur unvollkommen erfüllt.

Bürgerliche Kunst ist, betont Mayer, vor allem Romankunst; von hier aus entfaltet er die Reihe seiner eindrucksvollen Einzeluntersuchungen – beginnend mit Johann Gottfried Schnabel, in dessen Prosa schon wirklichkeitsgesättigte deutsche Lebensläufe auftauchen; gipfelnd in Thomas Mann, der noch einmal den bürgerlichen Niedergang repräsentiert und überschreitet. In der Analyse des modernsten Romans verraten sich Mayers konservative Neigungen, die sich mit dem noch Mimetischen wohler fühlen als mit dem ungebärdigen Erzähler-Subjekt des *roman nouveau*. In seiner Max Frisch-Studie prüft Mayer die verschiedenen Möglichkeiten, *Stiller* als Ehegeschichte oder Darstellung metaphysisch-existentieller Probleme zu interpretieren und dringt zuletzt darauf, das gesellschaftliche Element als wesentliches zu betonen: »Leben und Literatur im Zeitalter der Reproduktion [ist] das eigentliche Thema« (DLZ, S. 193) des Romans, mit welchem Frischs *Gantenbein* nicht zu wetteifern vermag. *Mein Name sei Gantenbein* hat nichts als »ein flaues Gefühl von lauter Geschichten« (DLZ, S. 213) zur Folge und der gesellschaftsbezogene Kritiker ist nicht willens, Frischs souveränes Kunst-Spiel als artistischen Höhepunkt seiner epischen Entwicklung anzuerkennen. Ein gleiches bei Böll: Mayer respektiert ihn als realistischen Darsteller und Kritiker der deutschen Krähwinkelei, will ihn aber zugleich in der kleinbürgerlichen Rolle fixieren und betrachtet Bölls Prosa-Experimente der sechziger Jahre (mit denen Bölls Leistung einen europäischen Anfang nimmt) als problematische »Fehlleistungen« (DLZ, S. 314), die aus Bölls permanenter Abwehrattitüde gegen jegliche Ideologie herrühren. Hans Mayer hat Anerkennung für seinen Landsmann Jürgen Becker und die Jüngsten, aber den technischen Experimenten der älteren Generation folgt er mit hinhaltender Skepsis eher als in tiefer Sympathie.

Hans Mayers Erörterungen kehren zu zwei fundamentalen Problemen zurück; immer wieder interessiert ihn die Frage nach dem ›Versagen‹ des deutschen Romans des 19. Jahrhunderts und die Frage nach der bürgerlichen Endzeit. In seinen Betrachtungen über den deutschen Roman des 19. Jahrhunderts erneuert Mayer gewisse Lukácssche Gedankengänge: im Gegensatz zum französischen und zum russischen Roman, die eine Welt entschlossener politischer Taten reflektieren sollen, spiegelt das deutsche Genre (als Desillusionierungsroman) nichts wider als eine Welt der politischen Lethargie oder feigen Kompromißbereitschaft; daß in Fontanes Romanen fast ›nichts‹ geschieht, wird als Beweis für die Tatenlosigkeit der deutschen bürgerlichen Welt und den mangelnden Realismus dieser Dichter ins Treffen geführt. Im Begriff der bürgerlichen Endzeit (Thomas Mann ist ihr artistischer Repräsentant) triumphiert endlich ein mythologischer Begriff vollends über Geschichte und Dichtung. *Dr. Faustus* bezeugt das Ende des bürgerlichen Künstlers, »Ende des Bürgertums, Ende der bürgerlichen Kunst, Ende des bürgerlichen Humanismus, Ende des Vernunftbegriffes, des liberalen Staates, Ende der kapitalistischen Gesellschaft« (LM, S. 398); und auch noch in den in der Bundesrepublik publizierten Arbeiten besteht Mayer nach wie vor darauf, vom Ende der Bürgerwelt zu sprechen. Ernst Fischer und Lucien Goldmann sind in dieser besonderen Frage zu konsequenteren Einsichten vom leidigen Erfolg der kapitalistischen Interventionswirtschaft, von der Verdinglichung im Sowjetstaat und der Verwandlung der Proleten in Konsumbürger gelangt; Hans Mayer beharrt auf seiner Rolle als urbaner Bürgerschreck, der seinen Mittelstands-Hörern wollüstige End-Schauer über die Haut jagt, und kann deshalb nicht erklären, warum das totgesagte Bürgertum immer fröhlichere Urständ feiert und sich in einer zweiten industriellen Revolution zu neuen Taten verjüngt; und warum sich (eine besondere Frage für den Literaturwissenschaftler) die Literatur der siegreichen proletarischen Völker noch immer in Romanen manifestiert, deren urbürgerliche Formen feinnervige Beobachter schon in der Epoche George Sands als merkwürdig antiquiert tadelten. Aber Mayer ist ein proteischer Praktiker, den das Kulinarische (wo nicht Opulente) der Künste zu feineren Antworten reizt als die stofflose Systematik. Goldmanns theoretische Selbstquälereien sind ihm fremd; er sucht nach Wechselwirkungen von subjektiver Schöpfung und objektiver Gesellschaftlichkeit oder, in großen Zügen, nach gesellschaftlicher Verknüpfung, und läßt das Methodengezänk den anderen. Seine kritische Empfindlichkeit bewahrt ihn zuletzt davor, dem althergebrachten Hegelschen Glauben an die Geschichtlichkeit des Kunstwerks ganz zum Opfer zu fallen und, wie Goldmann, das Werk im Geschichtsstrom versinken zu sehen. Er revidiert diese deutsche Tradition auf seine eigene Art und fragt in einem seiner jüngsten Aufsätze (*Merkur*, 1968) wie Karl Kosík vor ihm, ob nicht der historische Moment der Kreation vergänglich sei und das produzierte Produkt mehr zu verkünden habe als Geschichtlichkeit. Hier ist ein Wendepunkt erreicht, an welchem die traditionelle Wert-Theorie der marxistischen Literaturkritik und des ihr vorangehenden deutschen Historismus radikal und neuerlich in Frage stehen.

Im neueren Kontext des philosophischen Marxismus sind die theoretischen Implikationen der Literaturkritik Hans Mayers, mit ihren wiederkehrenden Akzenten auf dem untrennbaren, aber vagen Zusammenhang von Geschichte und Kunst und dem mythischen Ende der Bürgerwelt, fragmentarischer und traditioneller Art, aber der rastlose Aufklärer und geistreich-schnelle *homme de lettres* hat andere Meriten. Im Amte mag Mayer einem deutschen Seminar vorstehen, aber seine Arbeit bewegt sich wie selbstverständlich im Horizont der Weltliteratur eher als in germanistischen Hainen und Erkern. Als dreißigjähriger Flüchtling hat er sich mit dem Studium Büchners, Bergsons, Tolstojs, Rimbauds und Poes der Literaturwissenschaft zugewandt, und der sechzigjährige Magister der Weltliteratur wird nicht müde, von Ionesco, Gombrowicz, Pasternak und Fernando Pessoa zu sprechen. Unter diesen Arbeiten scheint mir das Triptychon Mayers über Sartre von besonderem Interesse. Nichts liegt Mayer ferner, als die Leistung Sartres dogmatisch herabzusetzen; er kann sich nur nicht damit abfinden, daß Sartre die marxistische Theorie mit anderen methodologischen Einsichten verbinden will. Die Klassenposition ist bedroht, fürchtet Mayer;

ein ›Methodensynkretismus‹, ein ›Eklektizismus‹ trete hervor. Aber warum diese Sorge? »Der Schriftsteller Sartre strebt nach einer Literatur des Sowohl-als-auch« (AL, S. 155): – Merkwürdige Anklage aus dem Munde eines Literaturfreundes, der uns seit Jahr und Tag durch die wirkungsvolle Tugend des Sowohl-Als-Auch belehrt, provoziert und besticht.

I. L.M.	=	Von Lessing bis Thomas Mann, 1960
G.B.	=	Georg Büchner, 2. Aufl. 1960
DLW	=	Deutsche Literatur und Weltliteratur, 1957.
DLZ	=	Zur deutschen Literatur der Zeit, 1967.
AL	=	Ansichten zur Literatur der Zeit, 1962.

Aus: *Der Dichter und seine Zeit. Politik im Spiegel der Literatur.* Drittes Amherster Kolloquium zur modernen deutschen Literatur 1969. Herausgegeben von Wolfgang Paulsen. *Literatur und Geschichte* Bd. 1, Lothar Stiehm Verlag, Heidelberg 1970, S. 13–32.

Joachim Gaudigs
Hans Mayer: Goethe

Nichts ist anregender und belebender, geistig produktiver als der Widerspruch. Zunächst als Lust am Widersprechen. Dies muß durchaus keine Unart sein. Wohnt Widerspruchsgeist jedem Menschen inne, wie Hegel konstatierte, so ist es auch legitim, davon Gebrauch zu machen; ja er soll es. Nur ist der Widerspruchsgeist auszubilden, methodisch zu schulen, damit er nicht allzu viel Unheil anrichte.

Anregend, das Denken herausfordernd wirkt der Widerspruch sodann, wo er in der Wirklichkeit begegnet, als objektiv bestehender. Ungereimte Verhältnisse, widerspruchsvolle Konstellationen, gegensätzliche Aussagen, Dunkelheiten aller Art und Rätsel wollen aufgeklärt werden. Niemand kann das besser als Hans Mayer, der an Hegel geschulte vielseitige Gelehrte, dem bedeutende Studien zur deutschen Literatur, Musik und Philosophie zu danken sind. Das Aufhellen von Widersprüchen erweist sich als das forciert geübte und höchst fruchtbare Prinzip seines Forschens. Die *Gedanken über Goethe* bezeugen es, niedergelegt und der Mit- und Nachwelt vermacht unter dem schlichten Titel: *Goethe – Ein Versuch über den Erfolg*.

Goethe – ist über den nicht alles gesagt? Hat eine seit über 150 Jahren an Goethe mehr oder weniger ernsthaft sich versuchende Wissenschaft überhaupt etwas an Rätseln und Widersprüchen offengelassen? Ist dieses Leben nicht bis in alle Winkel ausgeleuchtet und erklärt, das Werk nicht schon viele Male ausgelegt und gedeutet worden? Aber vielleicht besteht wissenschaftlicher Fortschritt gerade darin, der Widersprüche und dunklen Stellen erst einmal gewahr zu werden und – hat man sie entdeckt – sie nicht gleich wieder, idealisierend und eilfertig auf Harmonie bedacht, der Verklärung anheimzugeben. Oft genug war die letzte Zuflucht einer andachtsvoll betriebenen Goethe-Philologie das Erschauern vorm Geheimnis. Hans Mayer zeigt, daß man es nicht unbedingt dabei bewenden lassen muß: er jedenfalls geht darüber hinaus – mutig und entschieden –, ohne doch dem Respekt vor Goethe jemals etwas schuldig zu bleiben.

Wie könnte auch eine Untersuchung respektlos sein, die dieses unendlich schwierige Leben mit seinen Leiden, Enttäuschungen, Bitternissen, dies in mehr als einer Phase vom Scheitern bedrohte Leben ernst nimmt, wie es wohl niemals zuvor ernst genommen worden ist. Mayer untersucht die Krisen, die sich in Goethes Leben mit regelmäßiger Wiederkehr einstellten, er verfolgt die gescheiterten oder nur halbgeglückten Projekte, verzeichnet die Mißerfolge. Natürlich geht es ohne Kritik an Goethe nicht ab, Kritik nicht gerade ›auf den Knien‹ geübt, aber doch so, daß er dabei das Inkommensurable, das vollkommen Unvergleichliche der Gestalt stets voraussetzt und anerkennt.

An den Mißerfolgen liest er Goethes Größe ab, ein Begriff, bei dem ihm nicht ganz wohl ist. Doch daß die Widersprüche »gerade Goethes spezifische Größe ausmachen«, steht noch auf der letzten Seite der packenden Studie. Ein drittes Mal taucht der Begriff »Größe« auf, wo Mayer sagt: »Goethes Größe auch hier: daß er sich abermals durchschaute.«

Darin ist Mayer selbst groß: Goethes »Durchschauen«, alle Anwandlungen von Selbstkritik und skeptischer Reflexion zu bemerken und es ihm im Durchschauen gleichzutun. Ohne Zweifel hat er sein Vorbild darin noch um einiges übertroffen. »Den Menschen in seinen Zeitverhältnissen darzustellen«, – darin sah Goethe »die Hauptaufgabe der Biographie«, wie er im Vorwort zu *Dichtung und Wahrheit* erläutert. Er besaß frühe Übung darin, sich historisch zu sehen, vermochte es bereits 1783, sich »als eine historische Figur zu zeichnen«; das Gedicht *Ilmenau* – für Hans Mayer auch sonst ein wichtiges Dokument – legt Zeugnis davon ab. Im Alter war Goethe sich vollends »historisch geworden«. Dieses zunehmende geschichtliche Selbstverständnis hat Mayer in einem Exkurs gesondert untersucht. Darin verfolgt er Goethes »Weg zur Geschichte«. Gewissenhaft verzeichnet er die einzelnen Stationen dieses Weges, deren letzte und bedeutendste Goethes Autobiographie ist, »das größte historische Werk ihres Verfassers«, wie Mayer sagt. *Dichtung und Wahrheit* sei aus der sorgenden Absicht hervorgegangen, »die Geschichtlichkeit der eigenen Gestalt auch vor den Zeitgenossen und Nachlebenden zu erklären«. Im Exkurs scheint Mayer der Ansicht zuzuneigen, dies sei Goethe auch gelungen, denn gegen Ende heißt es: »Alles erscheint in geschichtlicher Wechselwirkung. Eine Welt im Werden breitet sich aus. Wie solche Wechselwirkung von Individualität und Gesellschaftlichkeit in der Geschichtsschreibung zu erreichen sei, hatte Goethe an Cellini, Winckelmann, Diderot erfahren. »Hier wurde es geleistet. Ein geschichtliches Werk, unternommen mit allen Erfahrungen aus der Zeit der Revolution und Invasion, der Kriege und Bürgerkriege.« Außerhalb des Exkurses, im 12. und letzten Kapitel des Essays, liest es sich bedeutend anders: sich »aus seinen Zeitverhältnissen« zu deuten, habe Goethe »zwar als Ziel in der Autobiographie postuliert, aber höchst kunstvoll vermieden«. Wenn das kein Widerspruch ist!

Nun ist es freilich nicht so, daß Mayer die Leistung seines Exkurses mit einem beiläufig gesprochenen Satz desavouiert – boshaft wäre er dann auch sich selbst gegenüber –, aber gewiß deutet der Widerspruch, der nicht wegzueskamotieren ist, auf einen blinden Fleck der Erkenntnis hin. Zugegeben, – der Exkurs ist vor mehr als zehn Jahren entstanden; doch Mayer hat ihn überarbeitet und wiederabgedruckt.

Was hat Goethe mit seiner Autobiographie nun wirklich geleistet? Hat er »die geschichtliche Wechselwirkung« – das heißt doch wohl, den Menschen aus seinen Zeitverhältnissen zu verstehen – nun zur Darstellung gebracht oder nicht? Die Frage ist nicht belanglos. Sie führt ins Zentrum aller methodischen Überlegungen, die auch Mayers eigenem Ansatz zugrunde liegen.

Wahrscheinlich ist die Formel, die fordert, »den Menschen in seinen Zeitverhältnissen darzustellen«, viel zu allgemein und zweideutig – und darum schwankender Bewertung ausgesetzt. Das gilt auch für jene andere, von Mayer gebrauchte, die auf »die Wechselwirkung von Individualität und Gesellschaftlichkeit« Wert legt. Natürlich hat Goethe sie erreicht, und darum ist Hans Mayers großartiger Exkurs über *Dichtung und Wahrheit* in nichts überholt.

Aber er hat etwas anderes nicht getan, was Mayer später wichtiger geworden zu sein scheint: er hat die geschichtliche Tendenz seines Jahrhunderts nicht zutreffend bewertet, in seinem Urteil über die Zeit wie über die eigene Lebensbahn sich Täuschungen hingegeben. Das entscheidende historische

Ereignis war die Französische Revolution von 1789. Goethe hat sich ihr gegenüber nicht einem Urteil entzogen: er hat sie abgelehnt und mißbilligt. Einer von Mayers markanten kurzen Sätzen, die es so sehr in sich haben, lautet: »Goethe hat die französische bürgerliche Revolution nicht verstanden.«

Hätte er sie verstanden, so darf man daraus folgern, nämlich als bürgerliche Emanzipationsbewegung welthistorischen Ausmaßes, wie Mayer sie sieht, dann hätte er sie gewiß auch begrüßt. Oder etwa nicht? Denn mit Goethes Bürgerlichkeit war es sonderbar bestellt. Strenggenommen war er gar kein Bürger. »Die These Thomas Manns vom bürgerlichen Repräsentanten Goethe hält nicht stand.« Dies ein anderer überraschender Satz Mayers. Was war er denn? Auf keinen Fall, »was immer Börne behaupten mochte, ein Mann des Ancien Régime«. Mayer wird nicht müde zu betonen: »Gegner der Revolution, war dieser einstige Liebling der jungen Leute um 1770 nach wie vor ein verachtungsvoller Widersacher der Doktrin wie der Praxis des Ancien Régime, vor allem in seiner französischen Ausprägung.«

Hier liegt für Hans Mayer »der tiefste Widerspruch in Goethes geschichtlich-politischen Positionen«, paradox zumal, bedenkt man seine Rolle im Dienste des Herzogs von Weimar. Der bereits zitierte Satz: »Goethe hat die französische bürgerliche Revolution nicht verstanden«, hat sein Gegenstück in dem unmittelbar folgenden: »allein er verstand den Untergang des Ancien Régime«. Und wieder fällt auf, wie Mayer mit dem Begriff »Verstehen« arbeitet. Man kann daraus beinahe die Gleichung ableiten: für die historische Tendenz eintreten = verstehen, gegen sie sein = nicht verstehen. Wie immer man solch begriffliche Äquilibristik beurteilen mag, gewiß ist, daß hier ein spätes und auch überlegenes historisches Bewußtsein am Werk ist.

Nun war Goethe selbst skeptisch genug, als er an die Abfassung von *Dichtung und Wahrheit* ging. Nach der Formulierung der »Hauptaufgaben der Biographie« schreibt er im Vorwort: »Hiezu wird aber ein kaum Erreichbares gefordert, daß nämlich das Individuum sich und sein Jahrhundert kenne . . .«

In der Erkenntnis der historischen Wahrheit überholt zu werden, kann ihm kein ganz fremder Gedanke gewesen sein.

Mayer wagt nichts weniger, als daß er Goethes Versuch, »den Menschen aus seinen Zeitverhältnissen darzustellen«, noch einmal unternimmt: aus der Distanz von anderthalb Jahrhunderten – so bestätigend, daß Distanz der Erkenntnis dienlich, ja zu ihr unentbehrlich ist – und befrachtet mit dem ganzen Wissen, das sich seitdem angesammelt hat.

Sprachliche Gewalt, Glanz, Schönheit von *Dichtung und Wahrheit* sind nicht einzuholen, geschweige denn zu übertreffen, und kein Gelehrter wird dies versuchen wollen. Goethes Autobiographie als Werk deutender Geschichtsschreibung hat Hans Mayer jedoch übertroffen und nicht einfach in dem Sinn, daß er über das Jahr 1775 hinausgeht, das ganze Leben Goethes betrachtet, auch und gerade jene Epoche, vor deren Darstellung er selbst zurückgeschreckt war – das Weimarer Jahrzehnt von 1775–1786. Das haben andere Forscher ebenfalls getan, aber Hans Mayer ist natürlich auch ihnen – ihnen erst recht! – an Urteilskraft außerordentlich überlegen.

Die Weimarer Krise ist das betreffende Kapitel überschrieben. Krise? War die Zeit nach 1775 nicht eine einzige Serie von Erfolgen? Hat Goethe nicht das Vertrauen seines Fürsten besessen, nicht wohltätigen Einfluß auf ihn ausgeübt, im Herzogtum nicht eine wichtige Aufgabe nach der anderen übernommen? Ist er nicht gleich im ersten Jahr zum Geheimen Legationsrat, bereits 1779, eben dreißig Jahre alt, zum Geheimen Rat ernannt worden? Folgte 1782 nicht die Erhebung in den Adelsstand? Und fällt in dies Jahrzehnt nicht vor allem die Begegnung mit Charlotte von Stein, die ihn zu wunderbaren Gedichten inspirierte, den Leidenschaftlichen, oft Ungebärdigen zudem mäßigte und sänftigte, zum harmonischen Menschen erzog? Ist es somit nicht erlaubt, von einer glücklichen und fruchtbaren Epoche in Goethes Leben zu sprechen, so daß sein Entschluß, entgegen dem Rat des Vaters der Einladung Karl Augusts nach Weimar zu folgen, überaus gerechtfertigt erscheint?

Hans Mayer sieht auch hier klarer, bricht die Oberfläche der tradierten Biographie auf, analysiert die gesellschaftlichen Verhältnisse. Sie macht er dafür verantwortlich, daß die »großen politisch-reformatorischen Pläne« Goethes zwischen 1775 und 1786 *zerschellen.* Vor allem erlahmte die poetische Produktion.

»Das Wichtigste blieb in jenem Weimarer Jahrzehnt bloß Fragment oder Projekt: *Egmont* und *Tasso* und *Faust*, auch der Roman stockte im siebenten Buch.« Dafür hat Mayer das Wort »Scheitern« parat. Er schließt sich dem Urteil all derer an, für die »mit dem Übergang nach Weimar ein Verhängnis eingeleitet schien«, wie es Hans Pyritz formuliert hat. Schließlich hatte Goethe anders begonnen: als umjubeltes Originalgenie, das mit dem Volk fühlte, als »Sprecher einer jungen Generation«. Daß er sich mit der adelsstolzen Gesellschaft von Weimar einließ, die für Poesie allenfalls ein sehr beschränktes Verständnis hatte, – das konnte nur zu Konflikt und Krise führen. Schlimmer noch: zu »einer Abbiegung seines eigenen Lebens. Hier beginnt der Lauf und Ablauf Goethescher Mißerfolge«.

Hans Mayers Urteil läßt an Radikalität nichts zu wünschen übrig! Dabei kann er sich sehr gut auf Einsichten Goethes berufen, so auf jenen die eigene Situation durchschauenden Vergleich mit einem Vogel, »der sich in Zwirn verwickelt hat: Ich fühle, daß ich Flügel habe und sie sind nicht zu brauchen.« Oder auf die Bemerkung zu Eckermann: »daß ich in den ersten zehn Jahren meines weimarischen Dienst- und Hoflebens so gut wie gar nichts gemacht, daß die Verzweiflung mich nach Italien getrieben . . .«

Italien – dorthin wollte ihn sein Vater schicken; mit der Reise nach Weimar war er hingegen gar nicht einverstanden. Gerade darum entschied sich Goethe für sie, Hans Mayer hat diesen Zusammenhang aufgedeckt. »Wäre es so, daß Goethe den wichtigsten und folgenreichsten Entschluß seines Lebens nicht zuletzt deshalb faßte, weil der Vater dem widerraten hatte?«

Widerstand gegen den Vater also; das rief Schuldgefühle hervor; eine seelische Wunde, die nach Heilung verlangte. Im Hamlet-Kapitel von *Wilhelm Meisters theatralischer Sendung* hat Goethe sein Trauma bewältigt. Auch Hamlet begegnet dem Vatergeist. *Hamlet und der Vater* heißt das Kapitel, in dem Mayer seinen psychoanalytischen Spürsinn betätigt.

So lebendig, so aufregend unkonventionell kann das vielgescholtene Fach Germanistik sein, wenn historische, soziologische und psychologische Methoden zusammentreten. Hans Mayer beherrscht sie meisterhaft, handhabt sie undoktrinär

– als einzelner! Individualpsychologie, auf Goethe angewandt, soll die Widersprüche nicht verstehen, doch die »Motivationen in diesem Dasein« aufdecken helfen.

Daß psychologischer Scharfsinn indes nie schaden kann, zeigt das Kapitel über Schiller – vielleicht das erregendste des ganzen Buches. Hans Mayer als Gärtner: er jätet das »Unkraut des Heroenkults«. Bemerkungen zum Verhältnis Schiller-Goethe durchziehen den ganzen Essay. Was Mayer hier aufdeckt und durchschaut, ist wahrhaft neu und umstürzend. Wie Schuppen fällt es einem von den Augen: Ja, so muß es gewesen sein. – Reizvoll wäre es, dabei im einzelnen zu zeigen, daß er dabei nahezu alle Erkenntnisse von Hans Pyritz, wie sie in dessen äußerst gründlicher Studie *Der Bund zwischen Goethe und Schiller* niedergelegt sind, munter auf den Kopf stellt. Um nur ein Beispiel zu geben: Pyritz konstatiert »auf beiden Seiten die Hoffnung, daß aus dieser Koalition der beiden stärksten Mächte des geistigen Deutschlands eine kulturelle Reform hervorgehn könne und müsse«. Bei Mayer wird daraus: »das Bündnis des Mangels mit dem Mangel. Allianz in dürftiger Zeit«.

Hans Pyritz war gewiß ein bedeutender Gelehrter und hervorragender Goethe-Kenner. Hans Mayer hat mit seinen Thesen mehr als nur eine diskutable Alternative geschaffen: von genialer Hellsicht ist, was ihm zu Schiller, zu Goethe, zu beider Allianz und Freundschaftsbund aufgegangen ist.

Die rein philologischen Funde in diesem Goethe-Buch sind eine Klasse für sich. Vor allem zu den *Wahlverwandtschaften*, dem *Westöstlichen Divan*, zu den drei *Faust*-Konzeptionen und dem *Wilhelm Meister* hat Mayer Erhellendes zu sagen: kompakteste Erkenntnisse, stringent formuliert.

Die antizipatorischen Momente in Goethes Spätwerk haben es ihm angetan; sie arbeitet er heraus, noch einmal Goethes historische Position umreißend, die eine Gegenposition zu seiner Gegenwart war. Dafür vermochte er Vergangenheit und Zukunft unmittelbar aneinander zu knüpfen. »Seine tiefe Einsamkeit [...] gab ihm erstaunliche Visionen einer Welt von morgen und übermorgen.«

Verkannt war Goethe schon zu Lebzeiten; unbekannt, weithin vergessen in der 2. Hälfte des 19. Jahrhunderts. Da war es ihm nicht anders ergangen als Hegel und Beethoven auch. In einem zweiten Exkurs *Goethe, Hegel und das 19. Jahrhundert* versteht Mayer diese drei als Repräsentanten bürgerlicher Aufklärung. Ihr drohte vom nachrevolutionären Bürgertum, jenem philiströsen Geschlecht, das nach 1850 tonangebend wurde, die Zurücknahme.

Auch von unserer Zeit wird man nicht sagen können, daß Goethe in ihr präsent sei. Vielleicht ist eine schönfärberische, verklärende, huldigende, heroisierende Goethe-Deutung daran mitschuldig. Hans Mayers epochale Leistung – ein aufklärerischer Akt aus der Tradition des Hegelianismus – hat sie hinfällig gemacht. So könnte sich manches ändern.

Aus: *Deutschlandfunk*, 27. 1. 1974.

Wolfram Schütte
Kein Repräsentant bürgerlichen Zeitalters

Hans Mayers Goethe-Essay und gesammelte Kritiken und Polemiken

In den letzten Jahren ist er ein wenig in den Hintergrund getreten: Hans Mayer, nunmehr auch emeritiert, einer unserer großen Germanisten. Nicht nur ein Fachgelehrter, Lehrstuhlinhaber und -verweser. Sondern ein Schriftsteller, dessen tagesaktuelle, journalistische kritische Arbeit die Literatur unserer Zeit anregend begleitet hat. Seine Georg-Büchner-Monografie, während der Emigration entstanden und danach immer wieder erweitert, ist *das* Standardwerk geblieben; seine großen Essays über Thomas Mann und Bert Brecht sind Musterbeispiele für die Gattung wie für die literatur-, zeit- und gesellschaftskritische (marxistische) Beschäftigung mit dem Werk und der Person dieser beiden »großen Deutschen«.

Die Kritiken und Polemiken, welche Hans Mayer nun unter dem wetterprophetisch-ironischen Titel *Vereinzelt Niederschläge* im Neske Verlag herausgegeben hat, sind Arbeiten, die zwischen 1939 und 1972 zur Literatur, zum Theater, zum Film entstanden sind und welche die Spannweite des Interesses und der Kenntnis (nicht weniger als die Fähigkeit der Darstellung & kritischen Durchdringung), die ihm zu Gebote stehen, brillant beweisen. Sie werden hier seinem reichen kritischen Werk, das in einer Vielzahl von Sammelbänden vorliegt, angebaut – ohne daß damit zeitlich eine andere architektonische Gewichtung entstehen würde. Die meisten dieser Arbeiten waren in Wochenzeitungen erschienen oder sind im Rundfunk gesendet worden. Daß sie hier »haltbar« geblieben sind, immer noch lesbar, das zeigt eben: Mayer macht keine Sachen so mit der linken Hand oder dem kleinen Finger, das heißt er verachtet den Anlaß nicht und nie auch den Gegenstand.

Eine Überraschung für viele seiner Leser – und vor allem für jene, die ihn zu kennen meinten – dürfte allerdings sein *Goethe* sein, ein 107 Seiten umfassender *Versuch über den*

Erfolg, dem noch zwei längere Exkurse beigegeben sind, die sich mit Entstehungsgeschichte von *Dichtung und Wahrheit* und *Goethe, Hegel und das 19. Jahrhundert* beschäftigen. Der Goethe-Essay, der wohl in den letzten Jahren aus einer Beschäftigung mit verschiedenen Fachpublikationen entstanden ist – jedoch keineswegs den Charakter einer Sammelbesprechung trägt, sondern das Material souverän verarbeitet und den Gegenstand bravourös gliedert –, ist eine erstaunliche schriftstellerische Leistung. Man liest die Arbeit mit großem Genuß – nicht nur, weil es keine Mühe, sondern Lust bereitet, sie zu *lesen* (denn Mayers Fähigkeit, den Fachjargon gar nicht erst aufkommen zu lassen, ist hier besonders ausgeprägt); der Genuß kommt aber auch aus der Stringenz, mit der Mayer seinen *Goethe* aufbaut – nein, nicht »aufbaut« zum starren Dichterfürsten-Monument, sondern zum Porträt eines Mannes, der sich immer tiefer seiner Zeit entfremdet und fast zu einem jener einsamen Eremiten wird, die uns aus Jean Pauls Werk bekannt sind.

Ich stelle mir vor, daß Mayers kritische Überprüfung Goethes, seiner Produktion, seiner Resonanz und seiner Zeit ihren Ursprung hatte in Thomas Manns Behauptung, »Goethe sei ein Repräsentant des bürgerlichen Zeitalters«. Mayer widerspricht Thomas Mann und nicht nur ihm, sondern auch einer ganzen Reihe anderer Deutungen, die Goethes »Unzeitgemäßheit« – seine bornierte und unverständliche Haltung gegenüber den bürgerlich-progressiven Zeit- und Gesellschaftstendenzen, also gegenüber der Französischen Revolution und den Freiheitskriegen, seine zweifelhafte Freundschaft mit Schiller, seine tiefmerkwürdigen und unverstandenen Alterswerke (*Faust II, Wanderjahre, Divan*) – in einer scheinbar höheren, klassizistischen Einheit aufzuheben und ins Problemlose umzudeuten versuchten.

Was Mayer an seinem *Versuch über den Erfolg* gereizt haben mag, ist wohl der Wunsch, den widersprüchlichen Tendenzen in Goethes Leben, Werk und Wirkung nachzugehen und sie in ihren produktiven Wechselwirkungen zu beobachten. Wobei mir weniger die tiefenpsychologischen Überlegungen, die sich mit Goethes Vaterbeziehung beschäftigen, faszinierend erscheinen, als Mayers genau an den Produktions- und Lebensprozessen orientierter Versuch, Goethes spätaufklärerisches Denken (an dem er über mannigfaltigste Zeittendenzen, denen er begegnete, hinweg festhielt) in kontrastierende Verbindung zu bringen eben mit der »Goethezeit«. Die »Ungleichzeitigkeiten« von Werk und Zeit, welche die Arbeit immer wieder betont und akzentuiert, lassen jenes Goethesche »Zwischenreich zwischen dem Nichtmehr« (des Ancien régime) »und dem Nochnicht« kenntlich werden, das Mayer, mit überzeugenden Beweisen ausgestattet, als ideologischen Zwischenbereich einer »Vor- und Nachbürgerlichkeit«, aber keinesfalls der Bürgerlichkeit bestimmt, die bei Goethe negiert, ja als Leerstelle nur vorhanden ist.

Dieses sehr nüchterne, gegen Verhimmelungen und Verteufelungen gleichermaßen abgesetzte Goethe-Zeit-Porträt könnte am Anfang einer neuen Goethe-Kritik und -Beschäftigung stehen: wie ein Prospekt der Zukunft, die der Vergangenheit ohne Beschönigung ihr Recht zuteil werden läßt. Die Anzeichen mehren sich, die darauf hindeuten, daß junge Autoren und Kritiker – nach einer langen Zeit der Goethe-Abstinenz – sich erneut mit dem vom klassizistischen Putz (bürgerlicher oder Lukácsscher Observanz) gereinigten Schriftsteller beschäftigen, nicht um der angestrengten falschen verbürgerlichten Goethe-Harmonie erneut anheimzufallen, sondern erregt und angezogen von der offenkundigen Disharmonie, dem vorausblickenden und zurückgewandten janusköpfigen Charakter dieses umfänglichen Gesamtwerks. Wäre es so, so hätte Hans Mayer mit seinem Goethe-Essay sich gleich an die Spitze dieser Entdeckungsreisenden auf dem Weg zu Goethe gesetzt.

Übrigens: kann schon sein, daß dann irgendwo die Goethe-Reisenden auf eine andere Gruppe treffen: die Jean-Paulianer. Das wird ein großes Hallo geben, »Dr. Livingston, I presume?«; vielleicht auch erst eine Keilerei; denkbar jedoch, daß man dann gemeinsam weiterreist, Arm in Arm: »il faut cultiver notre jardin.«

Aus: *Frankfurter Rundschau*, 9. 2. 1974.

Horst Krüger
Jugendstreich eines Altmeisters

Ob dieses Buch tatsächlich, wie sein Klappentext stolz verkündet, als das »Opus magnum« dieses brillanten Gelehrten zu werten ist, sollte man getrost dem Urteil der Nachwelt überlassen. Sicher ist es das absonderlichste und passionierteste Werk dieses Schriftstellers. Engagement ist im Spiel. Etwas Keckes und Aufmüpfiges kommt hinzu. So etwas, tatsächlich, schreibt man nur einmal im Leben und meistens früher. Soll man es einen genialischen Jugendstreich, eine Art Werther-Stück im vorgerückten Seniorenstand nennen? Schwer, dieses Buch einzuordnen – Hans Mayer, *Außenseiter*, Frankfurt, 1975. Für eine solide, hübsch lederne Literaturgeschichte des Außenseitermotivs ist es trotz aller Interpretationsorgien, die hier gefeiert werden, zu temperamentvoll, zu sprunghaft, auch zu parteilich. Für eine vehemente Kampfschrift, die Öffentlichkeit bewegen sollte, zu ausschweifend historisch, überdies intellektuell sehr genußvoll, fast elitär. Weder *Women's Lib* noch *Gay Power* noch der Zionismus werden Mayers Texte an ihre Fahnen heften wollen. Der bürgerlichen Literaturgeschichte ist es mit Sicherheit zu marxistisch. Den orthodoxen Marxisten (nicht nur in Osteuropa) muß es schlechthin ein Greuel sein, ein Sündenpfuhl der Subjektivität. Was also?

Ich meine, dieses Buch ist genau das, was es beschreibt: ein Außenseiter, ein Unikum. Es hat etwas von einem großartigen Fragment, einem Versuch, der eine ungeheure Stoffmasse neu gliedert, neu durchdenkt. Wenn der Gattungsbegriff Essay (als Versuch, der sein Scheitern gleich mitdenkt) überhaupt einen Sinn hat, dann hier. Ein Meisterstück deutscher Essayistik ist zu begrüßen, übrigens aus französischem Geist: von Montaigne bis Sartre; es ist alles beflügelt vom Geist der Enzyklopädisten, der Aufklärer. Marx hinkt da nur hinterher.

Auf fast fünfhundert Seiten gibt Mayer eine Phänomenologie existentieller Außenseitertypen der bürgerlichen Gesellschaft. Manches, was in diesem Zusammenhang vorweg geklärt werden müßte, vermisse ich. Zugegeben: daß der Begriff des Außenseiters heute, Mitte der siebziger Jahre, viel von seinem Glanz verloren hat, der ihm noch in den existentialistischen fünfziger Jahren eigen war, braucht einen Historiker nicht zu interessieren. Unser heutiger Neomarxismus wird darin eher einen »kleinbürgerlichen Subjektivismus« erkennen. Aber wie stehen ganz prinzipiell der Marxist und der Marxismus als Ganzes zum Phänomen des Außenseiters? Es wird, jedenfalls für mich, auch nicht klar, daß es so etwas wie eine legitime, moralische Funktion des Außenseiters immer gegeben hat und daß sie heute im Zeitalter westlicher und östlicher Gleichmacherei notwendiger denn je ist. Der Gedanke, daß dank sozial-humanitärer Fortschritte auch noch der letzte Einzelgänger sozusagen mit Wollstrümpfen und Filzpantoffeln in die totale Wohlfahrtsgesellschaft integriert wäre, hat etwas Bedrückendes. Woher, wenn nicht vom *outcast*, soll denn der humane Widerspruch kommen? Wie dunkel wäre unsere Welt ohne Solschenizyn, ohne Baldwin und andere?

Doch diese produktive Funktion steht hier nicht zur Debatte. »Dies Buch geht von der Behauptung aus, daß die bürgerliche Aufklärung gescheitert ist«, heißt es thesenhaft zu Beginn. Der Satz kehrt leitmotivartig am Ende wieder. Niemand wird das bezweifeln. Mindestens seit Horkheimers und Adornos *Dialektik der Aufklärung* und seit Georg Lukács ist das bekannt. Mayer verschweigt in dem Kapitel *Genosse Shylock* auch nicht, daß die revolutionäre Weiterentwicklung der bürgerlichen Aufklärung im Sozialismus, wenigstens in dieser Hinsicht, noch viel schrecklicher gescheitert ist. Er benutzt diese These eigentlich nur als Rahmen, um seine Bilder der Außenseiter optimal einhängen zu können. Als Prototypen dafür nennt er: Frauen, Homosexuelle, Juden.

Der Auswahl haftet, ich will nicht sagen etwas Willkürliches, aber doch Unausgewogenes an. Ein Historiker könnte natürlich auch Aussätzige, Hexen, Häretiker, Geisteskranke nennen. An Unterdrückungsexempeln von Abweichern ist ja kein Mangel in unserer Geschichte. Das Buch leidet unter dieser Disproportion der Modelle. Zu verschiedenartig sind die Mechanismen sozialer Unterdrückung bei den einzelnen Typen.

Gelungen und vollkommen schlüssig ist die Beweisführung eigentlich nur bei dem Modell des Juden als Außenseiter. Hier ist Mayer ganz auf der Höhe. Eine immense Stoffkenntnis, ein subtiles Instrumentarium sich weit verzweigender Interpretationskunst macht es ihm möglich, von Ahasver zu Shylock, von Nathan bis Spiegelberg und bis in die Gegenwart mit ihrer jüngsten Spielform des Antisemitismus, des Antizionismus, die Unterdrückungs- und Leidensgeschichte dieser klassischen Sündenböcke unserer christlichen Kultur zu durchleuchten. Insofern sind die letzten hundertfünfzig Seiten des Buchs die gelungensten. Hier wird die Tragödie in schrecklicher Folgerichtigkeit durchgespielt.

Daran gemessen bleibt die erste Gruppe der Frauen blasser. Es bedarf schon der ganzen literaturhistorischen Beredsamkeit und Universalbildung unseres Autors, um strukturähnliche Situationen herauszuarbeiten. Nicht, daß die Frau nicht immer unterdrückt worden wäre, es sind nur andere Mechanismen, gleichsam mildere Vorläufer. Mayer muß also sehr hoch greifen, sozusagen ins dramatische Fach überwechseln, er muß Jeanne d'Arc, Judith und Dalila beschwören, literarische Randfiguren und Extremfälle in sublimer Höhenluft. Aber es wäre eben nicht Hans Mayer, wenn ihm das nicht auch gelänge. Ich spreche nicht von Hexenkunst der Interpretation, von Gehirnakrobatik eines quasi universellen Bewußtseins. Ich, der ich nicht zur Zunft der Germanisten gehöre, auch nicht bereit bin, mich durch einen Orkan an Bildungsmassen einschüchtern zu lassen, bekenne nur, daß mir hier manches überanstrengt und überinterpretiert scheint. Es gibt offenbar auch ein Übermaß an intellektueller Rotation, das nicht mehr klärt und erhellt, sondern müde macht. Doch muß, nach Lichtenberg, solcher Zusammenstoß nicht unbedingt am Buche liegen ...

Dazwischen dann das große, hundertdreißig Seiten lange Kapitel mit dem lapidaren Titel: *Sodom*. Das ungleich heiklere Thema ist sozusagen behutsam in die Mitte genommen, flankiert und gut abgesichert durch zwei Gruppen, über deren Unterdrückungsrolle Konsensus herrscht. Hier wird zunächst einmal Nachhilfeunterricht erteilt. Es wird das Stück verschwiegener Geistesgeschichte, um das sich unsere Literaturhistoriker bis heute herumdrücken, durchgemustert und, gottlob, beim Namen genannt. Es wird jene andere *chronique scandaleuse* aufgeschlagen, die sonst nur als Gerücht da und dort gewispert wird: Christopher Marlowe und sein *Eduard*

II, Winckelmann, der Streit zwischen Heine und Platen, die Entdeckungsangst des Märchendichters Andersen, Ludwig von Bayern und Tschaikowskij, Wilde, Rimbaud, Gide, Cocteau, Klaus Mann, schließlich Genet, eine stolze Ahnentafel sozusagen, bei der das Stück Marxismus unseres Autors freilich auf der Strecke bleiben muß. Hier ist er eher ein aufgeklärter Aristokrat, mit Recht, will mir scheinen, denn bei den Homosexuellen handelt es sich wieder um eine andere Außenseiterstruktur. Es sind zwar die Juden der Liebe, aber diesem »Judentum« wäre beizukommen im Geist der Liberalität. Homosexuellenhaß ist aufklärbar, Antisemitismus nicht.

Auch hier bleiben Fragen offen, philosophische Grundfragen, die nicht erörtert werden. Gibt es eigentlich so etwas wie eine homosexuelle Ästhetik? Also einen spezifischen Stil, der diesen Außenseitern gemeinsam ist? Kann man, wenn man etwa das Werk von Wilde, Gide, Cocteau, Genet gleichsam aufeinanderprojiziert, so etwas wie eine strukturelle Identität im Erzählstil diagnostizieren? Ist, wie das Gerücht verlautet, das Element des Schönen ein spezifisch homosexuelles Element? Was bedeutet solche Art politisch? Gibt es hier dominante Neigungen zum Konservativen? Gibt es homosexuelle Revolutionäre? Fragen, die das Buch offenläßt, leider. Es schließt statt dessen mit einer kleinen Meditation über jüngste Homo-Pornos. Sagen wir es im Klartext: phänomenologische Universalität, Komplettheit der Fakten, nicht strukturelle Grundfragen sind hier der Ehrgeiz des Autors.

Der Klappentext nennt das Buch abschließend eine »fundamentale Aufarbeitung einer Tragödie«. Wohl wahr. Was das Buch in seiner Tiefe vorantreibt, ist der uralte und unerbittliche Wille der Juden, daß Gerechtigkeit sei in der Welt. Und doch fühlt man sich als Leser von diesem Prozeß, der da der Aufklärung gemacht wird, abschließend merkwürdig ausgeschlossen. Hat man eigentlich einem Prozeß beigewohnt? War es nicht eher ein Schauspiel, ein strahlendes Feuerwerk des Schmerzes, dem man beiwohnte? Es ist auf jeden Fall der Jugendstreich eines Altmeisters.

Aus: *Die Zeit*, Hamburg, 8. 8. 1975.

Martin Greiffenhagen
Außenseiter

Das Buch geht von einer politikgeschichtlichen These aus, der Behauptung, daß die bürgerliche Aufklärung gescheitert sei. Die Forderung nach Gleichheit führte überall da, wo sie politisch erfüllt wurde, sogleich zur Unterdrückung derjenigen Subjektivität, die sich der neu gefundenen Gleichheit nicht einfügen wollte oder konnte. Diese Dialektik der Forderung nach Gleichheit und dem Terror ihrer Durchsetzung hat die politische Aufklärung bis heute nicht überwunden. Das gilt nicht nur für die sozialistische Staatenwelt, die sich historisch aus dem gegenbürgerlichen Sozialutopismus des 19. Jahrhunderts herleitet, sondern ebenso für die bürgerlichen Demokratien, die sich dem naturrechtlichen Denken des 18. Jahrhunderts bis heute verpflichtet wissen. Beide haben bis heute ein eingeschränktes Toleranzverständnis: »Die Gleichheitsforderung mit der pathetischen Berufung auf alles, was Menschenantlitz trage, bleibt so lange widerspruchsvoll, wenn nicht unaufgeklärt, wie sie von einer scheinbaren Regelmäßigkeit des Menschlichen auszugehen sucht.«

Aller rechtlichen und politischen Emanzipation zum Trotz – die jüngste bedeutsame Gleichstellung erfuhren in der Bundesrepublik die Homosexuellen vor einigen Jahren – gibt es in allen sich demokratisch nennenden Gesellschaften Außenseiter. Hans Mayer mißt die Ernsthaftigkeit politischer Emanzipation an der Frage, wieweit das Gleichheitspostulat auch auf jene Menschen bezogen wird, »die als Monstren geboren wurden. Ihnen leuchtet nicht das Licht des kategorischen Imperativs, denn ihr Tun kann nicht zur Maxime einer allgemeinen Gesetzlichkeit gemacht werden. Eben darum jedoch muß sich die Aufklärung vor ihnen bewähren.« Außenseiter kennen keine Gemeinschaft, wollen oder lassen sich nicht organisieren, sind einander zudem meist feindlich gesinnt: gesellschaftlich allein durch ihre Negativität bestimmt. Das Gleichheitspostulat prallt an ihnen ab.

Im Unterschied zu jenen politischen Emanzipationstheorien, die am Fortschritt der Menschheit mehr interessiert sind als am Glück und am Leiden der einzelnen Person, müßte sich politische Aufklärung, wie Hans Mayer sie versteht, gerade darin bewähren, daß sie Ungleichheit im Menschlichen als eine menschliche Norm selbst zu erkennen bereit ist. Hans Mayer gerät damit in deutlichen Gegensatz zu seinem Freund Ernst Bloch, von dessen Hoffnungsphilosophie er schreibt: »Das Licht der Hoffnung scheint zwar den vielen in der Finsternis, kaum aber demjenigen, der selbst das Dunkle aufsuchte.« Dem Juden Ernst Bloch wurde sein Judentum nie zum Denkanstoß. Alle drei politischen Lösungsmodelle, das liberale, das faschistische und das marxistische, haben vor dem Außenseiter versagt. Der Faschismus proklamierte als dezidierte Gegenaufklärung die Ungleichheit als ein politisches Prinzip, der Liberalismus behilft sich bis heute mit einer Praxis des Zwar-Aber. Die marxistische Praxis in der Sowjetunion widerlegt das theoretische Gleichheitskonzept in bezug auf Frauen ebenso wie auf sexuelle Außenseiter und Juden.

In diesen drei Formen begegnen sich in diesem Buch Außenseiter, vorgeführt in einer schier unerschöpflichen Fülle von Gestalten aus Literatur und Politik. Dabei unterscheidet Hans Mayer zwischen intentionellen und existentiellen Außenseitern: kannte das Christentum Grenzüberschreitungen nur in bezug auf die Glaubenseinheit (mit der einen Ausnahme des existentiellen Außenseiters Judas Ischarioth und der folgenreichen Übertragung dieses existentiellen Außenseitertums auf das gesamte jüdische Volk), so gibt es besonders in der Moderne auch existentielle Grenzüberschreitungen: »Wie aber, wenn der Übertritt ins Abseits und Außen durch Geburt auferlegt war: durch das Geschlecht, die Abkunft, die körperlich-seelische Eigenart? Dann wurde die Existenz selbst zur Grenzüberschreitung. Diese Entdeckung gehört, wie es scheint, dem elisabethanischen England an. Christopher Marlowe und William Shakespeare haben die Stoffe und mit ihnen die Denkmodelle geliefert.«

Unmöglich, hier auch nur den Versuch einer inhaltlichen Wiedergabe des ungeheuren Materials, der spannenden Interpretation zu geben, die dieses gescheite Buch enthält. Die Darstellung weiblichen Außenseitertums reicht von der Grenzüberschreiterin Johanna (in den Darstellungen Schillers, Shaws, Brechts und Wischnewskys) bis zu *Women's Lib*,

Marylin Monroe, die Darstellung sexuellen Außenseitertums von der Renaissance bis zu Jean Genet (mit einer dramatischen Darstellung des Streits zwischen Heine und Platen, dem *Outsider* der Abkunft gegen den *Outsider* der Geschlechtlichkeit, einem Kapitel über Hans Christian Andersen, neben den bekannten »Fällen« Oscar Wilde, André Gide, Klaus Mann und Maurice Sachs, Jean Cocteau). Der dritte Teil schildert das Außenseitertum des Juden von Marlowe, von Shakespeare bis zum »Genossen Shylock« in der Sowjetunion. »Israel oder Auschwitz« ist die falsche Alternative, nachdem die einstige »Judenfrage« ins Weltpolitische erweitert und aus dem bisherigen jüdischen Außenseiter inmitten einer nichtjüdischen Bevölkerung ein jüdischer Außenseiterstaat inmitten einer nichtjüdischen Staatengemeinschaft geschaffen wurde.

Ein bedeutender Literaturwissenschaftler hat, die Methoden seines Fachs nutzend, ein politisches Buch geschrieben. Literaturhistoriker werden in ihren Besprechungen sich eher an ihre Fachaspekte halten. Die hohe Bedeutung des Buchs scheint sich mir nicht zuletzt darin zu zeigen, daß es über die literaturhistorischen Aspekte hinaus zu den Büchern zählt, deren Kenntnis für das Verständnis unserer geistig-politischen Verfassung wichtig ist.

Aus: *Stuttgarter Zeitung*, 6. 9. 1975.

Wolfram Schütte
Die Ausnahmen und die Regel

Daß »die bürgerliche Aufklärung gescheitert ist« – mit diesem lapidaren Satz beginnt Hans Mayer sein jüngstes Buch über *Außenseiter* –, gehört zu den Grundeinsichten der heute am weitesten fortgeschrittenen, über sich selbst aufgeklärten bürgerlichen Aufklärung. Fast könnte man von einem Gemeinplatz sprechen, den die »Kritische Theorie« breitgetreten hat, wüßte man nicht, daß das Selbstverständliche, wenn es schmerzlich ist, am leichtesten verdrängt wird.

Dabei hatte die »Frankfurter Schule« seit Adorno/Horkheimers zuerst 1947 veröffentlichen Studien zur *Dialektik der Aufklärung* bis zu Adornos *Negativer Dialektik* (1966) wenige ihrer zentralen Gedanken so oft wiederholt, an immer anderen Beispielen vorgeführt und beharrlich gegen jeglichen kompromißlerischen Euphorismus verteidigt wie eben jenen, daß die humanen Versprechen, Postulate und Utopien bürgerlichen Denkens aus dem Zeitalter der Vernunft und der Französischen Revolution – Freiheit, Gleichheit, Brüderlichkeit, Toleranz & Vernunft – in der nachfolgenden Geschichte weder des Bürgertums noch dessen, was sich sozialistisch nennt, verwirklicht worden sind; und zwar deshalb, weil über materiale gesellschaftliche Veränderungen hinaus gewisse Selbstwidersprüche innerhalb der rationalistischen Aufklärung zutage getreten sind, die außer acht ließen, daß auch das Licht der Vernunft, indem es angezündet wird, seine ihm eigenen Schatten wirft, wenn es auf die menschliche Lebenswirklichkeit fällt.

Hans Mayer steht also mit diesem ersten Satz, über dem sich die Argumentation seines Buches erhebt, auf festem Grund. Seine Studien über *Außenseiter* sind so etwas wie ein später Trieb am Baum der *Dialektik der Aufklärung*. Was ihn hervorsprossen ließ, war wohl mehr als bloß wissenschaftliches Interesse. Der bekenntnishafte Charakter des Buches – der Verlag spricht vom »Opus magnum« des bekannten Germanisten, womit nicht nur sein Hauptwerk und eine gedankliche Summe gemeint sein kann, sondern auch ein *mea res agitur*

– wird jedoch von Hans Mayer erstaunlicherweise völlig zurückgedrängt, obgleich das Erkenntnisinteresse, das auf diesen rund 500 Seiten waltet, ohne eine starke persönliche Motivation und Betroffenheit in seiner Subtilität nicht vorstellbar wäre. Jedoch Mayer gehört zur älteren – darf man sagen wilhelminischen? – Generation von Wissenschaftlern, die genug deprimierende Erfahrungen mit dem hämischen Haß veröffentlichter Meinung gemacht hat, als daß er, wie Jüngere heute, dem, was jene Radikalen »Offenheit und Subjektivität« nennen, sich anschließen könnte. Es wäre falsch, so etwas von ihm zu wünschen oder gar zu verlangen. Nur: ein Buch, das sich so dezidiert der »Kategorie des Besonderen« (nicht nur qua Literatur insgesamt, sondern biologisch, anthropologisch) annimmt und das Recht des Außenseiters behauptet, trägt selbst den Widerspruch in sich, den es laufend thematisiert: nämlich, daß das eigenständige, leidende und erfahrende Subjekt in der Norm des wissenschaftlichen, abstrahierenden, »rationalisierenden« essayistischen Subjekts verschwindet. Was aus Lebenserfahrungen kommt, wurde ganz in Literatur übersetzt.

Aber worum geht es? Die Außenseiter, an denen die bürgerliche Aufklärung gescheitert ist, und zwar mit ihrer »Gleichheitsforderung für alles, was Menschenantlitz trägt«, sind die Frauen, die Homosexuellen und die Juden. Die drei großen Kapitel des Buches, mit einer umfangreichen Vor- und als »Offenen Schluß« erklärten Nachbemerkung, tragen denn auch die Titel: *Judith und Dalila, Sodom* und *Shylock*. Womit mythologische und zumeist literarische Präfigurationen leitmotivisch und -fossilhaft benannt sind, denen der Polyhistor Mayer (Schwerpunkte: Literatur- und Geistesgeschichte) nachforscht und deren wechselhaften Ausprägungen er auf Kreuz- und Querzügen durch die vornehmlich mitteleuropäische Kulturgeschichte begegnet.

Wenn das Buch, dessen Materialreichtum verschwenderisch dem Leser unter die Augen gestreut wird, neben vielen Eideshelfern, wozu vornehmlich neben Adorno/Horkheimer und Bloch auch Sartre zählt – obgleich die deutschen Philosophen an entscheidender Stelle von Mayer wegen ihrer »Mißachtung des konkret leidenden Menschen zugunsten einer leidenden Menschheit« (gegen Bloch) und »mancher Züge einer antibürgerlichen Feudalrestauration« (gegen Adorno) kritisiert werden –, wenn es unter einem Leitstern stehen würde, dann müßte er den Namen Michel de Montaignes tragen. Dieser radikalste Subjektivist (vor Kierkegaard) bemerkte anläßlich eines »monströsen Kindes«: »Wir nennen naturwidrig, was regelwidrig ist; nichts ist regellos. Möge diese universelle und natürliche Vernunft [uns] das Irren und das Erstaunen über die Neuartigkeit vertreiben.« Und Hans Mayer kommentiert: »Das ist mehr und anderes als Toleranz. Die Gleichheitsforderung [der Aufklärung] [. . .] bleibt so lange widerspruchsvoll, wenn nicht unaufgeklärt, wie sie von einer scheinbaren Regelmäßigkeit des Menschlichen auszugehen sucht. Dann bedeutet Egalität die Norm, feudale und hierarchische Ungleichheit die Normwidrigkeit. [. . .] [Die Aufklärung] ignorierte die Ungleichheit im Menschlichen, nicht bloß im Gesellschaftlichen.«

Es geht also nicht um ein bewußtes, gewähltes Außenseitertum, um oppositionelles Verhalten gegenüber der Familie, dem Staat und der Gesellschaft, etwa mit dem Ziel, sie zu verändern. Mayers Interesse richtet sich auf den Prozeß Natur–Vernunft, Mannigfaltigkeit–Einheit. Daß »das Monstrum als Ernstfall der Humanität« zu gelten habe, die sich erst am Ganz-Anderen beweisen könne (indem sie seine Daseins- und Existenzberechtigung sichert): das wird anhand der mit »geistigen« Waffen auftretenden Judith (die auch das männliche Privileg der Tötung ergreift) und der Dalila als Verführerin des Mannes von Mayer zum einen an den Wandlungen des Jeanne-d'Arc-Stoffes (von Schiller bis Wischnewski), zum anderen über Wedekinds Lulu, Dürrenmatts alte und junge Damen, Pinters *Heimkehr* bis zur Marilyn Monroe dargestellt. Dazwischen gesetzt: die gegensätzlichen Lebensläufe der »gleichgeschalteten«, unter männlichem Namen publizierenden viktorianischen Autorin George Eliot und der frei und provozierend den Skandal wählenden George Sand; dann beschäftigt sich ein Exkurs mit dem Mystagogen Weininger und seinem *Geschlecht und Charakter*, dessen späte Folgen der Autor auch an Norman Mailer beobachtet. Da stimmt Mayer der *Woman's Lib* zu, auch in der Analyse, daß *Das andere Geschlecht* (S. de Beauvoir) immer noch vehement an der Bestimmung der eigenen Identität gehindert wird.

Im Mittelpunkt des Buches steht der Komplex *Sodom*, die Homosexualität, welche zusammen mit dem Antisemitismus die gewiß augenfälligsten Beispiele für das Scheitern der bürgerlichen Aufklärung bietet. Mayer holt auch hier kundig weit aus: Von dem Shakespeare-Vorläufer Christopher Marlowe, der ermordet wurde, und dessen Stück über den päderastischen Edward II. (das Brecht zusammen mit Feuchtwanger bearbeitet hat) über Winckelmann, den Streit Heine/Platen (wo schon der Antisemitismus sich anmeldet und ausgebrochen ist) bis zu dem ängstlich-konformitätssüchtigen Hans Christian Andersen, dem Liebesskandal Rimbaud/Verlaine, dem einsamen Ludwig II. und Tschaikowski reicht das Diskussionsmaterial; alternative Lebensgeschichten der Zeitgenossen Klaus Mann, des Antifaschisten, und des Nazikollaborateurs Maurice Sachs sind auch hier wieder dazwischengeblendet. Einige eher naheliegende Bemerkungen finden sich in der »Typologie der homosexuellen Literatur« (abgegrenzte Männerwelt, frauenfeindlich, sozial heimatlos, parasitär), wobei einem auch die Grenzen dieses hervorragenden Literaturwissenschaftlers deutlich werden. Denn zusammen mit Material aus anderen Kunstbereichen wie der Plastik, der Malerei, der Musik und vor allem des Films wäre wohl auch eine Typologie homosexueller Ästhetik zu wagen gewesen. Für diese schwachen Partien entschädigt dann der sehr dicht geschriebene Essay über Genet, bei dem Mayer eine äußerste Einheit von Subjekt und Objekt hervorhebt, gleich weit entfernt von Auflehnung wie Konformität. Nachdem er sich seiner Identität vergewissert hatte (»Schreiben als Selbstbefreiung«, Sartre), existentiell wie literarisch, blieb ihm laut Mayer nur noch: »Wiederholung oder Regression. Das Schweigen Genets scheint anzudeuten, daß er auch diese Alternative ablehnt.«

Im letzten Komplex seiner drei Außenseiter-Studien wendet sich Hans Mayer *Shylock* zu, jenem Shakespeareschen Juden aus dem *Kaufmann von Venedig*, dessen Erfindung und Darstellung zu den größten Provokationen der gesamten dramatischen Literatur zählt. Während Marlowe in seinem *Juden von Malta* den Juden vornehmlich wegen »des triadischen Baus seines Spiels der drei Konfessionen« brauchte, einem Stück, wie Mayer schreibt, das eine »ins Teuflische pervertierte Vorexistenz des *Nathan* von Lessing« war, beeinflußt vom aktuellen Machiavellismus, wurde Shylock von Shakespeare »mit vielen Eigenschaften jüdischer Wirklichkeit ausgestattet«, die dem Marloweschen Juden fehlten. Shylock wie aber auch sein Gegenspieler Antonio werden in Mayers Deutung zu Monstren, die das Jedermanns-Glück dieser Komödie verderben. Großartig verknüpft dann Mayer den Shakespeareschen Juden mit dem Lessingschen und dessen aufklärungstypischer Fehllösung: »[Lessing] etablierte jüdische Emanzipation als unabdingbaren Bestandteil der allgemeinen Aufklärung. Indem er auch diese Befreiung und Gleichsetzung als eine solche der Bildung und des Besitzes verstand, entsprach er einerseits zwar den Bedürfnissen kapitalistischer Evolution, gründete andererseits aber Toleranz auf ein Postulat der Intoleranz, indem für Shylock und seine Geschwister die Gleichstellung nur denkbar sein sollte um den Preis einer Aufgabe der Nationalität: im Grunde der existentiellen Besonderheit in der europäischen Gesellschaft seit Beginn der christlichen Ära. Die Entwicklung«, fährt Hans Mayer fort, »hat Lessing widerlegt: seine Trennung von Realität und Gerücht in den *Juden* [früheres Stück Lessings], wie sein Konzept der Austauschbarkeit von Religionen im Zeichen vernünftiger Unterhaltung zwischen Wohlhabenden und Herrschenden *(Nathan)*. Shylock aber verkörpert kein Religionsproblem, sondern stellt sich, mitsamt seinen Geschwistern, quer zur bürgerlichen Aufklärung. In Lessings oder Kants ›Menschheit‹ geht er nicht auf oder ein.«

Die weiteren Untersuchungen beschäftigten sich mit dem »bürgerlichen Shylock« (Heine und Rothschild, Disraeli und Lassalle), mit »jüdischen Kunstfiguren im bürgerlichen Roman« (Freytag, Raabe, Dickens, George Eliot, Proust und Joyce), »jüdischem Selbsthaß« (Theodor Lessing, Klages, Weininger), dem »Genossen Shylock«, worunter Mayer meines Erachtens allzu spekulativ Trotzki als identitätssuchenden Juden zwischen Literatur und Revolution sieht, und schließt mit Betrachtungen über fortdauernden »Judenhaß nach Auschwitz«.

Die »Geschichtsrealität«, worunter Mayer vor allem den ausgebrochenen und wieder zurückgenommenen Faschismus versteht (aber auch den in sozialistischen Staaten immer noch grassierenden Antisemitismus, der einen Juden als Sicherheitsrisiko betrachtet), habe »auf alle jüdischen Identitätsprobleme mit der Alternative geantwortet: Auschwitz oder Israel«.

Diese rigide Alternative im Falle Shylock überdenkt Mayer auch im Blick auf Judith & Dalila und Sodom. »Lösungen« der von ihm beschriebenen existentiellen Konflikte diskutiert er am Ende seines Buches. Aber er verwirft oder schränkt ein sowohl eine »liberale«, die auf Ausnahmen hinweist, welche aber »eine unaufgeklärte Theorie wie Praxis nicht widerlegen, sondern erneut denunzieren«, als auch die derzeit marxistisch praktizierte, welche die Frauen von höheren Staatsämtern weitgehend ausschließe, die Homosexuellen diskriminiere und in Menschen jüdischer Abstammung ein Sicherheitsrisiko sehe. »Die Sowjetunion«, schreibt Mayer auf eine hoffnungsgemute Bemerkung des späten Heinrich Mann antwortend, »hat die Gedanken bürgerlicher Menschenrechte nicht, etwa auf einer gesellschaftlich höheren Stufe, zur Praxis gemacht. An den Außenseitern hat man es zu erkennen.«

So steuert Hans Mayers Untersuchung einen stark existentialistisch-verzweifelten, unaufhebbaren Widerspruch an: »Weshalb alle Beschäftigung mit Außenseitern in Geschichte und Gegenwart [. . .] zur Konklusion führt [. . .], daß eine jede aufgeklärte Gesetzgebung, die Gleichheit anstrebt, anwendbar sein muß für den Normalfall wie für die Ausnahme. Dadurch verletzt sie aber, und unvermeidlich, die existentielle Besonderheit des Außenseiters.«

Man könnte dem entgegenhalten, daß ein Moment des Außenseiterischen in jeder Individualität, sofern sie sich entfalten konnte oder auch wegen der unterschiedlichen Reglementierungen, unter denen sie sich entfaltet hat oder verkümmert wurde, enthalten sei, so daß fixierte Normen gesellschaftlichen Zusammenlebens (welchen Inhaltes auch immer) die existentielle Besonderheit jedes einzelnen verletzen. Das entspräche der sehr abstrakten Schlußfolgerung Mayers, welche in Gefahr gerät, wegen ihrer starken existentialistischen Akzentuierung die Dialektik von In- und Außenseitern zu ontologisieren. Daß jeder dem anderen als anderer sowohl gleich als auch ungleich ist und daß das Bewußtsein solcher Differenzierung, die uns tief voneinander trennt, uns erst doch wirklich zusammenfügen könnte: das wäre wohl die

Utopie einer sich selbst überschreitenden Aufklärung, die – Praxis und Lebenswirklichkeit zu werden – Erbe der bürgerlichen bleibt. Daß die bürgerliche Aufklärung gescheitert und auch von der sozialistischen Praxis bisher nicht eingelöst worden ist, kann nur Anlaß zu aktivierender Unruhe sein.

Hans Mayers *Außenseiter* sind über einen längeren Zeitraum hinweg entstanden. Einzelne Arbeiten, zum Beispiel das Genet- oder das Heine/Platen-Kapitel, wurden schon vor Jahren veröffentlicht, ohne daß man damals wußte, welchen Zusammenhang sie später stiften sollten. Der Charakter, aus Einzelstudien erwachsen zu sein, kann das nun zusammengebundene und verleimte Buch nicht immer verleugnen; auch nicht, daß es der Autor verschieden intensiv und dicht geschrieben hat. Der gewiß auch reizvolle Wechsel und das Changieren zwischen Methoden der Werkanalyse, des historischen Querschnitts, der Konfrontation oder der Lebensbeschreibung erscheint mir nicht immer motiviert und einsichtig. Auffällig und auch gelegentlich ärgerlich – gerade für Hans Mayer, der erst kürzlich bewundernswerte Goethe-Studien veröffentlicht hat – sind stilistische Wiederholungen oder thematische Rekapitulationen (besonders im Zusammenhang Marlowes), welche zu einer überschwappenden, verwischenden Reichtümelei führen, die den wirklichen Reichtum des Buches eher versumpfen. Leider; da müßte trockengelegt, überarbeitet, auch gekürzt werden – nicht, um zu einer »reinen« oder gar akademischen Form zu kommen – die hat Mayer immer verabscheut –, sondern, um die Diamanten zu schleifen.

Aus: *Frankfurter Rundschau*, 6. 9. 1975.

Gert Ueding
Geschichtsschreibung als Kunst

Man muß in der deutschen Literaturgeschichte sehr lange suchen, ehe man ein Werk findet, das Hans Mayers kürzlich erschienenem Buch mit dem so einfachen wie umfassenden Titel *Außenseiter* vergleichbar wäre. Walter Benjamins über einzelne Kapitel und Entwürfe nicht hinausgekommener Plan zu einem Buch über die Pariser Passagen liegt ihm vielleicht noch am nächsten. Mit ihm teilte es den Anspruch, geschichtsphilosophische Konstruktion und literarische Erzählung, soziale Geschichte und kunstvolle Interpretation von Werk und Wirkung der Schriftsteller zu vereinen. Mehr aber als Benjamin interessiert Hans Mayer »der reale Einzelmensch«, Montaignes Essays sind ihm darin Vorbild und Verpflichtung zugleich. Die philosophische Konstruktion erscheint ihm – manchmal zu Unrecht – verdächtig, gerade über die Nöte, Leiden und Schmerzen hinwegzugehen, die sich von der individuellen Existenz des Menschen in aller bisherigen Geschichte nicht ablösen lassen. Von einem im Buch leider nur kurz erwähnten Außenseiter, von Franz Kafka, stammt der Satz, die Feder des Dichters sei der »seismographische Griffel des Herzens«, und Mayers *Außenseiter* haben das mit einem Roman gemein, daß in ihnen nicht nur menschliche Verhältnisse der Vergangenheit und Gegenwart historisch angemessen wiedergegeben und aufgezeichnet werden, sondern daß der Bereich der eigenen Erfahrungen und Bestrebungen mit ihnen eine unauflösliche Einheit eingeht und als formgebende Kraft die literarische Qualität bestimmt. Die Inspirationen des Schriftstellers Hans Mayer stammen ebensosehr aus seiner historischen – vorab: literaturhistorischen – wie seiner ganzen Lebenserfahrung.

So ist es gar nicht sein Anspruch, eine umfassende Typologie der Außenseiter zu geben, noch auch das Scheitern der bürgerlichen Aufklärung lediglich ein weiteres Mal unter historischen Beweis zu stellen. Vielmehr verweist schon die auf den ersten Blick befremdende Mischung aus Literaturinterpretation und phänotypischer Deutung biographischer Überlieferung, die Mischung aus wirklichem und fiktivem Lebenslauf, aus Shylock und Harry Heine, verweist schließlich auch der prononciert »offene Schluß« des Buches auf die Absicht seines Autors, die dem sozialen und existentiellen Bereich des Außenseiters eigenen Erfahrungen nicht allein in angemessenen Begriffen, sondern ebenso in angemessenen Geschichten zu deuten. Das Verfahren, das Hans Mayer benutzt und bis zur Vollkommenheit entwickelt hat, die eine Geschichte in der anderen zu spiegeln, das Bild Judiths in dem der Dalila sich brechen zu lassen und den Lebenslauf Heines in Konstellation zu dem des Baron Rothschild zu zeigen, kombiniert literarische und historische Verfahren, um die Einmaligkeit menschlichen Lebens und menschlicher Lebensvorgänge, begründet in der »einmaligen Körperlichkeit, Herkunft und Triebstruktur«, auch noch in der sprachlichen Verwandlung zu retten. Denn obwohl Mayer von der Kritik der Aufklärung ausgeht, gar nachweist, daß die Feudalgesellschaft den Außenseitern gegenüber sehr viel tolerantere Umgangsformen entwickelt hat als später das Bürgertum, ist sein Ziel selber das der Aufklärung über jenen Zustand der Nichtidentität, in dem Frauen wie Juden und Homosexuelle gleichermaßen zu leben gezwungen sind. Die Ausnahmen widerlegen die »alte und unaufgeklärte Theorie und Praxis« nicht, sondern denunzieren sie nur erneut. Die aus der menschlichen Existenz der Außenseiter selber notwendig folgende Grenzüberschreitung der bürgerlichen Gesellschaft gilt ihr als Bedrohung, die sie mit allen Mitteln abzuwehren entschlossen ist – und das um so mitleidloser, je weniger der Außenseiter im moralischen Sinn dafür verantwortlich gemacht werden kann. Der offene oder latente Antisemitismus selbst in den sozialistischen Ländern liefert genügend Beispiele.

Geschichte ist ein Prozeß, der in den Individuen und meist ohne deren Bewußtsein wirksam ist, aber ihr Denken und Fühlen, ihre Lebens- und Wirkungsweise oft bis in kleine Einzelheiten bestimmt, weshalb eben die Lebensgeschichte eines Menschen nicht nur singuläre, sondern auch typische Bedeutung haben kann. Die Geschichten, die Hans Mayer erzählt, ob den »Skandal der Jeanne d'Arc« oder der George Sand, ob er jüdische Kunstfiguren oder den Streit zwischen Heine und Platen analysiert – immer besteht sein Interesse darin, das Beispielhafte dieser wirklichen oder fiktiven Schicksale so aus dem historischen Geschehen gewissermaßen herauszuschnitzen, daß dabei doch die individuelle Physiognomie erhalten bleibt, der Ausdruck des Leidens, das sich unverwechselbar in sie eingegraben hat. Denn während das Geschäft des Philosophen in der Arbeit am notwendig allgemeinen Begriff besteht, haben Historiker und Schriftsteller in der Rettung des Besonderen, Einmaligen und Individuellen ihre spezifische Aufgabe, – im Universum der Kultur ergänzen sie sich, und es gibt wenige Werke in der deutschen Gegenwartsliteratur, die wie Hans Mayers *Außenseiter* geeignet wären, die humanistische Grundlegung der deutschen Literatur durch bürgerliche Aufklärung neu verpflichtend bloßzulegen: gerade in der kritischen Wendung gegen deren eigenes Scheitern. Verfaßt von einem Literaturhistoriker, der das an keiner Stelle verleugnet, geschrieben von einem glänzenden Schriftsteller, der den Essay als Kunstform so beherrscht, wie er als Wissenschaftler immer um dessen in Deutschland seltene Anerkennung gekämpft hat, ist dieses Buch ein glänzendes Beispiel jener Überzeugung, die Siegfried Kracauer folgendermaßen formulierte: »In dem Maß, wie er Kunst hervorbringt, ist der Historiker kein Künstler, sondern ein vollkommener Historiker«. Ein Satz, der sich eben angesichts von Hans Mayers *Außenseiter* auch umkehren ließe: je vollkommener Geschichtsschreibung ist, um so künstlerischer ist sie auch.

Aus: *Frankfurter Hefte*, März 1976.

Helmut Hornbogen
Aufklärung als Aufgabe

Wenn Mayer nächstes Jahr das siebente Lebensjahrzehnt vollendet, dann werden die Feuilletonisten seine Biografie und seine Bibliografie gewiß allenthalben fleißig entfalten. Hier deshalb nur so viel: Er kam am 19. März 1907 in Köln zur Welt, studierte Jura, Literaturwissenschaft und Geschichte, promovierte 1930 über ein staatswissenschaftliches Thema, wurde 1933 aus Deutschland vertrieben und fand zunächst in der Schweiz, dann in Frankreich Asyl. Ab 1950 war Mayer Ordinarius für Kultursoziologie und Literaturgeschichte an der Universität Leipzig, bis er 1963 einen Besuch beim Rowohlt Verlag zum Anlaß nahm, in der Bundesrepublik zu bleiben. Von seinen Veröffentlichungen bis dahin seien nur *Georg Büchner und seine Zeit* (1946/47), *Thomas Mann, Werk und Entwicklung* (1950), *Bertolt Brecht und die Tradition* (1961) und die 1962 bei Rowohlt erschienene Essay-Sammlung *Ansichten zur Literatur unserer Zeit* genannt, deren Häresien den Kulturpolitikern der DDR besonders unangenehm auf den Magen schlugen. »Fünfzehn Jahre in der DDR, lieber Hans, und keine Zeile, die Sie in Hamburg oder Frankfurt nicht vorzeigen könnten«, hatte Walter Jens 1967 in einem Bändchen mit Gratulationen zum 60. Geburtstag geschrieben, »drei Jahre Bundesrepublik und kein Satz, über den sich mit einem wahren Marxisten, einem Humanisten also, nicht diskutieren ließe: das, meine ich, soll Ihnen erst mal ein anderer nachtun!«

Die Verbindung zwischen Mayer und Tübingen hatte als erster der Germanist Friedrich Beißner hergestellt. Er war zweimal bei ihm in Leipzig zu Gast und lud ihn dann 1957 an den Neckar ein. Nun lernte Mayer die Tübinger Kollegen kennen, er bekam vom Amt für öffentliche Ordnung einen Paß ausgestellt, um seine erste Griechenland-Reise machen zu können, und er »verliebte« sich in diese Stadt. Walter Jens begegnete er zum erstenmal bei einer Tagung in Wuppertal, an der auch Ingeborg Bachmann und Paul Celan teilnahmen. Das war wohl ebenfalls 1957. Schließlich zog Ernst Bloch 1961 nach Tübingen, und »als ich«, erzählte Mayer, »zwei Jahre später der Meinung war, ich sollte nun doch nicht länger in der DDR bleiben, da stand für mich eigentlich von vornherein fest, daß ich nach Tübingen gehen würde«.

Sicher zogen ihn vor allem die guten Freunde und Bekannten hierher, zu denen auch Wolfgang Schadewaldt und Theodor Eschenburg gehörten, aber es lockte doch auch die Stadt: »Tübingen ist einfach Tübingen. Diese merkwürdige Verbindung von Landschaft, von Tradition und akademischem Milieu – man kann das schwer voneinander trennen, und ich mag auch die Leute hier. Zwar ist es nicht so ganz leicht, sie kennen zu lernen, aber ich hatte ja jetzt mehr als zehn Jahre Gelegenheit, langsam ein gelernter Tübinger zu werden. Tübingen ist mit nichts sonst zu vergleichen. Das merke ich immer wieder, wenn ich in anderen Universitätsstädten bin: Von Heidelberg wollen wir gar nicht reden, das besteht nicht mehr in der alten Form; Göttingen finde ich unerträglich, ich könnte dort nicht leben. [. . .] Andererseits ist es aber auch nicht Süddeutschland, was mich anzieht: Ich könnte auch nicht in Reutlingen leben, Reutlingen wäre mir ein Greuel.«

Als Mayer nach Tübingen kam – er wohnte zunächst in der Haußerstraße – war an der Universität gerade keine Vakanz. In Berlin, wo ihm die Technische Universität einen Lehrstuhl anbot, mochte er nicht bleiben. Auch andere Universitäten warben um ihn. Weil aber inzwischen mit Hannover im Wort, ging er 1965 dorthin und übernahm die reizvolle Aufgabe, ein germanistisches Institut nach seinen Vorstellungen zu planen. Die Zweitwohnung in der Haußerstraße wurde nach einiger Zeit aufgegeben. 1973 jedoch kehrte der Emeritus zurück. In Hannover war Leo Kreutzer, den er weiland als Assistenten mit nach Hannover genommen hatte, wunschgemäß sein Nachfolger geworden.

Obwohl er immer noch viel unterwegs ist und als Permanent Visiting Professor der Universität von Wisconsin auch mehrmals in den USA lehrte – wenn er im November in Austin (Texas) den Kongreß der »International Brecht Society« eröffnet hat, deren Präsident er ist, wird er übrigens die Gelegenheit nutzen und an seiner amerikanischen Universität Vorlesungen halten –, obwohl ihn also Tagungen und Vortragsreisen auf Trab halten, hat er doch viel mehr Muße als früher: »Ich merke erst jetzt so richtig, wie wenig ein heute amtierender Ordinarius wirklich große Projekte wissenschaftlicher Art zu bewältigen vermag. Meine wichtigsten und ehrgeizig geplanten Arbeiten habe ich im Grunde erst fertigstellen können, seit ich emeritiert bin. Es ist keine Frage, daß die jetzige Struktur der Universität kaum mehr Möglichkeiten für die Einheit von Forschung und Lehre bietet. Man kann gewisse kleine, laufende Dinge machen, aber die eigentliche Forschung, die der amtierende Professor heute bewältigen muß, ist eine Forschung für die Lehre. Es ist unmöglich, gleichzeitig in allen Gremien zu sitzen, hunderte und tausende Studenten zu unterrichten und dann noch ernsthaft zu forschen. Wir, Kreutzer und ich, fingen in Hannover mit 25 Hauptfachgermanisten an. Heute hat Hannover 1200. Wie wollen Sie da noch Bücher schreiben?«

Im vergangenen Jahr war Mayer zum Honorarprofessor der Universtität Tübingen ernannt worden, und im Sommersemester 76 hatte er erstmals gelesen. »Es macht mir Spaß, jetzt eben nicht die großen Vorlesungen zu halten, sondern mit einer Gruppe von Studierenden spezielle Dinge zu bearbeiten, die mich interessieren und die auch die Studenten interessieren.« Das Seminarthema des Sommers hieß *Ernst Bloch und die Literatur*, und im kommenden Semester wird man sich mit Adornos *Noten zur Literatur* beschäftigen. Es geht also um das Problem der doppelten Interpretation: Der Text eines philosophischen Interpreten wird mit ihm und teilweise auch gegen ihn interpretiert. Mayer hat vor, auch Walter Benjamin und Martin Heidegger auf diese Weise zu behandeln.

Was seine eigene wissenschaftliche Arbeit betrifft, so ist er gerade dabei, im Laufe der Jahrzehnte geschriebene Einzelarbeiten zur deutschen Literaturgeschichte von der Frühaufklärung bis zur Revolution von 1848 in die Form eines geschlossenen Buches zu gießen. Es soll im Herbst nächsten Jahres unter dem Titel *Widersprüche der Aufklärung in Deutschland von Lessing bis Heine* herauskommen. Gegenwärtig sitzt er gerade über einem Kapitel, in dem es um die Frage geht, ob man an der europäischen Literatur der achtziger Jahre vor dem Bastille-Sturm retrospektiv feststellen kann, daß da eine geistige Antizipation vorhanden war. Er glaubt, es zeigen zu können – auch in der deutschen Literatur.

»Für Tübingen ist vielleicht nicht uninteressant, daß ich in einem Kapitel zum erstenmal etwas über Hölderlin sage, und zwar über eine konkrete Auseinandersetzung mit Schiller, die bisher nie auf diese Art gesehen wurde.« Warum hat Mayer sich bisher noch nie um Hölderlin gekümmert? »Vielleicht aus Respekt und weil doch in Tübingen so viele gute Hölderlin-Spezialisten sind, ich weiß nicht.«

Von der Literatur zur Musik und zu Wagner: Als junger Mensch hatte Mayer vorgehabt, Pianist zu werden. Während der Emigrationszeit trat er mehrmals als Klavierbegleiter auf, und auch in Leipzig pflegte er noch die Kammermusik. »Damals machte es auf Bloch großen Eindruck, als ich ihm zusammen mit einem wunderbaren Geiger, der ein Kollege war, aber noch mit Max Reger musiziert hatte, die Brahms-Sonate und die César-Franck-Sonate vorspielte.« Er hat also eine gründliche musikalische Ausbildung absolviert, kann Partitur spielen, ist im Tonsatz firm und lernte auch viele Musiker, Berg etwa, Hindemith, Fortner oder den jungen Henze, persönlich kennen. Das erklärt die überraschende Kompetenz der musikalischen Analysen des Literaturwissenschaftlers.

Wagner ist für ihn zunächst ein Generationsproblem gewesen. »Wir haben noch die großen neuen Interpretationen der zwanziger Jahre miterlebt, die neue Wagner-Deutung durch Klemperer, durch Erich Kleiber, durch Bruno Walter. Während des Dritten Reiches trat das ganz in den Hintergrund, und ich habe mich eigentlich erst mit Neu-Bayreuth wieder dafür interessiert. Zuerst schrieb ich 1955 eine Studie, die dann, wie sich nachträglich herausstellte, für viele Umdeutungen maßgebend geworden ist, eine Studie, die zuerst von Peter Huchel in *Sinn und Form* veröffentlicht wurde. In ihr – sie hieß *Richard Wagners geistige Entwicklung* – versuchte ich zunächst einmal, Wagner in seiner Zeit und die Widersprüche Wagners herauszuarbeiten, was damals sehr notwendig war, weil man ihn einfach mit Winifred und dem Dritten Reich zu identifizieren pflegte.«

Über einen Vortrag in Frankfurt knüpfte sich dann die Verbindung zu Wieland Wagner, der ihn nach Bayreuth einlud und aufforderte, an den Programmheften mitzuarbeiten.

Sein Brief schloß mit dem Satz: »Übrigens, sehr geehrter Herr Professor, Cosima Wagner ist tot!« Für Mayer (wie übrigens auch für Ernst Bloch) war die Begegnung mit dem Wagner-Enkel sehr wichtig. Es entstanden eine Reihe von Beiträgen für Bayreuth (1966 als *Anmerkungen zu Richard Wagner* zusammengefaßt), die jetzt in einer Auflage von 72 000 verbreitete Rohwolt-Monografie *Richard Wagner in Selbstzeugnissen und Bilddokumenten* (1959) und *Richard Wagner in Bayreuth* (1976), ein Buch über den Traum und seine Realisierung. Pierre Boulez hatte es während einer Pressekonferenz bei den diesjährigen Bayreuther Festspielen vorgestellt.

Mayers Wirkung auf die inszenatorische und musikalische Praxis, überhaupt auf das heutige Wagner-Bild, ist gar nicht hoch genug einzuschätzen. Seine Analysen beeinflußten ebenso Götz Friedrich, den Schüler aus Leipziger Zeiten, der gerade in London den *Ring* inszenierte, wie Joachim Herz, dessen Leipziger *Ring* viel Aufsehen erregte. Man stand in ständigem brieflichen Kontakt. »Aber mit Wagner, das ist nun genug. Genauso, wie ich nicht mehr die Absicht habe, etwas über Brecht zu schreiben, und auch nicht mehr über Büchner, und auch ganz sicher nicht mehr etwas Größeres über Thomas Mann, so ist für mich das Thema Wagner nun abgetan. Ich denke daran, irgendwann einmal die Monografie bei Rowohlt, die Einzelanalysen und *Richard Wagner in Bayreuth* in einem Buch zu vereinigen – vielleicht unter dem Titel *Richard Wagner, Mitwelt und Nachwelt.* Aber das eilt nicht.«

Den in Hannover, den USA und in Tübingen entstandenen Essay *Außenseiter* hält Mayer für sein Opus magnum. Er unterscheidet zwischen intentionellen Außenseitern, die bewußt eine Grenzüberschreitung vornehmen – zu ihnen gehören Don Juan und Faust –, und existentiellen Außenseitern. Mit ihnen befaßt er sich in dem dreiteiligen, in die Komplexe *Judith und Dalila, Sodom* und *Shylock* gegliederten Buch. Dabei geht er von den Prämissen aus, daß die bürgerliche Aufklärung gescheitert ist und daß alle Philosophen des gesellschaftlichen Optimismus die Mißachtung des konkret leidenden Menschen zugunsten einer leidenden Menschheit gemeinsam haben. »Auch Bloch ist so sehr an der Objektivität gelegen, dem Problem der Erniedrigten und Beleidigten in einem Kollektivsinne, daß er den erniedrigten und beleidigten Einzelnen zwar nicht ignoriert, aber doch für sich wenig interessant findet. Bloch steht damit in der Tradition Platon, Rousseau, Hegel.«

In dem Essay werden reale Lebensläufe beschrieben, Interpretationen von Kunstfiguren gegeben, Tendenzen und Gedankengänge erläutert. Mayer wollte ein schriftstellerisches, ein Erzählbuch schreiben. Wurde daraus auch ein marxistisches Buch? »Ich halte es im Ansatz dafür. Marxismus scheint mir heute einfach identisch zu sein mit einer Revision des traditionellen sowjetischen Marxismus-Leninismus, denn der ist kein Marxismus mehr. Die moderne marxistische Forschung kann vom sowjetischen Denken und damit weitgehend von den unter der geistigen und militärischen Herrschaft der Sowjetunion bestehenden Staaten nichts mehr profitieren. Die Frage, was an dem Buch noch Marxismus ist und was nicht, deutet auf festgefahrene Positionen hin. In der DDR wird man es als zutiefst unmarxistisch empfinden, und das geht, wie bei der DDR dann immer, ins Polizeiliche: Dem Suhrkamp Verlag wurde verboten, die *Außenseiter* bei der Leipziger Herbstmesse auszustellen.«

Die bürgerliche Aufklärung ist am Konflikt zwischen ihren Postulaten und den wirtschaftlichen und gesellschaftlichen Gegebenheiten der Bourgeoisie gescheitert. »Der Marxismus«, so Mayer im Gespräch, »hat versucht, sie zu transzendieren, und zwar sehr erfolgreich, aber der institutionalisierte Marxismus, der Staatsmacht geworden ist, kam, um es einmal vorsichtig auszudrücken, sicherlich nicht weiter als die bürgerliche Aufklärung. In vielen Fällen wird man von einer Rücknahme ihrer Postulate durch die Sowjetunion sprechen können. Wenn Bloch einmal gesagt hat, es gebe keinen Sozialismus ohne Demokratie und keine Demokratie ohne Sozialismus, so ist doch darüber hinaus auch klar, daß es keine Demokratie, ob bürgerliche oder sozialistische, ohne Respekt vor der Integrität des Individuums gibt. Wenn sie preisgegeben wird an Institutionen, wenn sie dirigiert wird, wenn es dem Außenseiter unmöglich ist, seine Existenz im Rahmen der allgemeinen Gesetze zu leben, dann kann man von einer Verwirklichung der Aufklärung nicht sprechen.«

Das Buch endet mit der Forderung, die auf halbem Wege

steckengebliebene Aufklärung fortzuführen, und Hans Mayer ist fest davon überzeugt, daß Literatur und Wissenschaft, sofern sie sich richtig verstehen und nicht verraten, die Aufgabe haben, permanent darum bemüht zu sein.

Aus: *Schwäbisches Tagblatt,* 1. 2. 1976

Bibliographie

Das folgende Werkverzeichnis stützt sich bei den bis 1966 erschienen Opera auf die von Leo Kreutzer für den Band *Hans Mayer zum 60. Geburtstag*, Reinbek 1967, S. 127–142, zusammengestellte Bibliographie.

1. Selbständige Veröffentlichungen

Die Krisis der deutschen Staatslehre und die Staatsauffassung Rudolf Smends. Köln 1931

Von der dritten zur vierten Republik. Geistige Strömungen in Frankreich (1939–1945). Zürich-Affoltern 1945

Georg Büchner und seine Zeit. Wiesbaden u. Berlin 1946 (Erw. Neuaufl.: Frankfurt 1972)

Ansichten über einige Bücher und Schriftsteller. (Mit Stephan Hermlin) Wiesbaden 1947 (Erw. bearb. Ausgabe: Berlin 1947)

Karl Marx und das Elend des Geistes. Studien zur neuen deutschen Ideologie. Meisenheim/Glan 1948

Frankreich zwischen den Weltkriegen (1919–1939). Frankfurt 1948

Unendliche Kette. Goethestudien. Dresden 1949

Goethe in unserer Zeit. Berlin 1949

Literatur der Übergangszeit. Berlin 1949

Thomas Mann. Werk und Entwicklung. Berlin 1950 (Neuaufl. Frankfurt 1975)

Studien zur deutschen Literaturgeschichte. Berlin 1953

Schiller und die Nation. Berlin 1953

Richard Wagners geistige Entwicklung. Düsseldorf 1954

Das Ideal und das Leben. Leipzig 1955

Leiden und Größe Thomas Manns. Berlin 1956

Deutsche Literatur und Weltliteratur. Reden und Aufsätze. Berlin 1957

Von Lessing bis Thomas Mann. Wandlungen der bürgerlichen Literatur in Deutschland. Pfullingen 1959

Richard Wagner in Selbstzeugnissen und Bilddokumenten. Hamburg 1959

Bertolt Brecht und die Tradition. Pfullingen 1961

Heinrich von Kleist. Der geschichtliche Augenblick. Pfullingen 1962

Ansichten. Zur Literatur der Zeit. Reinbek 1962

Zur deutschen Klassik und Romantik. Pfullingen 1963

Dürrenmatt und Frisch. Pfullingen 1963

Georg Büchner: Woyzeck. Frankfurt/Berlin 1963

Platon und die finsteren Zeiten. Über die Möglichkeiten einer Akademie im heutigen Deutschland. Berlin 1965

Anmerkungen zu Brecht. Frankfurt 1965

Anmerkungen zu Richard Wagner. Frankfurt 1966

Zur deutschen Literatur der Zeit. Zusammenhänge-Schriftsteller-Bücher. Hamburg 1967
Gerhart Hauptmann. Velber b. Hannover 1967
Das Geschehen und das Schweigen. Aspekte der Literatur. Frankfurt 1969
Der Repräsentant und der Märtyrer. Konstellationen der Literatur. Frankfurt 1971
Brecht in der Geschichte. Drei Versuche. Frankfurt 1971
Zwei Bäume der Erkenntnis. Berlin 1971
Anmerkungen zu Sartre. Pfullingen 1972
Goethe. Ein Versuch über den Erfolg. Frankfurt 1973
Vereinzelt Niederschläge; Kritik, Polemik, Essays. Pfullingen 1973
Außenseiter. Frankfurt 1975
Richard Wagner in Bayreuth. Stuttgart/Zürich 1976

2. *Veröffentlichungen in Büchern, Zeitschriften, Zeitungen*

Staatstheorie und Staatspolitik. Bemerkungen zu Hans Kelsens Schrift »Der Staat als Integration«. In: *Die Justiz. Monatsschrift für Erneuerung des Deutschen Rechtswesens,* Berlin, Febr./März 1932, S. 249 ff.
Verfassungsbruch oder Verfassungsschutz? In: *Die Justiz. Monatsschrift für Erneuerung des Deutschen Rechtswesens,* Berlin, September 1932, S. 545 ff.
Autorität und Familie in der Theorie des Anarchismus. In: *Autorität und Familie. Studien aus dem Institut für Sozialforschung.* Hg. v. Max Horkheimer, Paris 1936, S. 824 ff.
Zweifel und Verzweiflung. Zum Tod von Leo Ferrero. In: *Der Kleine Bund. Literarische Beilage des »Bund«,* Bern, 21. 11. 1937
Erich Kahler: Der deutsche Charakter in der Geschichte Europas. In: *Der Bund,* Bern, 14. 6. 1938. (Abendausgabe)
Stirner und Hegel. In: *Neue Zürcher Zeitung,* 6. 9. 1938
Fragment oder Vollendung? Aus »Georg Büchner« von Hans Mayer. In: *Programmhefte des Schauspielhauses Zürich,* Spielzeit 1939/40, Heft 24
Anmerkung über Rimbaud. In: *Die Tat,* Zürich, 10. 11. 1941
Der glückliche Dichter Jean Giraudoux. In: *Neue Schweizer Rundschau,* Zürich, April 1944, S. 765 ff. (pseud.)
100. Geburtstag von Paul Verlaine. In: *Neue Schweizer Rundschau,* Zürich, Juli 1944, S. 170 ff. (pseud.)
Faust und die Huldigung der Künste. In: *Neue Schweizer Rundschau,* Zürich, Dezember 1944, S. 478 ff. (pseud.)
Eine Stimme aus dem Zuschauerraum. Nachwort zu: *Theater. Meinungen und Erfahrungen.* Zürich-Affoltern 1945
Innerlichkeit als Propaganda. Deutsche Träumereien an Robert Schumanns Kaminen. In: *National-Zeitung,* Basel, 11. 2. 1945

Stephan Hermlins »Zwölf Balladen von den großen Städten«. In: *Neue Schweizer Rundschau*, Zürich, Mai 1945, S. 59 ff. (pseud.)
Vom ersten zum zweiten Schriftstellerkongreß. In: *Frankfurter Hefte*, Jg. 1947, S. 1179 ff.
Zu Tolstois Romanen. In: *Das Goldene Tor*, Baden-Baden, Jg. 1947, S. 523 ff.
Der Richter vom Jahrgang 1919 (Paul E. H. Lüth). In: *Die Neue Zeitung*, München, 12. 12. 1947
Literaturgeschichte, Polemik und tiefere Bedeutung. Ein Nachwort über »Literatur und Lüth«. In: *Aufbau*, Berlin, Jg. 1948, S. 516 ff.
Der Breslauer Weltkongreß. In: *Frankfurter Hefte*, Jg. 1948, S. 975 ff.
Thomas Manns Roman ›Doktor Faustus‹. In: *Ost und West*, Berlin, Jg. 1948, S. 23 ff.
Bert Brecht zum 50. Geburtstag. In: *Frankfurter Rundschau*, 14. 12. 1948
Die deutsche Literatur und der Scheiterhaufen. In: *Aufbau*, Berlin, Jg. 1948, S. 463 ff.
Nachwort zu »Jettchen Gebert« von Georg Hermann. In: *Der Dreiklang*, Flensburg, 12. 6. 1948
Kulturkrise und neue Musik. In: *Melos*, Mainz, August/September Heft und Oktober-Heft 1948
Der Schriftsteller und die Krise der Humanität. In: *Literatur und Politik*, Konstanz 1948
Thomas Manns »Zauberberg« als pädagogische Provinz. In: *Sinn und Form*, Berlin, H. 4/1949, S. 48 ff.
Goethes Erbschaft. In: *Zu neuen Ufern ... Essays über Goethe.* Berlin 1949
Exkurs über »Dr. Jekyll und Mr. Hyde«. In: *Zwei Jahre ›Volk und Welt‹.* Berlin 1949, S. 2 ff.
Einleitung zu: Alfred Kämpf, *Die Revolte der Instinkte.* Berlin 1949
Bertolt Brecht oder die plebejische Tradition. In: *Sinn und Form, Sonderheft Bertolt Brecht*, Berlin 1949, S. 42 ff.
Einleitung zu: Karl Marx/Friedrich Engels, *Revolution und Konterrevolution in Deutschland.* Berlin 1949, S. 5 ff.
Nachwort zu: Henry Fielding, *Tom Jones.* Berlin 1951
Mickiewicz und die deutsche Klassik. In: *Heute und Morgen*, Schwerin, Jg. 1951, S. 348 ff.
Bechers »Tagebuch 1950«. In: *Aufbau*, Berlin, Jg. 1951, S. 822 ff.
Wischnewskis »Optimistische Tragödie«. In: *Heute und Morgen*, Schwerin, Jg. 1951, S. 691 ff.
Anmerkungen zu einem Gedicht von Heinrich Heine. In: *Sinn und Form*, Berlin, Jg. 1951, S. 177 ff.
Thomas Mann, Mario und der Zauberer. In: *Aufbau*, Berlin, Jg. 1951, S. 499 ff.
Jugend und Vollendung des Königs Henri Quatre. Zu den Romanen

Heinrich Manns. In: *Sonntag,* Berlin, 27. 1. 1952
Der Dichter Balzac und der Dichter Lucien de Rubempré. In: *Sinn und Form,* Berlin, H. 5/1952, S. 121 ff.
Zu einem Brief Thomas Manns an Gerhart Hauptmann. In: *Sinn und Form,* Berlin, H. 6/1952, S. 9 ff.
Die dramatischen Meisterwerke Gerhart Hauptmanns. In: *Heute und Morgen,* Schwerin, Jg. 1952, S. 980 ff.
Der Dichter und das »feuilletonistische Zeitalter«. Über einige Motive im Werk Hermann Hesses. In: *Aufbau,* Berlin, Jg. 1952, S. 613 ff.
Arnold Zweigs Grischa-Zyklus. In: *Sinn und Form,* Sonderheft Arnold Zweig. Berlin 1952, S. 203 ff.
Nachwort zu: Louis Aragon, *Die Reisenden der Oberklasse.* (»Le Monde réel«, Bd. III) Berlin 1952
Nachwort zu: Tobias Smollet, *Die Abenteuer Roderich Randoms.* Berlin 1952
Anmerkungen zu einer Szene aus »Mutter Courage«. In: *Theaterarbeit.* Hg. v. Berliner Ensemble. Dresden 1953, S. 249 ff.
Richard Wagners geistige Entwicklung. In: *Sinn und Form,* Berlin, H. 3/4/1953, S. 111 ff.
Nachwort zu: Denis Diderot, *Jakob und sein Herr.* Berlin 1953
Deutsche Literatur und Weltliteratur. In: *Aufbau,* Berlin, Jg. 1954, S. 299 ff.
Wiederbegegnung mit Lion Feuchtwanger. In: *Tägliche Rundschau,* Berlin, 2. 7. 1954
Lessing, Mitwelt und Nachwelt. In: *Sinn und Form,* Berlin, Jg. 1954, S. 5 ff.
Madame Bovary. In: *Sinn und Form,* Berlin, Jg. 1954, S. 880 ff.
Georg Büchners ästhetische Anschauungen. In: *Zeitschrift für deutsche Philologie,* Berlin, Jg. 1954, S. 129 ff.
Verlagsgeschichte als Literaturgeschichte. In: *Zeitschrift für Geschichtswissenschaft,* Berlin, Jg. 1955, S. 46 ff.
Nachruf auf Paul Rilla. In: *Sinn und Form,* Berlin, Jg. 1955, S. 120 ff.
Leiden und Größe Thomas Manns. In: *Sinn und Form,* Berlin, Jg. 1955, S. 369 ff.
Georg Lukács zum 70. Geburtstag. In: *Georg Lukács.* Berlin 1955
Deutsche Dramatik im zwanzigsten Jahrhundert. In: *Neue deutsche Literatur,* Berlin, H. 8/1955, S. 83 ff.
Schillers Vorreden zu den »Räubern«. In: *Goethe. N. F. des Jahrbuchs der Goethe-Gesellschaft,* Weimar 1955, S. 45 ff.
Das Ideal und das Leben. In: *Schiller in unserer Zeit. Beiträge zum Schiller-Jahr 1955.* Hg. v. Schiller-Komitee. Weimar 1955, S. 295 ff., und in: *Schiller-Reden im Gedenkjahr 1955.* Stuttgart 1955, S. 162 ff.
Bemerkungen zu einer Maxime Ernst Jüngers. In: *Ernst Bloch zum 70. Geburtstag.* Berlin 1955. S. 241 ff.

Nachwort zu: Honoré de Balzac, *Junggesellenwirtschaft.* Berlin 1955
Goethes Begriff der Realität. In: *Goethe. N. F. des Jahrbuchs der Goethe-Gesellschaft,* Weimar 1956, S. 26 ff.
Nachwort zu: Conard Ferdinand Meyer, *Jürg Jenatsch.* Berlin 1956
Erinnerung an Wilhelm Pieck. In: *Wilhelm Pieck zum 80. Geburtstag.* Berlin 1956
Der frühe Brecht. In: *Aufbau,* Berlin, Jg. 1956, S. 831 ff.
Zur Gegenwartslage unserer Literatur. In: *Sonntag,* Berlin, 2. 12. 1956
Was erwartet das Publikum vom Literaturwissenschaftler?. In: *Aufbau,* Berlin, Jg. 1956, S. 659 ff.
Weiskopf der Mittler. In: *Neue deutsche Literatur,* Berlin, H. 9/1957, S. 82 ff.
Der Dramatiker Bernard Shaw. Vorwort zu einer vierbändigen Ausgabe ausgewählter Schauspiele von G. B. Shaw. Berlin 1957
Vergebliche Renaissance: Das »Märchen« bei Goethe und Gerhart Hauptmann. In: *Gestaltung-Umgestaltung. Festschrift zum 75. Geburtstag von Hermann August Korff.* Leipzig 1957, S. 92 ff.
Karl Kraus und die Nachwelt. In: *Sinn und Form,* Berlin, Jg. 1957, S. 934 ff.
Gelegenheitsdichtung des jungen Brecht. In: *Sinn und Form,* Berlin, Jg. 1958, S. 276 ff.
Die Wirklichkeit E. T. A. Hoffmanns. Ein Versuch. Einführung zu einer sechsbändigen Ausgabe von E. T. A. Hoffmanns *Poetischen Werken.* Berlin 1958
Schillers Nachruhm. In: *Études Germaniques,* Paris, Jg. 1959, S. 374 ff. (*Sinn und Form,* Berlin, Jg. 1959, S. 701 ff.)
Der Zeichner und die Farben. (Über Ludwig Renn.) In: *Sinn und Form,* Berlin, Jg. 1959, S. 174 ff.
Einleitung zur rumänischen Ausgabe der *Buddenbrooks.* Bukarest 1960
Richtige und falsche Bücher. In: *Literatur und Literaturkritik in Deutschland.* Hg. von der Redaktion »Die Zeit«. Hamburg 1960
Schillers Gedichte und die Traditionen deutscher Lyrik. In: *Jahrbuch der deutschen Schillergesellschaft,* Bd. IV, Stuttgart 1960, S. 72 ff.
Goethes ›Italienische Reise‹. In: *Sinn und Form,* Berlin, Jg. 1960, S. 235 ff.
Dem Wahren, Guten, Schönen. Epilog zur Schiller-Feier 1959. In: *Schiller. Reden im Gedenkjahr 1959.* Stuttgart 1961, S. 159 ff.
Aragons Roman »Die Karwoche«. Nachwort zur Übersetzung des Romans *La Semaine sainte.* München und Berlin 1961
Goethe, Die Epen. Nachwort zu Bd. 6 der *Sämtlichen Werke* Goethes im Deutschen Taschenbuch Verlag, München 1961
Hermann Hesses »Glasperlenspiel« oder Die Wiederbegegnung. Nachwort zu einer Ausgabe des *Glasperlenspiels,* Berlin 1961
Anmerkung zu dem Gedicht »An die Nachgeborenen«. In: *Mein Gedicht. Begegnungen mit deutscher Lyrik.* Wiesbaden 1961

Faust, Aufklärung, Sturm und Drang. In: *Literaturgeschichte als geschichtlicher Auftrag. Festschrift zum 60. Geburtstag von Werner Krauss.* Berlin 1961, S. 79 ff.

Max Beckmanns Selbstbildnis 1927. In: *Die Zeit,* Hamburg, 30. 6. 1961

Hugo von Hofmannsthal und Richard Strauss. In: *Sinn und Form,* Berlin, Jg. 1961, S. 888 ff.

Brecht und Dürrenmatt oder Die Zurücknahme. In: *Der unbequeme Dürrenmatt.* Basel-Stuttgart 1962

La Vie et l'oeuvre de Thomas Mann. In: Th. Mann, *La Mort à Venise.* Paris 1962, S. 25 ff.

Formation et Transformation des termes littéraires. In: *Acta Litteraria Academiae Scientiarium Hungaricae,* Tom V, Budapest 1962, S. 63 ff.

Grabbe, Büchner, Hebbel. In: *Welttheater. Bühnen–Autoren–Inszenierungen.* Braunschweig 1962, S. 245 ff.

Danzel als Literaturhistoriker. Einführung in: Theodor Wilhelm Danzel, *Zur Literatur und Philosophie der Goethezeit. Gesammelte Aufsätze zur Literaturwissenschaft.* Stuttgart 1962

Kafka und kein Ende? Zur heutigen Lage der Kafkaforschung. In: *Kwartalnik Neofilologiczny,* Warschau, Jg. 1962, S. 127 ff.

Anmerkung zu einer Erzählung von Anna Seghers. Nachwort zu: *Der Ausflug der toten Mädchen.* Leipzig 1962

Zum 85. Geburtstag von Hermann Hesse. In: *Neue Zeit,* Berlin, 30. 6. 1962

Anmerkungen zum zeitgenössischen Drama. In: *Sinn und Form,* Berlin, Jg. 1962, S. 667 ff.

Rede zu Ehren Gerhart Hauptmanns. In: *Der Morgen,* Berlin, 23. 12. 1962

Tannhäuser und die künstlichen Paradiese. In: *Programmheft ›Tannhäuser‹,* Bayreuther Festspiele 1962

Hesses »Steppenwolf« nach fünfunddreißig Jahren. Nachwort zu: Hermann Hesse, *Der Steppenwolf.* Berlin 1963

Schiller, Die Erzählungen. Nachwort zu einer Neuausgabe der Erzählungen im Insel-Verlag, Leipzig 1963

Wagners Nichtmehr und Nochnicht im »Fliegenden Holländer«. In: *Jahrbuch der Komischen Oper,* Bd. II, Berlin 1963

Tristans Schweigen. In: *Programmheft ›Tristan‹,* Bayreuther Festspiele 1963

Die bösen Märchenträume des Jevgenij Schwarz. In: *Programmhefte der Kammerspiele München,* Spielzeit 1963/64, Nr. 4

Zur Lage der Romantik-Forschung. In: *Wiss. Zs. d. Univ. Leipzig,* Jg. 1963, S. 493 ff.

Jean Pauls Nachruhm. In: *Études Germaniques,* Paris, Jg. 1963, S. 58 ff.

Erinnerungen an Robert Musil. In: *Tagebuch,* Wien, Mai/Juni 1963

Critics and the Separation of Powers. In: *The Times Literary Supplement,*

London, 27. 9. 1963 (Dt.: *Das Amt des Literaturkritikers.* In: *Die Zeit,* Hamburg, 11. 10. 1963)

»Meistersinger« ohne 19. Jahrhundert. In: *Theater heute,* Velber b. Hannover, H. 9/1963

Abbiamo Ionesco, ma non ci basta. In: *Il filo rosso,* Mailand, Dezember 1963, S. 55 ff.

Literatur und Kommunismus (mit François Bondy). In: *Der Monat,* Berlin, H. 185/1964, S. 49 ff.

Pelle der Eroberer und Morten der Rote. Über zwei Romane von Martin Andersen Nexö. In: *Bodenseebuch, Jahrbuch für Wissenschaft, Kritik und Kunst,* Kreuzlingen/Schweiz 1964, S. 59 ff.

Von guten und schlechten Traditionen deutscher Sprache und Literatur. In: *Sind wir noch das Volk der Dichter und Denker?* Reinbek 1964, S. 7 ff.

Hermann Hesses »Steppenwolf«: eine Wiederbegegnung. In: *Studi germanici* (nuova serie), Jg. 1964, S. 76 ff.

Germanistik – Englisch und Deutsch. (Rezension zweier Bücher von Roy Pascal und Herbert Singer.) In: *Frankfurter Hefte,* Jg. 1964, S. 667 ff.

Anmerkung zu Reden von Adolf Arndt. Nachwort zu: *Geist der Politik, Reden von Adolf Arndt.* Berlin 1965

Über Brechts Gedichte. In: *Études Germaniques,* Paris, Jg. 1965, S. 269 ff.

Nachwort zu: *Bertolt Brecht, Stücke 1935–45.* Frankfurt 1965, S. 657 ff.

Einleitung zu: Bertolt Brecht, *Teatro.* Torino 1965, S. VII ff.

Nachwort zu: Jean-Paul Sartre, *Die Wörter.* Reinbek 1965

Uwe Johnson, *Das dritte Buch über Achim.* In: *Deutsch für die Oberstufe 1965–66.* La saret (hg. v. schwedischen Rundfunk, Stockholm) Nr. 1033, 1965–66, S. 81 ff.

Walter Jens, *Herr Meister.* In: *Walter Jens. Eine Einführung.* München 1965, S. 80 ff.

Artikel »Literaturwissenschaft in Deutschland«. In: *Das Fischer Lexikon, Literatur II,* Erster Teil. Frankfurt 1965

Ernst Blochs poetische Sendung. In: *Ernst Bloch zu ehren.* Frankfurt 1965, S. 21 ff.

Wagners »Ring« als bürgerliches Parabelspiel. In: *Theater heute,* Velber b. Hannover, H. 9/1965, S. 10 ff.

Zerstörung und Selbstzerstörung in Wagners »Ring des Nibelungen«. In: *Programmheft »Rheingold«,* Bayreuther Festspiele 1965

Orpheus im Zeitenwandel. In: *Programmhefte der Städt. Bühnen Nürnberg-Fürth,* Spielzeit 1965/66, Nr. 13

Grabbe und die tiefere Bedeutung. In: *Akzente,* München, H. 1/1965, S. 79 ff.

Lion Feuchtwanger oder Die Folgen des Exils. In: *Neue Rundschau,* Frankfurt, H. 1/1965, S. 120 ff.

Brecht e l'umanità. In: *Duemila,* Rom, H. 3/1965, S. 10 ff.

Keeping off the Grass. In: *The Times Literary Supplement*, London, 30. 9. 1965 (ungezeichnet)
Berlinische Dramaturgie von Gerhart Hauptmann bis Peter Weiss. In: *Theater heute*, Velber b. Hannover, H. 12/1965, S. 1 ff.
Nachwort zu: Gerhart Hauptmann, *Griechischer Frühling.* Berlin 1966
Der unzuverlässige Jean Paul. Nachwort zu: Jean Paul, *Politische Fastenpredigten während Deutschlands Marterwoche.* Frankfurt 1966
Die Frage nach der Einheit der deutschen Literatur. In: *Auswärtige Kulturbeziehungen.* Neuwied 1966, S. 83 ff.
Sprechen und Verstummen der Dichter. In: *Die deutsche Sprache im 20. Jahrhundert.* Göttingen 1966, S. 64 ff.
Peter Huchel, Winterpsalm. Erinnernde Deutung. In: *Doppelinterpretationen. Das zeitgenössische Gedicht zwischen Autor und Leser.* Frankfurt 1966, S. 98 ff.
Rhetorik und Propaganda. In: *Festschrift zum 80. Geburtstag von Georg Lukács.* Neuwied 1966, S. 119 ff.
Musik und Literatur. In: *Über Gustav Mahler.* Tübingen 1966, S. 142 ff.
Das Jahrhundert und sein Roman. In: *Akzente*, München, H. 1/2/1966, S. 17 ff.
Der pessimistische Aufklärer Kurt Tucholsky. In: *Moderna Språk*, Stockholm, Nr. 3/1966, S. 286 ff.
Anmerkungen zum »Doktor Faustus« von Thomas Mann. In: *Sprache im technischen Zeitalter*, Stuttgart, H. 17/18/1966, S. 64 ff.
Ein imaginäres Romanmuseum des 20. Jahrhunderts. In: *Die Weltwoche*, Zürich, 17. 6. 1966
Fahrt zu Alfred Döblin. In: *Literarium 14*, Olten/Schweiz, 1966, S. 3/4
Komödie, Trauerspiel, deutsche Misere. Über Dürrenmatts »Meteor« und Grassens »Die Plebejer proben den Aufstand«. In: *Theater heute*, Velber b. Hannover, H. 3/1966, S. 23 ff.
Rückblick auf den Expressionismus. In: *Neue deutsche Hefte*, Berlin, H. 4/1966, S. 32 ff.
Faust II ohne Faust I. In: *Programmheft ›Faust II‹ des Schiller-Theaters*, Berlin 1966
Rückblick des Dramaturgen. (*Faust II* in Berlin) In: *Theater heute*, Sonderheft *Theater* 1966, Velber b. Hannover 1966, S. 44
Schillers Dramen – für die Gebildeten unter ihren Verächtern. In: *Schillers Werke* in 4 Bänden. Frankfurt 1966, Bd. II, S. 481 ff.
Die Frage nach dem Lyriker Schiller. In: *Schillers Werke* in 4 Bänden. Frankfurt 1966, Bd. III, S. 479 ff.
Der Moralist und das Spiel. Zu Friedrich Schillers theoretischen Schriften. In: *Schillers Werke* in 4 Bänden. Frankfurt 1966, Bd. IV, S. 809 ff.
Verhaltensforschung auf Brechtsche Art. In: *Programmheft Atelier am Naschmarkt*, Wien, H. 4/1966/67, S. 2 u. 5. ff. (Zu: Bertolt Brecht, *Der Fischzug.*)

Lessing und Aristoteles. In: *Festschrift für Bernhard Blume.* Göttingen 1967
Robert Minder, Dichter in der Gesellschaft. In: *Der Spiegel,* Hamburg, 5. 6. 1967
Das lyrische Tagebuch des Günter Grass. In: *Der Tagesspiegel,* Berlin, 23. 7. 1967
Bayreuther Bilanz 1967. In: *Theater heute,* Velber b. Hannover, H. 9/1967, S. 1 ff.
Die Innenwelt und ihr Preis. Über: Max Kommerell, *Briefe und Aufzeichnungen.* In: *Der Spiegel,* Hamburg, 27. 11. 1967
Sartre, Flaubert und die Dummheit. In: *Süddeutsche Zeitung,* München, 5./7. 1. 1968
Wie aktuell ist Georg Büchner? Zur historisch-kritischen Ausgabe seiner Werke. In: *Süddeutsche Zeitung,* München, 11./12. 5. 1968
Karl Marx und die moderne Wissenschaft. In: *Der Gewerkschafter,* H. 6 u. 7/1968
Leiden und Größe Thomas Manns. In: *Exil-Literatur 1933–1945.* Bad Godesberg (Inter Nationes) 1968, S. 47 ff.
Lohengrin oder die Utopie in A-Dur. In: *Programmheft »Lohengrin«,* Bayreuther Festspiele 1968
Was Geschichtsschreibung noch zu leisten vermochte. Zu Carl Jacob Burckhardts Werk über Richelieu. In: *Der siebente Tag,* Wochenendbeilage der *Hannoverschen Allgemeinen Zeitung,* 27./28. 1. 1968
Goethes »Faust« als episch-dramtisches Theater. Über: Wolfgang Streicher, *Die dramatische Einheit von Goethes »Faust«.* In: *Frankfurter Allgemeine Zeitung,* 2. 4. 1968
Von der Spätromantik zum Realismus. In: *Germanistik,* Tübingen, H. 3/1968, S. 599 f.
Peer Gynt als Zeitgenosse. In: *Theater heute,* Velber b. Hannover, H. 8/1968, S. 21 ff.
Biermanns Gesang zwischen den Stühlen. In: *Buch und Zeit,* Beilage der *Süddeutschen Zeitung* zur Frankfurter Buchmesse 1968, München, 18. 9. 1968
Bildung, Besitz und Theater. In: *Die Zeit,* Hamburg, 20. 9. 1968. Fortsetzung unter dem Titel: *Die Bühne – ein Museum?* In: *Die Zeit,* Hamburg, 27. 9. 1968
Ordnung schaffen in den Abfallgebirgen. Zur Situation der deutschen Literaturwissenschaft heute. In: *Hannoversche Allgemeine Zeitung,* 24. 12. 1968
Der unzeitgemäße Theodor Lessing. In: *Der siebente Tag,* Wochenendbeilage der *Hannoverschen Allgemeinen Zeitung,* 7./8. 6. 1969
Die neue literarische Saison. In: *Die Zeit,* Hamburg, 10. 10. 1969. Wieder abgedruckt unter dem Titel: *Zur aktuellen literarischen Situation,* In: *Die deutsche Literatur der Gegenwart,* Stuttgart, 1971, S. 63 ff.

Walter Schönau, Sigmund Freud's Prosa. In: *Psyche,* Stuttgart, H. 12/1969, S. 951 f.
Famulus Wagner und die moderne Wissenschaft. In: *Gestaltungsgeschichte und Gesellschaftsgeschichte. Fritz Martini zum 60. Geburtstag.* Stuttgart 1969
Politische Rhetorik und deutsche Gegenwartsliteratur. In: *Festschrift für Adolf Arndt zum 65. Geburtstag.* Frankfurt 1969
Don Juans Höllenfahrt. Don Juan und Faust. In: *Untersuchungen zur Literatur als Geschichte. Festschrift für Benno von Wiese.* Berlin, 1973, S. 182 ff.
Manès Sperber, Alfred Adler oder das Elend der Psychologie. In: *Neue Rundschau,* Frankfurt, Jg. 1970, S. 598 ff.
Lessing loben und Lessing lesen. In: *Die Zeit,* Hamburg, 10. 4. 1970
Die Literatur der künstlichen Paradiese. In: *Merkur,* Stuttgart, H. 6/1970, S. 514 ff.
Georg Lukács, Geschichte und Klassenbewußtsein. In: *Der Spiegel,* Hamburg, 31. 8. 1970
Herr und Knecht – kämpfend oder kampfesmüd? Variationen über ein Thema von Hegel in der modernen Weltliteratur. In: *Süddeutsche Zeitung,* München, 25./26. 7. 1970
Bayreuth, Langeweile, Restauration. In: *Theater heute,* Velber b. Hannover, H. 9/1970, S. 26 ff.
Politische Philosophie der beiden Janusköpfe. (Über Ernst Blochs politische Aufsätze) In: *Die Weltwoche,* Zürich, 19. 3. 1971
Das geliebte Klischee. In: *Der Tagesspiegel,* Berlin, 25. 3. 1971
Malina oder Der große Gott von Wien. In: *Die Weltwoche,* Zürich, 30. 4. 1971
Georg Lukács, Thomas Mann und »Der Tod in Venedig«. In: *Die Weltwoche,* Zürich, 2. 7. 1971
Der »Ring« und die Zweideutigkeit des Wissens. In: *Programmheft »Götterdämmerung«,* Bayreuther Festspiele 1971
Die Legende der unheiligen Leni Gruyten. (Über Heinrich Bölls *Gruppenbild mit Dame.*) In: *Die Weltwoche,* Zürich, 10. 9. 1971
Gemauschel. Vom aufhaltsamen Aufstieg eines Modeworts. In: *Süddeutsche Zeitung,* München, 28. 2. 1972
Die Innenwelt der deutschen Misere. »Kabale und Liebe« im Deutschen Schauspielhaus Hamburg. In: *Theater heute,* Velber b. Hannover, H. 4/1972, S. 16 f.
Peter Weiß und die zweifache Praxis der Veränderung. In: *Theater heute,* Velber b. Hannover, H. 5/1972, S. 18 ff.
Amfortas und Kundry, oder die Wollust des Sterbens. In: *Programmheft »Parsifal«,* Bayreuther Festspiele 1972
K. R. Eissler, Discourse on Hamlet and Hamlet. In: *Psyche,* Stuttgart, H. 7/8/1972, S. 623 ff.

Max Frisch, Tagebuch 1966–1971. In: *Der Spiegel,* Hamburg, 12. 6. 1972
Kriechspur zwischen Stillstand und Fortschritt. (Über: Günter Grass, *Aus dem Tagebuch einer Schnecke.*) In: *Die Weltwoche,* Zürich, 16. 8. 1972
Entdeckung eines Kritikers. Gottfried Justs gesammelte Reflexionen über die Literatur der sechziger Jahre. In: *Süddeutsche Zeitung,* München, 9./10. 9. 1972
Vielfache Betrachtungen der Gartenzwerge. Neue Variationen zum Thema »Kitsch«. In: *Süddeutsche Zeitung,* München, 18./19. 11. 1972
Denkspiel oder Traumspiel? Kleists »Prinz von Homburg« im Schillertheater und bei der Schaubühne. In: *Theater heute,* Velber b. Hannover, H. 12/1972, S. 8 ff.
Augenblicke im amerikanischen Theater. In: *Süddeutsche Zeitung,* München, 30. 6./1. 7. 1973
Nachsitzen nach der Deutschstunde. Über: Siegfried Lenz, *Das Vorbild.* In: *Der Spiegel,* Hamburg, 20. 8. 1973
Strehler in Salzburg oder Reinhardt dringend gesucht. In: *Theater heute,* Velber b. Hannover, H. 10/1973, S. 1 ff.
Nachwort zu: Ernst Jandl, *Dingfest. Gedichte.* Darmstadt/Neuwied 1973
Georg Büchner in unserer Zeit. In: *Kieler Vorträge zum Theater,* H. 1, Kiel 1974, S. 5 ff.
Goethe vor uns – wir vor Goethe. Wozu Literatur in der Schule? In: *Die Zeit,* Hamburg, 22. 3. 1974
Die Banalität des Guten. Simone de Beauvoirs neue Memoiren. In: *Frankfurter Allgemeine Zeitung,* 25. 5. 1974
Schwarze Wolke, Gift des Grams. Über: Elias Canetti, *Die Provinz des Menschen.* In: *Der Spiegel,* Hamburg, 27. 5. 1974, S. 142 ff.
Zwei vom Jahrgang 1874: Hofmannsthal und Kraus. In: *Theater heute,* Velber b. Hannover, H. 8/1974, S. 12 ff.
Brot für freudige Leser. Martin Kessels literarische Essays. In: *Frankfurter Allgemeine Zeitung,* 31. 8. 1974
Obszönität und Pornographie in Film und Theater. In: *Akzente,* München, Jg. 1974, S. 384 ff.
Ernst Bloch, Utopie, Literatur. In: *Germanistische Streifzüge. Festschrift für Gustav Korlèn.* Stockholm 1974
Gedanken zur Ausstellung »Zürich als Literaturexil«. In: *Der Tagesspiegel,* Berlin, 18. 8. 1974
Musik als Luft von anderen Planeten. Ernst Blochs »Philosophie der Musik« und Ferruccio Busonis »Neue Ästhetik der Tonkunst«. In: *Frankfurter Allgemeine Zeitung,* 5. 10. 1974
Goethes »Werther« nach 200 Jahren. In: *Frankfurter Allgemeine Zeitung,* 9. 11. 1974
Die Elixiere des Kammergerichtsrats. Viele Antworten und neue Fragen in Sachen E. T. A. Hoffmann. In: *Frankfurter Allgemeine Zeitung,* 11. 1. 1975

Senegalesisches Tagebuch. In: *Süddeutsche Zeitung*, München, 1./2. 2. 1975
Ein unvermuteter Zwischenfall. Über Eduard Mörikes Gedicht »Auf einer Wanderung«. In: *Frankfurter Allgemeine Zeitung*, 22. 2. 1975
Drei Schwierigkeiten mit Ernst Bloch. In: *Frankfurter Allgemeine Zeitung*, 17. 5. 1975
Zum 70. Geburtstag von Jean-Paul Sartre. In: *Frankfurter Allgemeine Zeitung*, 21. 6. 1975
Die Rückkehr eines Riesen. Zum Erscheinen von Zolas 20bändigem Romanzyklus »Die Rougon Macquart«. In: *Süddeutsche Zeitung*, München, 28./29. 6. 1975
Der Zauberer und sein Famulus. Peter de Mendelssohns Thomas Mann-Biographie. In: *Die Weltwoche*, Zürich, 2. 7. 1975
Imaginäres Gespräch zwischen Albert Camus und Hermann Hesse. In: *Wege der deutschen Camus-Rezeption.* Darmstadt 1975
Der römische Brecht. »Die Verurteilung des Lukullus« von Bertolt Brecht und Paul Dessau. In: *Kieler Vorträge zum Theater*, H. 2, Kiel 1975
Nachwort zu einem Jubiläum. Über Thomas Mann. In: *Stuttgarter Zeitung*, 13. 9. 1975
Erinnerungen an Erika Mann. In: *Frankfurter Allgemeine Zeitung*, 8. 11. 1975
Germanistik und Renaissance. Heine-Preisträger Pierre Bertaux. In: *Frankfurter Allgemeine Zeitung*, 7. 11. 1975
Griechische Tragödie als Gegenaufklärung. Jan Kotts Weg vom schwarzen Shakespeare zum schwarzen Sophokles. In: *Süddeutsche Zeitung*, München, 13. 11. 1975
Die Geheimnisse jedweden Mannes. Über »Montauk« von Max Frisch. In: *Deutsche Zeitung*, Köln, 21. 11. 1975
Claude Debussy und sein Doppelgänger. Die kritischen Schriften über Musiker und Musik. In: *Frankfurter Allgemeine Zeitung*, 22. 11. 1975
Eine seltsame Begegnung zwischen dem Musiker Nabokov und Rilke. Ein Beitrag zum Rilke-Jubiläum, der in den Bereich des Wunderbaren gehört. In: *Frankfurter Allgemeine Zeitung*, 24. 12. 1975
Nietzsche und wir. Ein Symposion. In: *Merkur*, Stuttgart, H. 12/1975, S. 1149 ff.
Thomas Mann und der biblische Joseph. In: *Sie werden lachen, die Bibel.* Stuttgart 1975
Thomas Mann und Bertolt Brecht. Interpretation einer Feindschaft. In: *Frankfurter Allgemeine Zeitung*, 17. 1. 1976
Vorbilder und Warnbilder des Pierre Boulez. In: *Frankfurter Allgemeine Zeitung*, 3. 4. 1976
Zusammenhänge. Dürrenmatts Essay über Israel. In: *Die Zeit*, Hamburg, 9. 4. 1976
Goethe im 20. Jahrhundert. Die Germanisten und Goethe. In: *Rezeption der deutschen Gegenwartsliteratur im Ausland.* Tagungsbeiträge zu

einem Symposium der Alexander von Humboldt-Stiftung, Bonn-Bad Godesberg, veranstaltet vom 21.–26. 10. 1975. Stuttgart, Berlin, Köln, Mainz 1976, S. 43 ff.

Anmerkungen zu »Parsifal«. In: *Programmheft »Parsifal« des Württembergischen Staatstheaters,* Stuttgart 1976

Hoffmanns Erzählungen. In: *E. T. A. Hoffmann und seine Zeit.* Ausstellungskatalog des Berliner Museums, Berlin 1976, S. 14 ff.

Wer hat gut lachen beim »Freischütz«? In: *Programmheft »Der Freischütz« der Hamburgischen Staatsoper,* 1976

Vorwort zur Ausstellung »Literaten an der Wand« in der Akademie der Künste, Berlin, 1976. In: Katalog zur Ausstellung: *Literaten an der Wand. Die Münchner Räterepublik und die Schriftsteller,* Berlin 1976

Ein Krimi von der verlorenen Zeit. Anmerkungen zu »Magnetküsse« von Wolfgang Bauer. In: *Programmheft »Magnetküsse« des Akademietheaters,* Wien 1976

Nachwort zu: Michael Hamburger, *Gedichte.* Berlin 1976

Der Weibsteufel von damals. Zum 100. Todestag der Schriftstellerin George Sand. In: *Stuttgarter Zeitung,* 5. 6. 1976

Sentimentale Reisen eines Weltfremdlings. (Über Wolfgang Koeppen) In: *Frankfurter Allgemeine Zeitung,* 19. 6. 1976

Büchner und Brecht im Frühling des Drachen. Von einer Tagung der japanischen Germanisten. In: *Süddeutsche Zeitung,* München, 26./27. 6. 1976

Herr Brecht und sein Biograph. (Über Klaus Völkers Bertolt Brecht-Biographie) In: *Die Weltwoche,* Zürich, 28. 7. 1976

Ein bürgerliches Endspiel voller Gier und Mord. Über die Jubiläums-Inszenierung des »Ring des Nibelungen«. In: Der Spiegel, Hamburg 2. 8. 1976

Max Frisch in zeitlicher Folge. Begegnungen mit einem Autor und seinem Werk. In: *Börsenblatt für den deutschen Buchhandel,* Frankfurter Ausgabe, 18. 8. 1976, S. 5. ff.

Die Geburt der Tragödie aus dem Geiste des Grand Magic Circus. Patrice Chereau inszenierte in Bayreuth Wagners »Ring des Nibelungen«. In: *Theater heute,* Velber b. Hannover, H. 9/1976, S. 6 ff.

Ein deutscher Gelehrter ohne Misere. Zum Tod des Leipziger Romanisten Werner Krauss. In: *Frankfurter Allgemeine Zeitung,* 3. 9. 1976

Fritz Hölderlin und Friedrich Hölderlin. (Über Peter Härtlings Roman) In: *Frankfurter Allgemeine Zeitung,* 11. 9. 1976

Der Kritiker als Poet. Über Ludwig Uhlands Gedicht »Frühlingslied des Rezensenten«. In: *Frankfurter Allgemeine Zeitung,* 2. 10. 1976

Aus dem Alltag der Lüge. »Die wunderbaren Jahre« Reiner Kunzes. In: *Frankfurter Allgemeine Zeitung,* 16. 10. 1976

Richard Wagner, Trauermarsch aus der »Götterdämmerung«. In: *Programmheft Coventgarden,* London 1976

3. Der Herausgeber

Franz Mehring, *Die Lessing-Legende.* Basel 1946
Spiegelungen Goethes in unserer Zeit. Goethe-Studien von Walter Benjamin u. a. Wiesbaden 1949
Neue Beiträge zur Literaturwissenschaft. (Mit Werner Krauss) Berlin 1955 ff.
Meisterwerke deutscher Literaturkritik. Bd. I: *Aufklärung, Klassik, Romantik.* Berlin 1954; Stuttgart 1962
Meisterwerke deutscher Literaturkritik. Bd. II: *Von Heine bis Mehring.* Berlin 1956
Gerhart Hauptmann. *Ausgewählte Werke in acht Bänden.* Berlin 1962
Theodor Wilhelm Danzel. *Zur Literatur und Philosophie der Goethezeit. Gesammelte Aufsätze zur Literaturwissenschaft.* Stuttgart 1962
Kritiker unserer Zeit. Texte und Dokumente. Pfullingen 1964 ff. (Bd. I: *Von Oxford bis Harvard. Methoden und Ergebnisse angelsächsischer Literaturkritik.* 1964. Bd. II: *Von Paris bis Warschau. Methoden und Ergebnisse europäischer Literaturkritik.* 1966)
Deutsche Literaturkritik im zwanzigsten Jahrhundert. Kaiserreich, Erster Weltkrieg und erste Nachkriegszeit. Stuttgart 1965
Große deutsche Verrisse – von Schiller bis Fontane. Frankfurt 1967
Goethe im XX. Jahrhundert. Spiegelungen und Deutungen. Hamburg 1967
J. G. Schnabel, *Der im Irrgarten der Liebe herumtaumelnde Kavalier.* München 1968
Heinrich Heine, *Beiträge zur deutschen Ideologie.* Berlin 1971
Deutsche Literaturkritik der Gegenwart. Vorkrieg, Zweiter Weltkrieg und zweite Nachkriegszeit (1933–1968). Bd. IV, 1 Stuttgart 1971 und Bd. IV, 2 Stuttgart 1972
Über Peter Huchel. Frankfurt 1973
Karl Kraus, *Nestroy und die Nachwelt. Essays und Stücke.* Frankfurt 1975
Johannes R. Becher, *Gedichte.* Frankfurt 1975
Das Werk von Samuel Beckett. Berliner Colloquium. (Mit Uwe Johnson) Frankfurt 1975
Deutsche Literaturkritik im 19. Jahrhundert von Heine bis Mehring. Stuttgart/Frankfurt 1976
Max Frisch, *Gesammelte Werke in zeitlicher Folge,* 12 Bände. (Unter Mitwirkung von Walter Schmitz) Frankfurt 1976

4. Der Übersetzer

Louis Aragon, *Die Reisenden der Oberklasse.* Berlin 1952 (*Les Voyageurs de l'Impériale. Le Monde réel,* Bd. III)

Louis Aragon, *Herrn Duvals Neffe.* Berlin 1955 *(Le Neveu de M. Duval)*

Louis Aragon, *Die Karwoche.* München 1961 und Berlin 1961 *(La Semaine sainte)*

Jean-Paul Sartre, *Die Wörter.* Reinbek 1965 *(Les Mots)*

Die Troerinnen des Euripides. In einer Bearbeitung von Jean-Paul Sartre. In: Jean-Paul Sartre, *Dramen II.* Reinbek 1966 *(Euripide, Les Troyennes, Adaptation de Jean-Paul Sartre)*

Editorische Notiz

Herausgeberin und Verlag danken den Autoren und den Verlagen für Mitarbeit und Abdruckgenehmigungen.

Bibliothek Suhrkamp

383 Yasunari Kawabata, Träume im Kristall
384 Zbigniew Herbert, Inschrift
385 Hermann Broch, Hofmannsthal und seine Zeit
386 Joseph Conrad, Jugend
387 Karl Kraus, Nestroy und die Nachwelt
388 Ernst Bloch, Erbschaft dieser Zeit
389 Thomas Mann, Leiden und Größe der Meister
390 Viktor Šklovskij, Sentimentale Reise
391 Max Horkheimer: Die gesellschaftliche Funktion der Philosophie
392 Heinrich Mann, Die kleine Stadt
393 Wolfgang Koeppen, Tauben im Gras
394 Cesare Pavese, Das Handwerk des Lebens
395 Theodor W. Adorno, Noten zur Literatur IV
397 Ferruccio Busoni, Entwurf einer neuen Ästhetik der Tonkunst
398 Ernst Bloch, Zur Philosophie der Musik
399 Oscar Wilde, Die romantische Renaissance
400 Marcel Proust, Tage des Lesens
402 Paul Nizan, Das Leben des Antoine B.
403 Hermann Heimpel, Die halbe Violine
404 Octavio Paz, Das Labyrinth der Einsamkeit
405 Stanisław Lem, Das Hohe Schloß
406 André Breton, Nadja
407 Walter Benjamin, Denkbilder
409 Rainer Maria Rilke, Über Dichtung und Kunst
410 Ödön von Horváth, Italienische Nacht
411 Jorge Guillén, Ausgewählte Gedichte
412 Paul Celan, Gedichte I
413 Paul Celan, Gedichte II
414 Rainer Maria Rilke, Das Testament
415 Thomas Bernhard, Die Macht der Gewohnheit
416 Zbigniew Herbert, Herr Cogito
417 Wolfgang Hildesheimer, Hauskauf
418 James Joyce, Dubliner
419 Carl Einstein, Bebuquin
420 Georg Trakl, Gedichte
421 Günter Eich, Katharina
422 Alejo Carpentier, Das Reich von dieser Welt
423 Albert Camus, Jonas
424 Jesse Thoor, Gedichte
425 T. S. Eliot, Das wüste Land
426 Carlo Emilio Gadda, Die Erkenntnis des Schmerzes

427 Michel Leiris, Mannesalter
428 Hermann Lenz, Der Kutscher und der Wappenmaler
429 Mircea Eliade, Das Mädchen Maitreyi
430 Ramón del Valle-Inclán, Tyrann Banderas
431 Raymond Queneau, Zazie in der Metro
433 William Butler Yeats, Die geheime Rose
434 Juan Rulfo, Pedro Páramo
435 André Breton, L'Amour fou
436 Marie Luise Kaschnitz, Gedichte
437 Jerzy Szaniawski, Der weiße Rabe
438 Ludwig Hohl, Nuancen und Details
439 Mario Vargas Llosa, Die kleinen Hunde
440 Thomas Bernhard, Der Präsident
441 Hermann Hesse – Thomas Mann, Briefwechsel
442 Hugo Ball, Flametti
443 Adolfo Bioy-Casares, Morels Erfindung
444 Hermann Hesse, Wanderung
445 Ödön von Horváth, Don Juan kommt aus dem Krieg
446 Flann O'Brien, Der dritte Polizist
447 Giuseppe Tomasi di Lampedusa, Der Leopard
448 Robert Musil, Törleß
449 Elias Canetti, Der Überlebende
450 Robert Walser, Geschwister Tanner
451 Alfred Döblin, Berlin Alexanderplatz
452 Gertrude Stein, Paris Frankreich
453 Johannes R. Becher, Gedichte
454 Federico García Lorca, Bluthochzeit/Yerma
455 Ilja Ehrenburg, Julio Jurenito
456 Boris Pasternak, Kontra-Oktave
457 Juan Carlos Onetti, Die Werft
458 Anna Seghers, Die schönsten Sagen vom Räuber Woynok
464 Franz Kafka, Der Heizer
465 Wolfgang Hildesheimer, Masante
466 Evelyn Waugh, Wiedersehen mit Brideshead
467 Gershom Scholem, Walter Benjamin
468 Rainer Maria Rilke, Duineser Elegien
470 Alain, Die Pflicht glücklich zu sein
471 Wolfgang Schadewaldt, Der Gott von Delphi und die Humanitätsidee
472 Hermann Hesse, Legenden
473 H. C. Artmann, Liebesgedichte
474 Paul Valery, Zur Theorie der Dichtkunst
476 Erhart Kästner, Aufstand der Dinge
477 Stanisław Lem, Der futurologische Kongreß
478 Theodor Haecker, Tag- und Nachtbücher
479 Peter Szondi, Satz und Gegensatz

480 Tania Blixen, Babettes Gastmahl
481 Friedo Lampe, Septembergewitter
482 Heinrich Zimmer, Kunstform und Yoga
483 Hermann Hesse, Musik
486 Marie Luise Kaschnitz, Orte
487 Hans Georg Gadamer, Vernunft im Zeitalter der Wissenschaft
488 Yukio Mishima, Nach dem Bankett
489 Thomas Bernhard, Amras
490 Robert Walser, Der Gehülfe
491 Patricia Highsmith, Als die Flotte im Hafen lag
492 Julien Green, Der Geisterseher
493 Stefan Zweig, Die Monotonisierung der Welt
494 Samuel Beckett, That Time/Damals
495 Thomas Bernhard, Die Berühmten
496 Günter Eich, Marionettenspiele
497 August Strindberg, Am offenen Meer
498 Joseph Roth, Die Legende vom heiligen Trinker
499 Hermann Lenz, Dame und Scharfrichter
500 Wolfgang Koeppen, Jugend
501 Andrej Belyj, Petersburg
504 Juan Rulfo, Der Llano in Flammen
505 Carlos Fuentes, Zwei Novellen
506 Augusto Roa Bastos, Menschensohn
508 Alejo Carpentier, Barockkonzert
509 Elisabeth Borchers, Gedichte
510 Jurek Becker, Jakob der Lügner
512 James Joyce, Die Toten/The Dead
513 August Strindberg, Fräulein Julie
514 Sigmund Freud, Eine Kindheitserinnerung des Leonardo da Vinci
515 Robert Walser, Jakob von Gunten
517 Luigi Pirandello, Mattia Pascal
519 Rainer Maria Rilke, Gedichte an die Nacht
520 Else Lasker-Schüler, Mein Herz
521 Marcel Schwob, 22 Lebensläufe
522 Mircea Eliade, Die Pelerine
523 Hans Erich Nossack, Der Untergang
524 Jerzy Andrzejewski, Jetzt kommt über dich das Ende
525 Günter Eich, Aus dem Chinesischen
526 Gustaf Gründgens, Wirklichkeit des Theaters
528 René Schickele, Die Flaschenpost
534 Ingeborg Bachmann, Malina
536 Zbigniew Herbert, Ein Barbar in einem Garten
537 Rainer Maria Rilke, Ewald Tragy
553 Strindberg, Traumspiel
554 Carl Seelig, Wanderungen mit Robert Walser

609 Roy Medwedew/Robert Havemann/Jochen Steffen, Entstalinisierung in der Sowjetunion. Beiträge von Medwedew/Herbst-Oltmanns/Havemann u. a.
656 Dieter Kühn, Ausflüge im Fesselballon
675 Autorenkollektiv Textinterpretation und Unterrichtspraxis, Projektarbeit als Lernprozeß
677 Heinar Kipphardt, Stücke II
678 Erving Goffman, Asyle
679 Dieter Prokop, Massenkultur und Spontaneität
680 Die Kommune in der Staatsorganisation
681 M. Dubois-Reymond / B. Söll, Neuköllner Schulbuch, 2 Bände
682 Dieter Hoffmann-Axthelm, Theorie der künstlerischen Arbeit
683 Dieter Kühn, Unternehmen Rammbock
685 Frerichs/Kraiker, Konstitutionsbedingungen des bürgerlichen Staates und der sozialen Revolution bei Marx und Engels
687 Rossana Rossanda, Über die Dialektik von Kontinuität und Bruch
688 Evsej G. Liberman, Methoden der Wirtschaftslenkung im Sozialismus
689 Martin Walser, Die Gallistl'sche Krankheit
694 Schule und Staat im 18. u. 19. Jahrhundert. Herausgegeben von K. Hartmann, F. Nyssen, H. Waldeyer
695 Gesellschaft, Beiträge zur Marxschen Theorie 1
696 Hans Magnus Enzensberger, Palaver
697 Psychoanalyse der weiblichen Sexualität. Herausgegeben von Janine Chasseguet-Smirgel
698 R. Goldscheid/J. Schumpeter, Die Finanzkrise des Steuerstaates
699 Wolfgang Lempert, Berufliche Bildung als Beitrag zur gesellschaftlichen Demokratisierung
700 Peter Weiss, Gesang vom Lusitanischen Popanz
701 Sozialistische Realismuskonzeptionen.
702 Claudio Napoleoni. Ricardo und Marx. Herausgegeben von Cristina Pennavaja
703 Claus Rolshausen, Wissenschaft und gesellschaftliche Reproduktion
704 Joachim Hirsch, Staatsapparat und Reproduktion des Kapitels
705 Neues Hörspiel O-Ton. Der Konsument als Produzent. Herausgegeben von Klaus Schöning
707 Franz Xaver Kroetz, Oberösterreich, Dolomitenstadt Lienz, Maria Magdalena, Münchner Kindl
708 Was ist Psychiatrie? Herausgegeben von Franco Basaglia
709 Kirche und Klassenbindung. Herausgegeben von Yorick Spiegel
710 Rosa Luxemburg oder Die Bestimmung des Sozialismus. Herausgegeben von Claudio Pozzoli
711 Rudolf Rocker, Aus den Memoiren eines deutschen Anarchisten
712 Hartwig Berger, Untersuchungsmethode und soziale Wirklichkeit

713 Werkbuch über Tankred Dorst. Herausgegeben von Horst Laube
714 Wilhelm Alff, Materialien zum Kontinuitätsproblem der deutschen Geschichte
715 Karsten Prüß, Kernforschungspolitik in der Bundesrepublik Deutschland
718 Perspektiven der kommunalen Kulturpolitik. Herausgegeben von Hilmar Hoffmann
719 Peter M. Michels, Bericht über den polit. Widerstand in den USA
720 Lelio Basso, Gesellschaftsformation u. Staatsform
722 Jürgen Becker, Umgebungen
723 Paul Mattick/Alfred Sohn-Rethel/Helmuth G. Haasis, Beiträge zur Kritik des Geldes
724 Otwin Massing, Politische Soziologie
726 Ernst Bloch, Ästhetik des Vor-Scheins 1
727 Peter Bürger, Theorie der Avantgarde
728 Beulah Parker, Meine Sprache bin ich
729 Probleme der marxistischen Rechtstheorie. Herausgegeben von H. Rottleuthner
730 Jean-Luc Dallemagne, Die Grenzen der Wirtschaftspolitik
731 Gesellschaft, Beiträge zur Marxschen Theorie 2
732 Ernst Bloch, Ästhetik des Vor-Scheins 2
733 Alexander Kluge, Gelegenheitsarbeit einer Sklavin
734 Henri Lefebvre, Metaphilosophie. Prolegomena
735 Paul Mattick, Spontaneität und Organisation
736 Noam Chomsky, Aus Staatsraison
737 Louis Althusser, Für Marx
738 Spazier/Bopp, Grenzübergänge. Psychotherapie
739 Gesellschaft, Beiträge zur Marxschen Theorie 3
740 Bertolt Brecht, Das Verhör des Lukullus. Hörspiel
741 Klaus Busch, Die multinationalen Konzerne
742 Methodologische Probleme einer normativ-kritischen Gesellschaftstheorie. Herausgegeben von Jürgen Mittelstraß
744 Gero Lenhardt, Berufliche Weiterbildung und Arbeitsteilung in der Industrieproduktion
745 Brede/Kohaupt/Kujath, Ökonomische und politische Determinanten der Wohnungsversorgung
746 Der Arzt, sein Patient und die Gesellschaft. Herausgegeben von Dorothea Ritter-Röhr
747 Gunnar Heinsohn, Rolf Knieper, Theorie des Familienrechts
749 Rudolf zur Lippe, Bürgerliche Subjektivität
751 Brechts Modell der Lehrstücke. Herausgegeben von Rainer Steinweg
754 Zur Wissenschaftslogik einer kritischen Soziologie. Herausgegeben von Jürgen Ritsert
756 Hannelore/Heinz Schlaffer, Studien zum ästhetischen Historismus
758 Brecht-Jahrbuch 1974. Herausgegeben von J. Fuegi, R. Grimm, J. Hermand
759 Der Weg ins Freie. Fünf Lebensläufe überliefert von H. M. Enzensberger

760 Lodewijk de Boer, The Family
761 Claus Offe, Berufsbildungsreform
762 Petr Kropotkin, Ideale und Wirklichkeit in der russischen Literatur
764 Gesellschaft, Beiträge zur Marxschen Theorie 4
766 Laermann/Piechotta/Japp/Wuthenow u.a., Reise und Utopie
767 Monique Piton, Anders Leben
768 Félix Guattari, Psychotherapie, Politik und die Aufgaben der institution Analyse
769 Jahoda/Lazarsfeld/Zeisel, Die Arbeitslosen von Marienthal
770 Herbert Marcuse, Zeit-Messungen
771 Brecht im Gespräch. Herausgegeben von Werner Hecht
772 Th. W. Adorno, Gesellschaftstheorie u. Kulturkritik
773 Kurt Eisner, Sozialismus als Aktion
775 Horn, Luhmann, Narr, Rammstedt, Röttgers, Gewaltverhältnisse un Ohnmacht der Kritik
776 Reichert/Senn, Materialien zu Joyce »Ein Porträt des Künstlers«
777 Caspar David Friedrich und die deutsche Nachwelt. Herausgegeben von ner Hofman
778 Klaus Fritzsche, Politische Romantik und Gegenrevolution
779 Literatur und Literaturtheorie. Hrsg. von Peter U. Hohendahl und P Herminghouse
780 Piero Sraffa, Warenproduktion mittels Waren
782 Helmut Brackert, Bauernkrieg und Literatur
784 Friedensanalysen 1
787 Gesellschaft, Beiträge zur Marxschen Theorie 5
790 Gustav W. Heinemann, Präsidiale Reden
791 Beate Klöckner, Anna oder leben heißt streben
792 Rainer Malkowski, Was für ein Morgen
793 Von deutscher Republik. Hrsg. von Jost Hermand
794 Döbert R./Nunner-Winkler, G., Adoleszenzkrise und Identitätsbildun
795 Dieter Kühn, Goldberg-Variationen
797 Brecht Jahrbuch 1975
798 Gespräche mit Ernst Bloch. Herausgegeben von Rainer Traub und Wieser
799 Volker Braun, Es genügt nicht die einfache Wahrheit
800 Karl Marx, Die Ethnologischen Exzerpthefte
801 Wlodzimierz Brus, Sozialistisches Eigentum und politisches System
802 Johannes Gröll, Erziehung im gesellschaftlichen Reproduktionsprozeß
803 Rainer Werner Fassbinder, Stücke 3
804 James K. Lyon, Bertolt Brecht und Rudyard Kipling
806 Gesellschaft, Beiträge zur Marxschen Theorie 6
807 Gilles Deleuze/Félix Guattari, Kafka. Für eine kleine Literatur
808 Ulrike Prokop, Weiblicher Lebenszusammenhang
809 G. Heinsohn / B. M. C. Knieper, Spielpädagogik
811 Ror Wolf, Auf der Suche nach Doktor Q.

812 Oskar Negt, Keine Demokratie ohne Sozialismus
815 Giselher Rüpke, Schwangerschaftsabbruch und Grundgesetz
816 Rainer Zoll, Der Doppelcharakter der Gewerkschaften
817 Bertolt Brecht, Drei Lehrstücke: Badener Lehrstück, Rundköpfe, Ausnahme und Regel
818 Gustav Landauer, Erkenntnis und Befreiung
820 Wolfgang Abendroth, Ein Leben in der Arbeiterbewegung
821 Otto Kirchheimer, Von der Weimarer Demokratie zum Faschismus
822 Verfassung, Verfassungsgerichtsbarkeit, Politik. Herausgegeben von Mehdi Tohidipur
823 Rossana Rossanda / Lucio Magri u. a., Der lange Marsch durch die Krise
824 Altvater/Basso/Mattick/Offe u. a., Rahmenbedingungen und Schranken staatlichen Handelns
825 Diskussion der ›Theorie der Avantgarde‹. Herausgegeben von W. Martin Lüdke
827 Gesellschaft, Beiträge zur Marxschen Theorie 7
828 Rolf Knieper, Weltmarkt, Wirtschaftsrecht und Nationalstaat
830 Manuela du Bois-Reymond, Verkehrsformen zwischen Elternhaus und Schule
832 Herbert Claas, Die politische Ästhetik Bertolt Brechts vom Baal zum Caesar
833 Peter Weiss, Dramen I
834 Friedensanalysen 2
835-838 Bertolt Brecht, Gedichte in 4 Bänden
840 Aus der Zeit der Verzweiflung. Beiträge von Becker/Bovenschen/Brackert u. a.
841 Fernando H. Cardoso/Enzo Faletto, Abhängigkeit und Entwicklung in Lateinamerika
842 Alexander Herzen, Die gescheiterte Revolution
845 Ror Wolf, Die Gefährlichkeit der großen Ebene
847 Friedensanalysen 3
848 Dieter Wellershoff, Die Auflösung des Kunstbegriffs
849 Samuel Beckett, Glückliche Tage
852 Über Max Frisch II
853 Brecht-Jahrbuch 1976
854 Julius Fučík, Reportage unter dem Strang geschrieben
856 Dieter Senghaas, Weltwirtschaftsordnung und Entwicklung
858 Silvio Blatter, Genormte Tage, verschüttete Zeit
861 Blanke/Offe/Ronge u.a., Bürgerlicher Staat und politische Legitimation. Herausgegeben von Rolf Ebbighausen
863 Gesellschaft, Beiträge zur Marxschen Theorie 8/9
864 Über Wolfgang Koeppen. Herausgegeben von Ulrich Greiner
868 Brede/Dietrich/Kohaupt, Politische Ökonomie des Bodens
871 Friedensanalysen 4
873 Produktion, Arbeit, Sozialisation. Herausgegeben von Th. Leithäuser und W. R. Heinz
874 Max Frisch/Hartmut von Hentig, Zwei Reden zum Friedenspreis des Deutschen Buchhandels 1976

Alphabetisches Verzeichnis der edition suhrkamp